新媒体传播理论与应用
精·品·教·材·译·丛

融合新闻学实务

Practicing Convergence Journalism: An Introduction to Cross-Media Storytelling

[美]珍妮特·柯罗茨 | 著

嵇美云 | 译

清华大学出版社
北京

图书在版编目(CIP)数据

融合新闻学实务/ (美) 柯罗茨(Kolodzy, J.) 著；嵇美云 译. —北京：清华大学出版社，2016(2021.1重印)
(新媒体传播理论与应用精品教材译丛)
书名原文：Practicing Convergence Journalism: An Introduction to Cross-Media Storytelling
ISBN 978-7-302-42341-6

Ⅰ．①融… Ⅱ．①柯… ②嵇… Ⅲ．①新闻学—高等学校—教材 Ⅳ．①G210

中国版本图书馆 CIP 数据核字 (2015) 第 296283 号

责任编辑：陈　莉　高　屾
封面设计：周晓亮
版式设计：思创景点
责任校对：牛艳敏
责任印制：丛怀宇

出版发行：清华大学出版社
　　　　　网　　　址：http://www.tup.com.cn，http://www.wqbook.com
　　　　　地　　　址：北京清华大学学研大厦A座　　　　　邮　　编：100084
　　　　　社 总 机：010-62770175　　　　　　　　　　　邮　　购：010-62786544
　　　　　投稿与读者服务：010-62776969，c-service@tup.tsinghua.edu.cn
　　　　　质 量 反 馈：010-62772015，zhiliang@tup.tsinghua.edu.cn
印 装 者：三河市金元印装有限公司
经　　销：全国新华书店
开　　本：185mm×260mm　　　　印　　张：14　　　　字　　数：271千字
版　　次：2016年1月第1版　　　　印　　次：2021年1月第6次印刷
定　　价：49.80元

产品编号：060239-02

编 委 会

主任：林如鹏　暨南大学

主编：支庭荣　暨南大学

编委（按姓氏音序排列）：

李　彪　中国人民大学

李良荣　复旦大学

刘　涛　暨南大学

陆　地　北京大学

谢耘耕　上海交通大学

沈　阳　清华大学

张志安　中山大学

钟　瑛　华中科技大学

祝建华　香港城市大学

这是一个新兴媒体高歌猛进的时代。中国接入国际互联网二十多年，见证了网络社会的异军突起。"互联网+"计划和国家大数据战略的实施，进一步提升了新媒体的增长空间。截至2015年6月，全国的互联网普及率趋近50%，智能手机普及率超过七成。作为对比，北京地区电视机开机率保持在六成以上，从理论上说，如果电视机全部消失，对城市的影响已不太大，尽管还是会影响到相当一部分乡村地区的收视需求；同样，如果报纸全部消失，对大部分读报人口来说影响也不太大，尽管其阅读体验可能会下降不少。互联网和手机对于传统报纸和电视的替代性，越来越强。只要有手机在，没有报纸的日子并非难以忍受；只要有电脑、平板电脑和互联网，没有大屏幕彩电的日子也没那么难熬。人们对移动和社交的迷恋，甚至已逐渐成为一种"文化症候"。新媒体，正在成为人体的新延伸。

曾几何时，世界上最大的免费物品是空气和阳光，如今可能就要数互联网上的信息。网络信息的市场均衡价格，近乎为零。当然，免费也是世界上最昂贵的东西。免费带动付费，以至于数字经济蓬勃、野蛮生长。专业机构和众包生产参差不一的内容，一起被投进了免费的染缸，难分彼此。在报纸的黄金时代，读者挑错的来电来函络绎不绝。在互联网时代，用户对低劣信息的容忍度却增加了，见猎心喜，愿意忍受免费、新奇而营养价值或许欠奉的内容。总之，文明虽终将驯化野蛮，野蛮却正在征服文明。互联网以及整个新媒体家族，作为巨大的分布式的数据生产、复制工厂和推送、分享空间，具有一种吞噬性的力量。几乎人类有史以来创造的所有内容，都可以用极低的成本迅速数字化。这样一种近乎"黑洞"般的传播能力，使得任何单体的模拟制式的传播者黯然失色。新媒体以不可阻挡之势，席卷了内容、娱乐和各种各样的应用市场。

从产业结构层面来看，互联网以及新媒体世界的控制力，掌握在技术取向的大型平台和超级运营商的手中，这些大型平台和超级运营商，如谷歌、苹果、百度、腾讯、阿里等，逐渐囊括了信息聚合、信息储存、信息搜索、社交娱乐、地理位置服务、数据挖掘、智能制造、电子商务等环信息经济圈。新闻，只是它们的副业之一。

技术相对于内容的霸权，在目前这一信息技术革命不断升级的阶段是相当明显的。但是，人类社会终究是由人们的认知、心态、想法、观念所主导，而不是技术的奴隶。移动终端不过是增加了一些优越感和幸福感而已。好的内容，优质的新闻产品，始终有它的独特价值，并且能够在技术标准逐渐成熟后，再一次恢复自己的崇高声望。因此，技术不可或缺，内容也依然重要，它们彼此纠缠。计算机科学技术不等于新媒体的全部，新媒体传播的理论和应用，仍有许多独特的规律等待人们去探求。

大致说来，用户对新闻信息需求的核心本质，是对周围环境和未来不确定性恐惧的消除，相关联地，也包括交流和娱乐。如果人性不变，那么需求会长期存在。至于满足需求的方式、介质，新传播技术正在并还将创造出很多种可能。看起来，新媒体传播与传统新闻工作有着一定的相似之处，它们都取决于一个个睿智头脑的即时生产，标准化作业即使有，也是有一定限度的。语言的隔阂、用户的地缘兴趣随着距离的增加而衰减，决定了行业的规模边界。但是，机器人对人工操作的取代，在财经、天气等领域已初显身手。智能化技术将会解决很大一部分初级信息的生产和传播问题。技术的含量，与内容、产品、营销等类目相比，如果不是更重要，至少需要得到同等程度的重视。

与此同时，新媒体传播的理论和应用，也对深化和拓展传统新闻传播学的地盘提出了新要求。从历史的角度看，是互联网的出现承接、替代了媒体的功能，而不是媒体创造了网络。媒体是网络时代的追随者，是数字革命的后知后觉者，媒体恐怕做不到掌控网络的命运。互联网为各种各样的企业提供底层平台，也推动了商业、教育、娱乐和新闻信息等应用平台的成长。具有强大商业能力、创新能力的企业，乃是网络时代的弄潮儿。当媒体汇入了互联网的洪流中，意味着新闻行业就像文艺复兴之后的教会一样，必须适应这一商业化和世俗化进程，意味着新闻业的变革成为必然。实践呼唤着理论的回应，新媒体传播学科的进一步发展成为必需。

当然，人们不应忘记，渠道越发过剩，数据越发富集，信息越发泛滥，而优秀的产品始终稀缺。这是新媒体传播的价值和命脉所在。

鉴于时代的新变化和人才培养的新需求，我们与清华大学出版社又一次携手合作，瞄准世界前沿，组织了一套"新媒体传播理论与应用精品教材译丛"，以飨国内的读者。前路漫漫而修远，求索正未有穷期。

支庭荣

2015年11月

今天的新闻受众有什么新特点

在过去的几年中，新闻受众对于新闻的传输，业已形成更复杂、更为具体的需求与品味，部分得归功于社交媒体和移动技术的爆发式增长和进步。从现在开始，记者需要具备以下素质：确认提供报道的最佳媒介以及文字、视觉、声音的各种组合方式，运用多种多样的媒体，向受众提供报道。不同报道元素之间的联系则要更加直接。本书将探讨组织与整合报道建构模块中的新闻的策划、报道、发布，其间涉及跨媒体与多媒体的思维与执行。

年轻的受众经常说他们不发现新闻，但是期望新闻能发现他们。如果这就是新闻受众日益增长的心态，那么记者就需要去策划、收集、整合/分类，然后制作出可以"发现"这些受众的新闻。这并不意味着要放弃故事讲述的原则和技巧，不过确实意味着要对故事讲述的方法进行反思。因此，本书首要的主题围绕着"旧即是新"这个概念展开。举个例子，虽然头条是"旧的"新闻，然而"推文"(tweet)是新而短的理念，以简洁的方式报道新闻是永恒的。这就是本书背后的思维方式。

这本书将阐述两种"类型"的新闻报道：短小精悍的，或者说直接的、快速转向(turn around)的报道，通常被称为"现场新闻"，以及深度报道或特稿报道，这些报道涉及叙事和互动的"弧线"(arc)。本书将阐述这两种"类型"新闻的多媒体和跨媒体的思维、组织、报道和制作。

本书许多章节包含"创新者"案例研究，即记者，新闻生产组织，以及那些尝试用不同的方法到达新闻受众的其他人。有些章节会有技巧提示部分，而其他章节则提供了当下记者正面临着的一些热点问题。

本书目标

1. 形成一种跨媒体的新闻思维方式，这种方式把来自于传统媒体的价值观和方法，融入为快节奏、多任务处理和移动的受众而服务的新闻的策划、采集、组织和制作之中。

2. 形成一种简单易行且合适的方式，运用词汇(写作)来获取新闻和信息传达给受众，而这些受众用在阅读/吸收新闻和信息上的时间多少不一。

3. 形成一种简单易行且合适的方式，运用视觉的(声音、静态图片和动态影像)方式来获取新闻和信息,并传达给重视以图形展示新闻和信息的受众。

4. 知道如何确定什么时候视觉效果是有效且必要的,以及知道如何捕获、选择和组织视觉素材,以便增强受众对报道的理解。

5. 能够把各种报道元素(文字、音频、视频和静态图片)整合起来,为受众最终的新闻体验而服务。

目 录

第1章 旧即是新，新即是旧 ……………………………………………1

以"受众为中心" …………………………………………………2

工具中立 ……………………………………………………………7

故事驱动 ……………………………………………………………8

具有专业性 …………………………………………………………9

小结 ………………………………………………………………14

第2章 新闻报道的8个元素及构建报道的工具 ……………………15

新闻价值 ……………………………………………………………18

事实和信息 …………………………………………………………20

来源 …………………………………………………………………21

清晰 …………………………………………………………………21

回答 …………………………………………………………………24

受众 …………………………………………………………………25

道德 …………………………………………………………………26

讲述报道的工具：文字、图片和声音 ……………………………26

小结 ………………………………………………………………30

第3章 信息的来源和背景：报道之前的报道 ……………………31

找到来源：文献和人们 ……………………………………………36

人们的心声 …………………………………………………………43

信任但要核实 ………………………………………………………46

小结 ………………………………………………………………49

第4章 短而快：报道一则现场新闻 ………………………………51

演讲 …………………………………………………………………54

会议或听证会 ………………………………………………………60

特色性新闻事件 ……………………………………………………62

快速写出：微博和标题 ……………………………………………65

移动的或网上标题链接 ……………………………………………67

在线导语 ……………………………………………………………68

小结 ………………………………………………………………70

第5章 报道的法律与伦理规则 ··· **71**

公共与私人：对人员、场所和事务的接近 ······························ 72

人员：私人场合与公众人物/公共生活与私人生活 ····················· 72

场所：公共会议与私下会晤 ·· 74

场所：公共财产与私有财产 ·· 78

公共记录 ··· 80

客观地运用，坦率地获得 ·· 81

欺骗和误导 ·· 82

归因和来源 ·· 83

公共与私人：记者 ·· 84

小结 ··· 87

第6章 构建现场新闻报道 ··· **89**

相似性 ··· 90

差异性 ··· 95

相似但有不同 ·· 99

小结 ·· 106

第7章 运用文字、图片和声音捕捉语境和基调 ····················· **107**

图形 ·· 109

声音 ·· 113

照片 ·· 118

视频 ·· 124

小结 ·· 130

第8章 日常报道的包装 ·· **131**

印刷文章 ·· 135

音频节目 ·· 137

音频幻灯片 ·· 141

视频节目 ·· 144

多媒体报道 ·· 148

小结 ·· 150

第9章 多媒体报道：如何帮助受众获得其须知和欲知的信息 ········ **151**

搜索引擎优化 ·· 153

新闻提要和标题标签 ··· 155

关键词与标签 ·· 158

报道结构和呈现 ·· 159

　　链接 ·· 159

　　社交媒体优化 ·· 160

　　策展 ·· 161

　　地点、地点、地点 ·································· 164

　　小结 ·· 167

第 10 章　特稿或创造性的报道 ·············· 169

　　聚焦或微观 / 宏观世界的报道 ················ 171

　　趋势报道 ·· 175

　　形象：人物、地方或事物 ······················ 177

　　发现对象 ·· 178

　　逐渐了解报道对象 ·································· 178

　　展示和讲述 / 多媒体元素 ······················ 179

　　调查 ·· 181

　　解释性报道或服务性报道 ······················ 183

　　小结 ·· 187

第 11 章　数字报道讲述：设计与数据 ······ 189

　　设计 ·· 190

　　数据新闻和数据可视化 ·························· 194

　　小结 ·· 196

第 12 章　法律与道德：制作和发布新闻 ······ 197

　　剽窃 ·· 199

　　版权 ·· 200

　　诽谤 ·· 206

　　意见和评论 ·· 208

　　小结 ·· 209

第1章

旧即是新，新即是旧

倘若与互联网、智能手机甚至在微博(Twitter)出现之前供职于新闻行业的任何人交谈，你可能会听到这样的感慨：如今的新闻和新闻事业前景黯淡无光。部分记者与那些研究新闻以及研究新闻是如何传播的人员，对于未来的新闻，通常会提供一种"四眼天鸡"(Chicken Little)式的场景。那天空，或者说接受传统新闻呈现方式的真正的受众，正在坠落。

然而，观察某物正在下降的时候，注意力很少会关注到有些东西在增长。虽然受众，特别是年轻人，拒绝订阅报纸、新闻杂志和观看晚间新闻，但是这些受众热衷网络电话(Skype)、视频网站(YouTube)、即时通讯、社交媒体(Storify)，还有如谷歌新闻这类新闻聚合器、短信和脸谱网(Facebook)。事实上，他们对新闻的兴趣与日俱增；他们想知道自己的家人和朋友发生了什么事，以及与他们相似的其他人在别处正在做什么。而且，他们希望即刻就知晓。

截至2010年，CNN引入24/7(即每周7天，每天24小时播发新闻——译者注)播出新闻30年之后，整整一代人了解的只是一个通过即时新闻得到满足的世界。到2010年，互联网使用普及大约20年后，同样的一代人了解的是互动的世界，而且还分享着信息、图片、视频和评论。2010年，互联网最流行网站这一指标中，脸谱网超越谷歌的事实，说明了预期中的这种转变(MLU，2010)：人们希望新闻更快，而且人们希望对何处、何时、何人以及他们如何与之互动等进行控制。

融合新闻学——通过使用任意的或所有的传播工具，按照人们期望的时间、地点和方式提供新闻——旨在满足受众的这些期望。实践融合新闻需要理解媒介技术景观，并足够灵活地操作这些技术以便让新闻受众获益，与此同时又完美地坚守了新闻的准则。

例如，2010年5月，波士顿地区一个水管破裂，几十个社区被迫发出自来水禁令，微博就成为了发布禁令和超市瓶装水供应情况此类新闻的最佳场所之一。恰如新闻学教授和《波士顿环球报》传媒博客作者马克·莱切斯(Mark Leccese)注意到的，个体发布的关于他们遭遇到的是空无一物的货架的"微博"，给这则新闻提供了有趣的、相关的和及时的元素(Leccese，2010年)。帖子符合长期以来所公认的新闻价值的标准：趣味性、相关性和及时性。对于争抢仅有的为数不多的瓶装水情况的报道，则增加了第四个元素：冲突。

什么构成报道的新闻价值？

- 及时性
- 接近性
- 突出性
- 冲突性
- 不寻常
- 有用性
- 相关性
- 趣味性

人们对新闻的兴趣并非渐行渐灭，只不过在20世纪后半叶，诸多兴趣已经转向传输新闻的方式上了。每天早上愿意花30分钟阅读日报，或赶回家按时收看30分钟晚间新闻的人，越来越少了。越来越多的人选择上网，并使用像谷歌新闻这类新闻聚合器，以便跟上世界的变化节奏，这些人密切注视着自己感兴趣的非常具体的新闻。

这表征了博客作者和新闻学教授杰夫·贾维斯(Jeff Jarvis)所指称的"利基市场"(the mass of niches)。贾维斯认为，新闻行业，像所有的企业一样，应该从观众/消费者需求这种变化中，决定更好地"服务于小众"，即他所谓的"利基市场"的经济。贾维斯(Jarvis, 2009)指出，"利基市场"经济的价值在于你知道什么，你如何服务他人或你如何能够参与其中。如果是这样的话，那么未来的新闻和新闻事业依赖于确保在收集和传播知识时，向公众提供服务，同时参与社区事务的价值。对于

新闻业而言，这些都不是新的目标，只不过现代受众对于新闻的期望，需要振兴与新闻公众联系的方法。

要做到这一点，现代的记者不得不考虑一些不同的东西。现代的新闻业需要的是：

(1) 以受众为中心；
(2) 报道驱动的；
(3) 工具中立；
(4) 专业。

这四种理念并非是对传统价值观和记者技能的取代，而是对它们的重新聚焦和补充。融合记者仍然必须撰稿、报道、制作和传播新闻。然而，这些准则要重振新闻事业，必须将20世纪新闻业的关键价值和教训，与21世纪的创新之使命感和兴奋性相结合。这种融合新闻的心态，有助于当下新闻故事的讲述者使用不同的媒体来到达处于任何时候任何地方的人们，与人们分享新闻报道并让他们参与到新闻报道的讲述之中。通过这种方式，融合新闻记者应该永远不会"失去"对新闻抱有兴趣的受众。

以"受众为中心"

21世纪媒体的现代受众已经相当清楚地表明，他们不愿意是被动的角色；他们要求积极地参与，参与到他们阅读的、收听的、收看的、评论的内容当中，甚至将之传递给其他人。他们希望核查、选择

和协作。新闻业一直是以"受众为中心"的，因为其关注点和责任所在是服务于人们，而不是记者或新闻单位的率性而为和恣意妄想。专注于服务公众的需求和欲望，是非常困难、令人困惑的，而且似乎是徒劳无功的，因为人们的兴趣可能是多种多样、杂乱无章的，有时甚至是相互矛盾的。

然而，新闻机构通常选择要么向人们提供自己认为受众想要的内容，以迎合人们(人们真的需要大量地更新有关林赛·罗韩的康复的信息吗)，要么提供新闻机构认为受众需要的内容来保护受众(人们真的会阅读关于参议员约翰·克里生活的、由8个部分组成的一组系列报道吗)。在这两种情况下，新闻机构似乎把人们当作新闻的被动接受者，是能够被新闻机构操纵的、为新闻单位最佳利益服务的对象，而不是读者、观看者、收听者和浏览者的兴趣。这代表的并不是真正以"受众为中心"的概念——只是走走过场罢了。如此做法造成并扩展了一种"我们(媒体)与他们(观众)"的意识。为了打破这种思维方式，记者可以超越迎合或保护受众的意识，而是与受众合作，在报道想法、来源和观点上，与受众一起努力。

以"受众为中心"的思维，是服务于人们的新闻和信息需求的最佳方式。一种方式是快速和直接报道。另一种方式是深度报道，给予公众对想要何等深入了解主题以选择权。看看如今人们是如何使用媒体的，以及他们是如何获悉和保留信息的，这个过程表明越来越多的人被吸引到新闻内容和信息这些范围广泛的目的上来了。这两种方法都需要新闻和信息的"推"和"拉"。"推"涉及包括记者在内，向处于任何地方的人们发送其可能希望知道的新闻。"拉"涉及记者在获得建议、洞见和澄清时与公众的互动。经由实践融合新闻，人们通过参与部分的报道而被拉到了这个报道当中。真正地以受众为中心的现代的多媒体记者，不得不将推/拉看作是快速和直接报道以及深入报道方法的一种关键功能。

快速而直接的报道

以受众为中心的第一种报道——快速而直接——为媒介消费习惯安排栖息之处。媒体多任务处理持续成长为一种习惯，尤其是30岁以下的人士，绰号是千禧一代(Millenrual)或数字原住民(Digital Natives)。事实上，多任务处理已经成为很多人的习惯，就如刷牙既是日常生活中的构成部分，又从属于日常生活。如果你年龄尚不到30岁，这是显而易见的情形；而如果你有更年少的兄弟姐妹，他们会是即将到来的新一代的新闻消费者；那些还在小学和中学的孩子，没有迹象显示他们会减少媒体的多任务处理方式。2010年凯泽基金会(Kaiser Foundation)的研究发现，8~18岁的年轻人，有近1/3是媒体多任务处理者，平均每天花费的大约10个小时中，有45分钟花在了媒体的内容上(Rideout, Foehr & Roberts, 2010)。新闻是媒体消费的一部分，但记者必须意识到，媒体产品同无数的娱乐性的、分散注意力和引人注意的事物，"争夺"着消费者的眼球和耳朵。

虽然被称为媒体的多任务处理，研究大脑的科学家们表明，这种一边发短信，一边听音乐，或者玩视频游戏，或张贴图片或视频，或核查电影时间的习惯，其实是多任务切换的。我们未必同时做两件事，而是在多达两个或三个或四个任务之间来来回回地切换行动(如阅读信息、听音乐、散步)。虽然人类在相当长一段时间内已经能够这么做了，但是数字和移动技术使我们能够快速、轻松地进行切换。也有一些证据表明，其可以训练大脑更快地

处理信息。所以这种媒体多任务处理，只是在不同的注意点或兴趣要求之间快速切换，同时在某个任务或信息中停留足够长的时间，以便完成任务或保存信息。

记者可以应对现代受众的这种特质而无须再造"命运之轮"(the wheel)。融合记者可以充分利用技术工具来收集和传播信息，同时结合由传统的新闻事业验证且可靠的新闻价值方面的思维。如果受众在微博、脸谱网和视频网站中进行多任务处理，那么如今的记者们也不得不在这些地方进行多任务处理。因为新兴的、更快的多任务处理的媒体工具不断涌现，现代记者需要学习和灵活使用这些工具，与新闻受众实现最佳的联系。

图1.1 拜设备所赐，越来越多的人同时使用多种媒体，如智能手机，可以让用户同时查看电子邮件、听音乐和观看视频

这种快速且直接的报道新闻的方式，也承载着发现受众的新闻需求，而不是相反。在过去，新闻生产者"开发"报纸、杂志、新闻短片、广播和电视新闻，而人们在约定的时间，来到报摊，走进电影院，打开广播和电视，在这里他们可以发现新闻。现在，如果新闻足够重要，新闻会到达那些需要了解它的人们那里。

这种方法需要现代化的融合记者，了解各种可以发现受众并能获得受众注意力的方法。拥有了传统观念之于新闻的理解，再加上以受众为中心的思维方式，会想着邀约受众参与提供观点和信息，21世纪的记者能够满足人们在寻常生活中对于快速的花边新闻的欲望。

正如电报一样，电台和电视台提高了19世纪和20世纪对于新闻快速、直接的需求和节奏，数字化和移动通信技术又提升了如今人们对于新闻快速而直接的期望。快速而即时的消息通常是简洁的标题式的文字信息，不过也可能包括说明场景的照片或提供情境的快照。这也意味着其他人有机会提供不同的视角，帮助找出有用的信息，并过滤掉无关的材料。报纸记者学会撰写标题吸引读者，在这种努力中出现了不同的标题风格。电视制作人也学会了利用挑逗的手法，撰写出最出色的新闻节目的开头，为的是吸引受众留下来观看报道。如今，现代融合记者需要学习和运用微博和网络报道标题中呈现出的各种技能，来捕获受众的注意力和兴趣。

2010年5月，波士顿自来水危机事件再次说明了快速且直接的报道方式。水务局发出了饮用水禁令；记者发布了这则信息，随后考虑到人们在即刻获知这则禁令之后对其他信息的需求。记者们思考什么人能够回答读者和用户提出的一些典型的问题，以及人们可以到什么地方去得到这些问题的答案。记者还要思考能够提供洞见以及更多信息的视角，比如，人们到哪里能得到饮用水以及人们会如何应对饮用水禁令。虽然现代的记者以文字和图片的帖子把报道"推"向公众，但是他/她也把那些希望与其他人分享其情况的公众成员的信息"拉"进来，以扩大知识的总集。这种以受众为中心的思维，意味着现代记者关注什么信息、见解和插图，能够最佳地服务于公众对所发生事情的理解。

深度报道

以受众为中心的深度报道方式，涉及的并不只是向受众抛出更多的内容(更多的言词、更多的图形、更多的图片、更多的动画、更多的链接、更多的细节信息等)。而是对人们选择或深或浅地探讨一则报道的来源、背景和历史，做出规划。这意味着记者有责任引导人们畅游新闻和信息，而不仅仅是把一堆新闻信息放在一起，指望人们自己能够理解一切。以多媒体形式展示一堆碎片信息，并不能让受众拼成一幅关于事件的更大画面，记者应该向受众指出每个独立的信息部分的价值所在，以及对整个报道的理解。有些人可能会看到所有不同部分的信息，而其他人可能只注意到一两个信息部分。记者的关键作用是提供可供选择的知识的深度和广度。

以受众为中心的深度报道新闻的方法，要求记者提供指导和连接。记者在向公众呈现信息的时候，一直依靠专家来帮助提供指导。为了指导受众理解一场火灾以及火灾是如何起来与扩散的，记者与消防队长交谈，或者与律师交流，提供有关执行最高法院裁决的可能情况，或者与医生、免疫学者沟通，指导受众应对流感的方法。

然而，在融合新闻思维操作下的深度报道，可能意味着提供各种链接：链接到不同专家，更详细的定义和解释，以及先前的新闻报道的额外背景，如此，观众可以自主选择以何种程度了解有关这一主题的材料。对于那些希望深入了解的人们，融合记者引导其到达附加的信息、专家和观点。使用新闻工具来帮助确立信任，但要对信息进行核查和分类，要整理出优质、较好和平庸的信息(使用多个来源，检查信息的可靠性和来源等)，记者可以给人们提供有用的和有效的指导。对于那些没有什么时间来整理信息而接收这种服务的人们而言，这种整理颇受好评，因为确定了无数的片段化信息的价值。

在一定程度上，记者可以是新闻和信息的管理者。管理者提供指导，将来自于多个部分的信息建立成一个连贯的整体，就像艺术博物馆馆长围绕一个主题而组织举办的绘画和雕塑展。明迪·麦克亚当斯(Mindy McAdams)是佛罗里达大学新媒体骑士协会会长(Knight Chair)，为以受众为中心而做深度报道的记者们的管理方法提出了以下几条颇具意义的建议：

(1) 选择最具代表性的；

(2) 提供背景；

(3) 提供专门知识；

(4) 筛选或分类拣选；

(5) 组织；

(6) 更新；

(7) 安排(McAdams, 2008)。

如其他融合新闻实践一样，对于新闻业而言，管理新闻并不是什么新鲜事，但是现代记者必须熟悉操作方法，以便使新闻更有用且更有效。在当今信息饱和的世界，在管理方面，记者应该承担起更重要的作用，还要承担更多元化的角色。

以受众为中心而做深度报道，现代记者尽力分类拣选用于报道的最佳手段和工具，这种报道会提供最有趣的新闻和信息，还要能够对新闻做最有效的理解。这意味着记者要清楚如何利用图片(如展示一幅简单的谷歌地图，为报道中涉及的场所提供地点方面的服务)或时间表[如2011年1月8日，图森购物中心(Tucscon)枪击案导致6人死亡，一位众议员重伤，对现场所拍图像以每分钟为单位进行更新]清晰、简洁、高效地讲述一个故事。这些只是记者可以用来减少复杂性，同时增加受众对新闻理解的几种方式而已。

工具中立

我们都知道在生活中，在收集和传播信息时，很少有人仅仅依赖于一种传播方式。像智能手机和iPad等平板电脑，这些设备的普及源于拥有一个终端就可以做多件事情。如果融合记者只选择或者喜欢一种方式、一个工具、一个应用程序来收集和传播新闻，那么他们就既限制了自己，又限制了受众。选择一种方式，则记者展示了一种明确的偏好。记者应该愿意使用多种工具、多种方式。通过工具中立，现今的记者开放了他/她的思维、报道和新闻服务。

想想住在公寓的一些人的典型工具箱：平头的和飞利浦头的螺丝刀、锤子、扳手、钳子。然后再设想一下这种情况，只有一把平头螺丝刀，却要应付各种麻烦问题，从悬挂一幅画到拧紧一个不断滴水的水龙头。不同的工作需要不同的工具，有一些工作则需要多种工具。

这种情况同样适用于记者的工具箱。有些报道可能只需要文字，有些故事配发一些图片报道效果最好。大多数的报道可以使用数种工具以便更加透彻地讲述故事。如今的多媒体记者需要清楚自己工具箱中每种工具的优势：一张图片可以描述出一种空间感；音频可提供权威性、可信性和情绪；图形可以阐明数字和数据；时间表可以显示变化；要点可以迅速突出关键元素；动画可以展示一些事物是如何工作的，也可以显示不是很明显的事物；视频可以演示行动；链接可以提供信息背景和来龙去脉。

秉持工具中立，既适用于快速直接的新闻报道，也适用于新闻的深度报道。只有记事本和铅笔或钢笔这一种工具，现代多媒体记者可以很容易地报道房子着火。然而，持有工具中立理念的记者会这么理解，如果没有视频显示消防队员的努力，以防止火焰窜到与之相邻的双层结构建筑物，或没有来自于第一位闻到了某种东西着火时路过者的音频，或者没有年老体弱的老奶奶在救护车上蜷缩在一条毯子中的照片，那么记者报道就是不充分的。因此，在规划报道的时候，工具中立的记者也许更喜欢使用某些工具，但是他们会确保带上多种工具，以防机会来临的时候，需要运用多种不同的工具讲述故事。

秉持工具中立的记者向他/她的受众开放了选择。就快速直接报道的方法而言，这意味着受众可以自主选择希望知道多少内容，或许是希望看到新闻，或者只是希望读到，以及自主选择想花多长时间来了解。体育新闻机构，如ESPN，应用工具中立思维，为体育爱好者获取新闻及更新新闻提供了多种方式。单单一部智能手机，体育迷们可以密切注意游戏视频、短信更新和微博提醒。对于深度报道方法，人们应该有机会获得用多种方式提供的，最适合于信息和受众的各种各样的信息。

虽然可供记者使用的工具越来越多，

但是记者应该明智地使用这些工具。只是因为可以使用一种特定的格式或媒体工具，并不意味着就必须使用它。关键是要使用正确的工具，尽可能以最佳的方式，告知新闻受众。正如记者在搜集新闻时考虑了各种工具，他们也需要开放不同的工具或设备来传播新闻。

故事驱动

有句新闻俏皮话如是说，记者不应该让事实妨碍一个好故事。这个俏皮话说的是记者的故事讲述达到了极端愚蠢的程度。记者的职责是用所有必要的事实，讲述一个好故事。故事讲述使用事实这一特质将新闻与小说创作区分开来。事实可能降低了故事在娱乐层面的吸引力，但是事实也让故事更有价值。新闻既是娱乐性的(好笑的、吸引人的、感动人的)，也是告知性的(相关的、重要的、有益的、引领需求的)。

在操作融合新闻时，以故事为驱动的记者首先要记住的是，故事得由全面的报道而来。缺乏判断力的记者，可能会诉诸于绚丽的写作，大量的视觉效果，机敏的陈述和措辞，以掩盖缺乏坚实事实的报道。另一种努力掩盖报道的疲弱现象是：产品中包含"特效"。这种特效可能是一段冗长的文字描述，同时塞进了三段或四段声音重复的音频或视频片段，或把数十张图片串在一起的幻灯片。然而，这些手段并不能弥补因缺乏必要的元素而回答不了人们的问题这种硬伤。

在提供新闻时，以故事为驱动手段是非常有效的。因为来自多个不同地方的新闻到达我们身边，从类似于谷歌新闻的聚合器到朋友建议、脸谱网或微博提出的建议，与其说故事的可信性和重要性存在于个别的故事之中，不如说存在于故事是如何呈现的或在哪里呈现的。《纽约时报》(*New York Times*)头版头条新闻或者 ABCNews.com 主页上的新闻重要性不亚于故事的内容。个人故事被认为是一种商品，促使新闻学教授米歇尔·韦尔登 (Michele Weldon)提出了"新闻按菜单点菜"。韦尔登指出，今天的新闻消费者可以食用各种各样"经由自己吃过而选择出来的，放在一起成为一顿大餐，或抽取足以填满胃口的素材"(Weldon, 2010)。

以故事为驱动的报道不同于文章或节目包驱动(article- or package-driven)的报道。故事可能不会以新闻报道的出版或呈现为终点。当故事被其他人链接或引用时，可能已超出披露人或组织的最初意图，而被不同的受众以不同的方式阅读、观看和联系到其他故事之中。依据其信息和来源，报道应该有自己站得住脚的东西。

现代的记者考量报道的内容，可能还需要超越单日的文章或新闻包(news package)。沙龙传媒集团(Salon Media Group)的前首席执行官，现任职于谷歌的理查德·金格拉斯(Richard Gingras)，在2009

年告诉一群新闻教育工作者，他的新闻网站正开始重新诠释一则故事或一篇文章的概念。他从单篇文章到创建"微网站"和在线主题页面谈起，对"内容架构"进行了反思。他说，一篇文章不是记者工作的最终目的。相反，记者会建立"微型网站"，这个网站为内容提供在线的活生生的资源，在这里既可以让受众了解最新的新闻，也可以让受众了解该话题的背景，还可以不断地对话题进行讨论和评论(Gingras, 2009)。

按照金格拉斯的思路，以故事为驱动可能需要现代化的记者为新闻话题开发微小而独家的(mini-beats)或小型领域的专业知识，并提供多种故事元素(文字、图片、音频、数据统计等)。为地方espn.com体育网站工作的体育记者，比如espnboston.com，已经把故事组织概念纳入到自己的工作之中了。

具有专业性

网络和社交媒体的崛起，以及这种媒体的互动和开放的本质，在新闻圈引发了关于记者定义的无休止的争论。博客作者可以算是记者吗？脸谱群组可以算是一个记者群吗？某人在视频网站上上传了具有新闻价值的视频或在微博上更新了活动情况，这个人可以算是记者吗？如果你从来没有在报纸、杂志或是收音机或电视新闻领域工作过，你能成为一名记者吗？我们

试图回答每一个问题，却忽视了真正重要的部分，这部分恰恰是新闻重要，并非是那个正在传播新闻的人的头衔重要，是不是这样？

为了避免陷入这场争论之中，记住"任何人都能承担新闻活动"这句现代格言是很有用的。现在确实如此，这是因为收集新闻和传播新闻的工具简单好用又容易得到。然而，一直有这样的情况存在，并非在新闻行业中任常规职务的某人，由于一次偶然的新闻传播行为而获得了好评。1970年，普利策奖得主肯特州立大学拍摄的照片，摄影师就不是该报的全职员工。2009年，发布妮达·阿迦-索乌坦在伊朗反政府骚乱活动中死亡过程的视频，虽然有种种迹象表明，这是某人的偶然的做法，但是这个人明白事件中的新闻价值所在。

然而，尽管今天任何人都可以偶然地承担新闻行为，许多人确实是这么做的，但是专业记者可以提供一种准则性、一致性以及公共服务意识，这种意识确立了信誉，并为公众信任提供了更大的机会。这三种属性将随机性、偶然性从可靠性和值得信任中区分开来。记者以专业的方式向受众提供新闻和信息，展示自己的价值，而他们的态度又让人们回过来获取更多的、专业性的新闻。这些属性或价值已经构成了新闻事业的伦理道德守则，并贯彻了一个多世纪。搞清楚这些守则如何，以及在什么地方与较新的媒体使用相适应，

超过了有关使用此类媒介的人们是不是记者这种争论的色彩。

这些准则性、一致性和公共服务的专业特征,也已经盖过了由于"速战速决"的种种努力,以便使新闻具有娱乐性,进而吸引最广泛通常又是最粗俗的普罗大众的风头。因为强调新闻的色情性、好斗性、离谱性或者最喧闹之后,记者们注意到自己的努力在短期内吸引了更大的关注度。与此同时,就长远而言,这些行为会削弱其工作的可信度。

公众对记者的不信任空前高涨,特别是年轻人。公众不相信记者是为他们工作的,即他们不相信记者在提供一种公共服务。很多时候他们会发现不一致之处,如记者自称的客观性,但在故事和来源的选择上表现出了偏见。虽然记者们隐藏或降低了自己的失误,但是公众仍能发现缺乏准则性的对公众人物判断失误的报道。

记者专业性地提供公共服务包括以受众为中心,但又没有屈尊俯就的心态。这意味着重点关注的是有用的、与更大的社区相关的新闻,由此扩大了受众和社区的概念。在今天的互动格局中,记者必须对包括公众在内的人开放,提供的不是评论,而是全貌(perspectives)。每则报道都要能够回答这个问题:"报道中有什么内容可以服务于公众?"不能回答这个问题,记者就应该爽快地承认这个事实:即这则报道可能不会对公众的任何目的提供有益的服务。

此外,公共服务是把新闻与推广、营销和公共关系区分开来的核心。理想情况下,公众是记者的客户,而不仅仅是记者的产品——新闻的消费者。

一致性和准则性为现代融合记者提供了报道、写作和呈现的标准。在纸媒和广播媒介中,一致性具有自己的风格标准。就文字而言,其标准包括拼写、语法、标点和词汇用法。就音频和视频而言,一些标准包括用词造句,声音和图像的清晰性,并坚持准确地呈现现实表征,这些标准应该具有一致性。在操作融合新闻时,记者需要逐份报道、逐个帖子展示一致性,记者勤于尽可能地提供准确、清晰、简明的新闻。这种勤勉需要准则或者意愿,即努力确保所提供的消息没有差错。

任何人都可以发布新闻和信息,而其可靠性从无用的废话,到可以证实的事实,千差万别。专业记者的目的是,在时间和资源有限的情况,发布始终可以被验证为真实和准确的新闻和信息。他们并非每次都是正确的,但他们表现出的一致性和准则性的目标是:每次传播的新闻和信息都是真实的和准确的。这是把职业记者与偶然从事新闻行为的人区分开来的一个标准。一致性和准则性是人们相信新闻的一种理由。

互动传播工具的出现,也让人们有机会帮助记者在提供可证实的信息和更多样化的视角的时候,能够更加一致。因此,正是人们与制作更好的新闻利益相关时,可以"付费获得"这种新闻资格。正是这种"付费获得"解释了维基百科(Wikipedia)上信息的流行和可靠性的变化。维基百科允许专家就主题和议题提供他们的知识和观点。质量更优的维基百科条目具备可靠且经广泛验证的来源。当个人尝试开这个系统的玩笑，故意提供误导、虚假或自私自利的信息时，问题就出现了。当维基百科的信息不再以受众为中心时，维基百科失败是必然的。

当意见工具被误用于贬损或削弱多元化的专业知识和观点的时候，新闻领域也会弃之不用。对于现代记者而言，虽然评论是记者们从自己通常的影响力领域之外的人们那里获得见解和提示的一种有用的工具，但是辱骂人的、粗俗的和自我推销的基调，导致许多记者对评论的使用退避三舍。因为收益递减，一些新闻机构已经不再提供对报道的评论，相比于获得有用的信息和见解，需要更多的工作来清除攻击性的评论。

另外，依靠每个人提供信息被证明是有问题的，尤其是很少有人提供评论的时候。维基新闻(Wikinews)，并没有像维基百科一样得到类似的公共认同，因为很少人定期地参与提交新闻内容的更新。专业意味着总是在寻找新闻和信息。而这意味着不断地致力于采集、制作和传播新闻，并展示提供新闻的准则，即使这么做很不容易或者很无趣，但这是必要的。

在报道、制作和传播信息时，准则是坚持公认的、合乎职业道德标准的操作。记者不编造事件。记者不会在不交代来源的时候就复制粘贴别人的作品。他们承认错误并牢记错误，希望从这些错误中有所学习，而不是让错误一再重复。他们坦率地说明他们是谁以及代表谁。他们信任信息，但要核查信息。他们寻求从各种各样的角度验证信息。

专业记者通过遵守可以增强信任和可靠性的特定的行动标准，向公众提供服务和技能，而展示了他们的行为准则。

实践融合新闻给一致性、准则性和公共服务提出了新的挑战。如今对新闻的需求可能会导致报道的不一致，这通常是由未经足够严格地复核和验证导致。新闻故事讲述要求提供多种媒体元素，当媒体运用涉及隐私、所有权和真实的表现的时候，可能会提出适当地减少媒体使用的问题。这些只是实践融合新闻时遇到的诸多挑战中的两个而已，对于实践融合新闻所面临的挑战，我们会在后面的章节中加以探讨。

《拉斯维加斯太阳报》和拉斯维加斯太阳报网(lasvegassun.com)

《拉斯维加斯太阳报》（下文简称《太阳报》）及其网站(lasvegassun.com)，在新闻报道和传播的创新方面陷入困境。周一到周五，其有8页印刷版插在《拉斯维加斯评论·杂志》中。该报业务主要在一个小镇中，而这个小镇属于美国房屋止赎(home foreclosure——房屋按揭到期不能付款的后果可能是，房屋会被没收并拍卖以偿付银行贷款，译者注)和破产率最高的，因此广告收入锐减，更别说订阅收入减少了。自2008年经济衰退开始时，60多位工作人员被裁到只剩20多人。

然而，该报的繁荣来自于其网站的力量，由于深度的多媒体调查，以及聚焦球迷热衷的运动、娱乐产业和政治报道，而获得了国家级奖项(普利策奖、杜邦奖)。该报持有数字至上的理念，或者像出版人布赖恩·格林斯潘 (Brian Greenspun)指出的，"我们在20分钟内传递的数字产品，正在成为20世纪50年代传播的每日新闻。"其记者具有一种开放心态，提供的不仅仅是文字报道，而是与受众理解新闻相关的其他方式，罗伯·科里(Rob Curley)说。科里是格林斯潘媒介公司数字媒体部主管，而《太阳报是》是格林斯潘媒介公司的母公司。他说，"编辑部中的每个人都应该重视与受众增长相关的因素。"相关性就是以受众为中心。

为了确保其相关性，《太阳报》使用网络分析来确定什么报道受到受众的重视，并且创建和保护网络社区。有关网络受众的信息发布在电脑屏幕上，甚至公布到位于新闻编辑部周围的白板上，所以没有人能错过了解受众和新闻及网站是如何互动的。

《太阳报》也已经使用网络工具，提供本地新闻和邮政编码等信息，以帮助观众找到最优惠的汽油价格，关于一家新的快餐店开业情况，或者关于附近道路大修的员工更新情况的新闻。这种用心于日常有用的信息指南，回归了社区报纸的重要性。

有了这些信息，受众会更多地"支持"社区网论，这可能成为对报道更加关注的保证。但当地主编卡拉·麦科伊(Cara McCoy)说，这并不意味着会拒绝不能产生大量的网页访问量的报道。她指出，事实上，"让人感觉很好"的社区小故事常常吸引到最佳的受众。麦科伊说，记者要询问人们是否会阅读这篇报道，而不仅仅是某位记者想写的报道。她说，"这是为受众服务的最佳途径。"

《太阳报》的政治编辑迈克尔·斯夸尔斯说，他把网上报道看作是通讯社提供服务的两个对应面，一面是简短和快速报道的方式，而另一面是杂志，是深度报道的方式。"我把这些看作观察所发生的事情的不同窗口。"他说。"如果在工作中，你可以单击查看立法机构此刻正在做什么，甚至更多，如果你是一个(政治)迷，你可以密切注意微博上的人们，"斯夸尔斯说，"条条大路通罗马。"(Squires, 2011)

斯夸尔斯指出，政治报道所处的位置并不重要——在印刷版上、在播客或微博中——其价值不亚于《太阳报》所刊发给其受众的政治报道。

《太阳报》还探索新的报道形式，以帮助在线受众获得相关信息，而这些信息的格式是网络受众期望的，与在线多媒体工具最匹配的。科里称这些类型

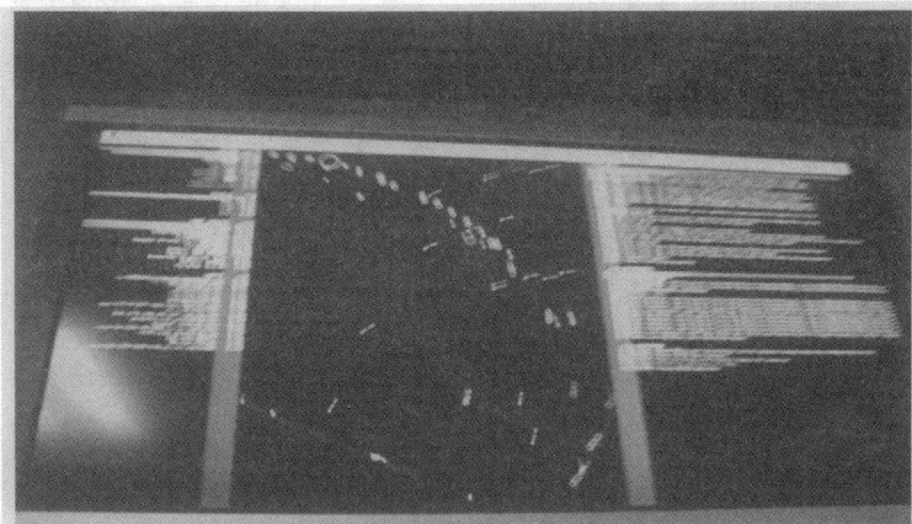

图1.2　《拉斯维加斯太阳报》内的等离子屏幕，绰号是"球面墙"，新闻工作人员可以通过它跟踪其网站使用状况以及他们的报道受欢迎程度等。这属于努力分析新兴的媒介，目的是更好地了解新闻受众的需要和需求

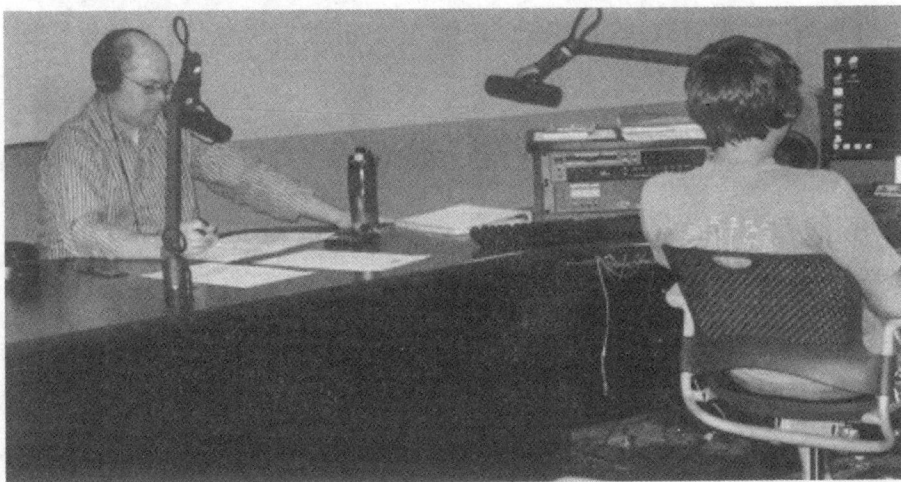

图1.3　迈克尔·斯夸尔斯(Michael Squires，左)是《拉斯维加斯太阳报》政治编辑，除了为网页和印刷版撰稿外，还兼做电台节目、播客

的报道为"增值者",即在一则新闻报道中的信息被重新格式化了,往往以一个列表或要点展示出来。由于信息的有用性,这种增值报道往往会吸引更多的观众,如详细列出《你必须知道的选区重新划分的最重要的五件事》。科里说,关于同一主题的文字报道,吸引了几百人次,而增值报道罗列的五件重要的事情,吸引了数千次的浏览。

"现在我得知一大筐的新闻,这些内容全部都有所联系,而且有必要去了解一切。"从新闻学院毕业后在《太阳报》开启职业生涯的里奇·科尔曼(Rich Coleman)说。他说,他仍然关注来源、引语和信息等记者的基本功,但也试图与新闻受众有更多的互动。"你需要对自己所做的一切事情抱有一种心态,"科尔曼说,"主要是学习一切必要的技能。"

小结

实践融合新闻需要以受众为中心,工具中立,以故事驱动和专业为导向。这种心态代表了实践融合新闻背后的基本思维。这种思维适用于每一则新闻的报道和呈现。应该把这些原则看作是融合新闻道路上的总体规则。遵循这些准则将促进良好的、有效的新闻事业,无论是快速之旅,还是漫长的旅行,都是如此。

第2章

新闻报道的8个元素及构建报道的工具

纵观专业的新闻发展史，从业者和教育工作者一直在努力开发一个可以遵循的公式，概括出一则优质的新闻报道中应该包含什么内容。五个W和一个H：何人、何事、何时、何处、为何以及如何。有导语、支持句和详细叙述细节，或称为开头、中间和结尾的公式。人们用各种几何形状，从倒金字塔、圆圈到沙漏，来形象地说明一则新闻报道的信息组织方式(见第6章)。通常情况下，这些公式依赖于发布报道所使用的媒介类型：印刷的、广播的还是在线的。

然而，在实践融合新闻中，重点是新闻报道所需要的内容是什么，不论报道是如何传播的。

> **以下是新闻报道的8个基本要素：**
>
> - 焦点
> - 新闻价值
> - 事实
> - 来源
> - 清晰
> - 答案
> - 受众
> - 道德

虽然任何人都可以找到一则包括全部8个基本要素的新闻报道，但是一则好的新闻报道，即便没有包括所有这些元素，也会提及这些元素中的大多数。遵循这些元素，新闻报道也能够符合第1章中阐述的良好的融合新闻的原则。无论新闻传播使用的是什么媒介，这些元素代表着建构新闻报道的必要模块。

考虑一下这则简单的微博，2011年1月中旬，暴风雪导致美国东北部道路封闭，"纳仕达(Nstar)说，北剑桥由于高压电设备与服务受损，现在应该恢复了lp #波士顿大雪(bostonsnow)。"(beckerben)这则微博具有如下特点。

(1) 焦点：北剑桥停电。

(2) 新闻价值：及时、地方接近性、不寻常、相关性(参见第1章中新闻价值部分)。

(3) 导致停电的原因和电力可能恢复的时间。

(4) 来源：Nstar是电力公用事业公司。

(5) 清晰(因为措辞简洁)。

(6) 回答了是什么问题以及何时可能得到解决。

(7) 受众，任何在北剑桥的人。

(8) 道德；提供了信息来源以及记者的观察，而不是瞎编的新闻。

报纸上的、电台的、电视的、在线的报道，一条新闻微博、博客报道，也就是任何新闻工作者的新闻报道，都应该努力包括这8个元素。如何发送或接收(传播媒介)报道，可能会影响到这些元素是如何被组织和呈现的，但是这8个元素构成了每则新闻报道的核心。

将那条微博与报纸网络版的报道进行比较。媒介的局限性，比如微博最多使用140个字符，并用一个散列标签(#bostonsnow)来确定共同的话题，影响了报道的深度以及与这些元素相关的背景是如何被组织和呈现出来的，不过这些元素仍然适用。1月12日下午两点，波士顿网站(boston.com)上的一则新闻提到了下雪天气这个相同的话题，以州长宣布进入紧急状态，以及估计马萨诸塞州的中部和西部的积雪达到两英尺半这些新的信息开始(Ellement, 2011)。持续报道这则新闻的内容超过30个段落，内容中提到了遭受长时间停电地区的避难所开放情况、交通问题、意外事故和附加的气象统计数据。该报道包括各种专家来源，以每小时为单位发布具有新闻价值(Newsworthiness)、相关的更新信息，并回答了除雪工作方面的很多问题。

那条微博和波士顿网站针对波士顿降雪天气同一主题做了报道。虽然每则报道呈现这些元素的方式不同，但是这两则报道都包含了新闻中所需的基本要素。实践融合新闻的记者都懂得，虽然传播新闻的介质发生了变化，但是讲述新闻故事所需要的基本要素没有变化。他们得有能力在各种各样的传播媒体中进行报道，要能够确保所报道的新闻中包含全部这些元素。呈现这些新闻报道元素，给报道、写作和制作新闻提出了挑战。在实践融合新闻时，现代化的记者应该了解这些挑战，并学会制定应对策略，从而可以克服这些挑战。

发现并提出新闻报道的焦点，似乎是做新闻报道中遇到的最艰难的挑战，因为需要思考和确定焦点。如果报道缺乏焦点，那么记者为新闻报道收集信息的所有方式，如拍照、对正在发生的事情的记录、向专家提出的问题，都可能是浪费精力。新闻报道的焦点就是报道的重点。在实践融合新闻时要问的重要的问题是：报道的意义是什么?受众应该从阅读、收听或观看新闻报道中汲取到什么?就像一篇文章需要一个主题，或者一幅画需要一个焦点一样，一则新闻报道也需要一个焦点。如果没有焦点，记者和受众双方在阅读、收听或观看报道的时候都会有一种沮丧感。

记者在出门之前就应该开始寻找焦点。记者需要思考应该采集什么、传播新闻需要什么。在新闻报道形成过程中，这可能是最困难的方面。举个例子，假设有一场暴风雪，给你配备了翻转相机(Flip camera)或柯达Zi8相机，你到外面拍摄了一些风暴造成的后果的视频。几年前，作者的一个学生在情人节大雪那天，就是这么做的。他花了一个多小时拍摄视频，内容是落在汽车上的雪，人们铲起来的雪堆，还有孩子们在玩的雪堆。当他返回家坐下来打算做一则视频报道之时，他却被难倒了。他有一堆视频素材却没有故事。

他或许可以展示狗儿在雪地里跳来跳去、人们在铲雪的视频。他把镜头组织起来，但是当一切都做完之后，这个学生承认他的视频缺乏故事性。他拍摄了关于大雪后果的视频，不过缺乏焦点的视频也就没有什么意义了。他可以将各种片段编辑到一起，但他知道只要任何人观看这段视频后，都会做出这样的反应："不错，但那又怎样?"就家庭视频而言，他有一个漂亮的话题，但是他的视频中没有新闻。

什么可以帮助这位学生找到一个焦点?他可以考虑就视频提出的要点是，暴风雪后人们在做些什么事情。他需要想想那些花时间看他展示视频的人，会从这段视频中学习、理解、感受、获得什么。他可以做一个视频故事，描绘与厚达14英寸的雪斗争的人们，因为措手不及，很多人被困于暴风雪中。或者，他可以做一段关于人们互相帮助的视频，其中最好有处境非常艰难的局面。或者，他可以把与自己相邻的人们无惧大风雪，如何努力维持情人节活动的内容做成视频故事。焦点是拍摄暴风雪造成的后果的照片，并提供拍摄

这些照片的背景和目的。焦点也需要选择引入故事讲述的一种路径。这样，观看视频就不会得出"那又怎样"的问题，而是"告诉我更多"。

记者必须决定什么是焦点，然后基于那个焦点进行报告与制作新闻。通常一则报道的焦点是可以改变的，因为信息的采集(包括视频和音频)过程中，可能出现不同于此前的、与受众相关性更强的焦点。但是在开展一则报道时，指望焦点神奇地来找你，就像晴天里的霹雳一样，往往会导致失败和挫折。思量并决定报道的焦点，然后再确认焦点或者随着报道的展开而调整焦点。

仍以情人节风暴的视频故事为例。那位学生可能将焦点选择为人们在令人吃惊的混乱中苦苦挣扎，但是他在拍摄以及与人们的交谈过程中，听到的内容更多的是关于人们不顾暴风雪，在情人节那天令他们如何难以忘怀的创意。那么，他可以调整、改变报道的焦点，并把自己收集的信息用于继续获取额外的来源，甚至把一幅静态图像和信息放到微博上，向其他社区寻求建议和见解，以帮助确定其所在区域发生的可以代表其他地区发生的情况。

在考虑报道焦点的时候，有时可能很容易地将之误认为是一则报道的主题。回到北剑桥停电的那条微博。虽然主题是暴风雪，但是焦点集中在停电这个特定的原因以及停电可能结束的时间上。波士顿网站的报道的主题也是暴风雪，但是焦点则

是暴风雪造成的问题。

焦点是报道的核心思想。用一句话表达出重点，可以帮助记者确保有一个焦点。焦点语句通常是一两句话那么长。如果记者不能用一两个句子概括自己的报道，那么该记者就没有焦点。考虑一则新闻报道的其他基本要素，如新闻价值、答案和受众，可以帮助记者找出焦点。什么是新的？目前我们清楚什么是自己不知道的？什么会让人们觉得有趣或具有相关性？元素选择的首要原因是有人看，阅读或倾听新闻后，该报道具有让人们关注的内容。因为有了一个焦点，融合记者可以确定，可能需要哪些内容而帮助人们理解新闻，确定什么类型的声音、静态图片、视频和文字信息，可以提供这种理解。

另一名学生在用多媒体报道慈善组织将成人与智障少年儿童结成小组的活动时，在寻找报道焦点方面遇到了麻烦。他有了报道、组织的话题，还有从结组活动中获得信息的机会，不同的来源，参与该活动的人士与组织的照片，以及有关该组织工作的各种观点的音频。但是，他没有一个焦点；他不清楚自己希望人们在看过该报道后要获得什么。因为没有焦点，他的报道就缺乏目的性，虽然他收集了大量的信息，但是对于报道结果最终的目的，却缺乏一个清晰的想法。

在实践融合新闻时，因为运用了多种不同的工具讲述故事，有一个焦点将帮助记者接近符合有用的、信息量大的新闻报道的目标这条路径。有一个焦点，记者对受众理解这则报道需要的答案，会有一种更好的理解，所以记者在获取能够提供最清楚、最简明的音频素材时，目标很精准。因为有一个焦点，记者不会只拍一堆报道场景的快照，不过你可以确定什么类型的照片最能向受众说明场景(如报道意外事故，汽车撞上一棵树的镜头)。在确定报道的焦点过程中，记者对信息进行了分类，目的是让受众发现最好的和最有用的信息。

新闻价值

正如在第1章提到的，如果一则报道具有下列一种或多种属性：时效性、接近性、突出性、相关性、不寻常性、冲突性、冲击力、情感，那么就认为这则报道具有新闻价值。说了什么、谁说的以及何时说的往往决定了新闻价值，就如做了什么，在哪里做的以及谁做的一样。

实践融合新闻并没有消除或减少新闻是新的这个基本概念，恰恰相反，融合报道要求新闻不断更新。公众对新闻不断更新的需求，要求新闻总是新鲜的。因为能够提供即时的新闻，广播新闻已经形成了可以提供及时信息的多种方式。例如，电台或电视新闻稿件写作通常采用现在时态；从一个小时到下一个小时，强调报道的不同方面，报道的导语经常强调即将发生的事情，而不是对过去发生的事情的重新报道。这些只是应对公众对及时的、新的信息的需求在新闻写作方面的几个"诀窍"。

构成一则报道的新闻价值的其他层面，需要其他多种方法。自然灾害，如洪水或地震具有新闻价值，因为灾害是不寻常的，对人们有影响。2010年4月，冰岛

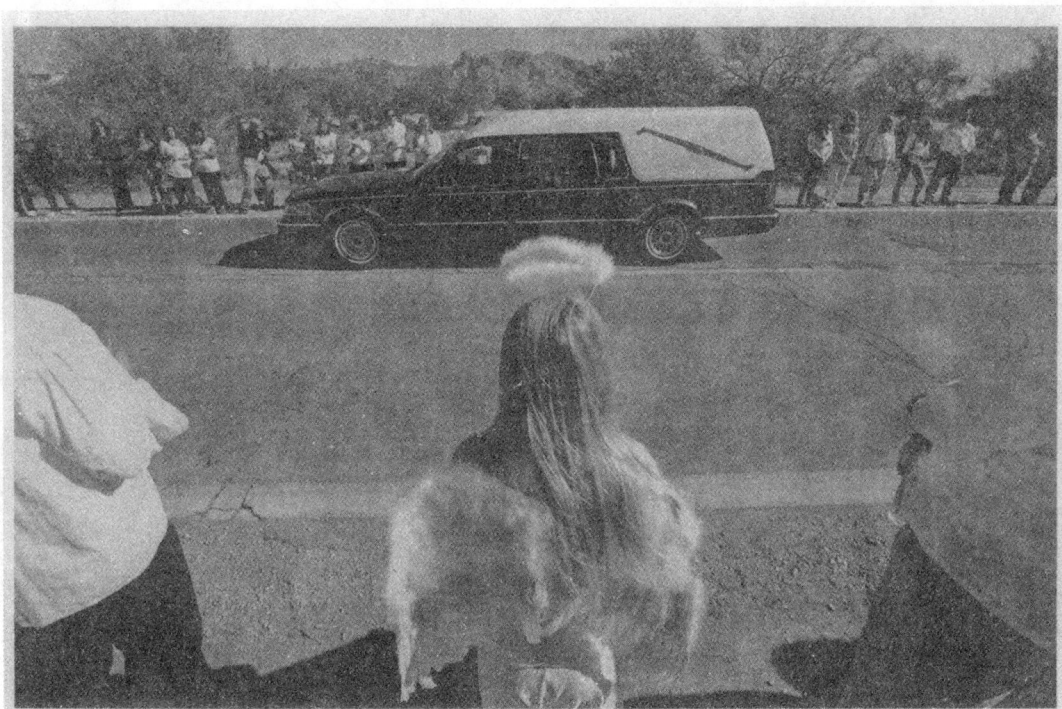

图2.1　这张照片哀悼的是在2011年1月7日亚利桑那州图森枪击事件中一位年轻的受害者，说明照片不仅可以捕获一场活动的情绪，还能独立地讲述一则故事

图片来源：Kevork Djansezian Getty Images。

一座火山喷发具有新闻价值，因为新奇性和火山爆发造成的影响，除了那些生活在冰岛附近的、数以百万计的人受到了影响（其中，接近性在确定其新闻价值中发挥了作用）。欧洲和跨大西洋北部的空中交通被火山扰乱了好些天。提供事实和信息、持续解释自然灾害的不寻常及其所造成的影响，并提供解决这种问题的多种方式，这

些都表明了火山喷发报道的新闻价值。

情感或人情味在报道的新闻价值方面也发挥着作用，虽然可能让报道不那么及时，但是在吸引人们的情感与他人的联系方面，人情味可能具有影响。2011年1月，在为亚利桑那州图森枪击事件的9岁受害者送葬的过程中，那个带着天使翅膀的小女孩的照片，其目的之一是唤起痛苦的情感

和人情味。该报道具有新闻价值,因为它引起了悲伤和痛失无辜之人的感觉。

报道的另一目的是唤起荒谬感和愉悦之情,如加州地区太浩湖里抓住汽车方向盘的一只熊或滑板上的公鸡的视频。受众需要笑对人生的滑稽的报道,有趣的信息可能具有新闻价值。无论是严肃的新闻报道还是滑稽的新闻报道,都必须具有新闻价值。

事实和信息

没有事实和信息的一则新闻是对新闻定义的蔑视,这是显而易见的。新闻报道为受众提供其不知道但可能需要知道的内容。新闻全部的作为在于,整理所有的事实和信息,帮助人们找出其需要知道的信息以便适应社会的运行。诀窍是确定所要获得的事实和信息,然后决定把最有新闻价值的事实和信息呈现给受众。

可以在任何地方发现事实和信息。比如通过互联网(如网站,社交网络工具)、采访专家和目击证人、阅读编写的报告、数据处理,发现事实和信息。随时可以从微软必应(Bing)、谷歌、维基百科中获得事实和信息,这让人很容易完全依赖于这些快速而易于使用的信息提供者。同样的道理,在演讲或公众集会中记录大量的笔记,就如挖掘政府报告一样,或者与某些专家交流,似乎也能获得足够的信息。然而,采集事实和信息的每一种选择,都可

能通向一个鸿沟,即新闻报道对于完整的和平衡的信息的需要。在操作融合新闻时,应采取多条路径,以便向受众提供最好的信息和最有用的事实。

获取有关新闻话题、人物或地方的背景信息,搜索引擎和网站是一个很好的起点。然而,搜索引擎有可能会产生偏差,因为其偏好流行的,但并不一定与事实相符的网站。社交媒体工具,如脸谱网和推特,在提供有关个人信息方面,也很有用。为了帮助公众应对犯罪,新闻机构经常转向脸谱网,获得犯罪受害者的照片,或者在寻找犯罪嫌疑人时,也会有所收获。用这种方式可以收集事实和信息,不过凡是用过脸谱网的人都知道,网页上提供的信息有可能是误导性的、片面的,甚至是错误的。单独运用网络工具收集事实,可能会对视角有所限制,还可能引起可靠性方面的问题。

报道会议的记者更像是速记员,而不太像是一个记者。跟随和记录行动有益于收集事实,但是报道则需要更进一步。记者应该努力收集参会人员在会议中发表的观点,考虑可能会采取的行动,还要联系虽然没有参会但是可能会受到会议所做决定之影响的人。某次会议报告上提出的文件可能包含额外的细节,甚至与会议上所呈现的有矛盾之处。

事实和信息可能因观点来源而被扭曲。新闻业中一个古老的经验法则是,在传播信息之前,记者应获得三个独立的来

源支持信息。在即时评论和重复(repetition)的时代，确认和验证的做法似乎显得古板而奇怪。由于缺乏验证和核实，错误信息会像真实的信息一样延续而误导公众。

例如，美国总统巴拉克·奥巴马(Barack Obama)不是穆斯林是事实，然而2010年民意调查显示，1/5的美国人认为奥巴马信奉伊斯兰教。这意味着很难让人们相信事实。因此，如今现代化的记者非常有必要牢记的一点是：提供给公众的新闻是可验证的事实和信息，这样人们可以更有效地利用新闻报道中的信息。让公众信任事实的第一步是努力获得事实且获得真正的事实。在网上看到的，亲自得来的，从文件中获得的，总之，不管记者是从何处获得的事实和信息，都要从多个来源对事实和信息进行验证或确认，唯有如此，方能增强记者及新闻的可信度。

来源

从文献、目击者、专家、官员、组织、机构等收集到的事实和信息，优点是所提供的信息与来源一样具有可靠性。记者应该尽一切力量从可靠的来源处收集、复核和综合信息，因为新闻受众或许没有时间或缺乏途径去这么做。受众希望知道信息是从哪里来的，还需要新闻报道中有不同的来源提供多元化的角度。

因为受众对最新信息的快速需求，交代该信息的来源有助于说明信息的可靠性。例如2011年1月亚利桑那州图森枪击事件数小时后，关于国会女议员吉福兹(Gabrielle Giffords)情况的准确信息——她是死了还是活着，没有定论。有些新闻机构和新闻记者仅依靠单一来源去判断关于她的信息，比如她在国会工作的同事。主要新闻机构，比如全国公共广播电台(National Public Radio)和CNN广播的她罹难的失实报道，微博也做了散播，后来又对失实报道予以纠正。交代信息来源可能会防止出现发布不实信息这种失误。

清晰

可以将清晰看作是乱七八糟、令人困惑和深奥难懂的对立面。在融合新闻中，清晰还涉及选择最好的媒体而让受众理解起来毫不费力。这意味着清晰地撰稿、例证(通过图片、图形、音频和视频)以及组织和协调。提供大量的多媒体选项，却没有以整理过的方式呈现出来，如此做法对于人们了解新闻没有什么帮助。人们既没有时间也没有意向对诸多选择进行分类，所以记者必须为受众做好组织和整理。

如今的新闻受众经常围绕着新闻报道来回跳跃，有时浏览文章中的次级标题，检查嵌入在文中的链接，点击图形或观看视频或收听声音片段。记者需要明确每种报道元素(链接、图形、声音和文字)中提供的信息，以及提供这些信息的目的。因为受众可以以任意方式以及在任何地方获得报道元素，不过，即便他们没有观看全部内容，或者浏览了新闻报道中展示的不同元素，他们都不会感到沮丧或困惑。

写作清晰至关重要。朴素的措辞就可以实现这种清晰。在现今多任务且时间有限的情况下，新闻受众正在寻找快速与新鲜的东西。在实践融合新闻时，满足这种需求就意味着报道清晰、简洁。记者可以这么写"嫌犯用她的手掌打了女受害者"或者也可以这么写"嫌疑人打了那个女人"。后面这种表达"更短、更清晰、更有力"。这些写作方式，默文·布洛克(Mervin Block)曾经在优秀广播写作中宣扬了至少30年(Block, 1997)。然而，在为所有媒体撰稿时，这些品质比以往任何时候都更有价值。对于受众需要知道的内容，记者们的心得是，以最容易、最快速、最简单并且尽可能以最直接可行的方式，呈现出来。如此，就需要选择简单的词汇，使用简单的句子结构，展示很好的案例，并且是大众可以进行对比理解的例子。

因为选择的是简单的词汇，新闻受众无须翻阅字典就可以了解信息的含义。用会话的方式写作，就像你自己说话的方式一样，使用的词汇直接且简单。人们很有可能是多任务处理的，一边阅读，一边收听或观看一则新闻报道。就像你为了引起人们的注意力，需要以直接面对着他们说话那样的方式而写作。

写作时使用过多的从句往往会降低清晰度，因为受众不得不去找出从句所指的对象。一个句子的从句越少，就越容易引起注意。一个句子有主谓宾结构就会简洁明了。"主语—动宾"的句子，即主动语态的句子，意味着主语在采取行动。"该女子被男性犯罪嫌疑人掌掴"，这是被动语态的句子(女人不是行动实施者，男性犯罪嫌疑人是动作发出者)，"男性犯罪嫌疑人打了那个女人"是主动语态的句子，这么写更简短、更清晰，也更有力。

记者还需要翻译专家的语言，如警察、医生和科学家的专业语言，以便让那些不是专家的人明白其表达的意思。专家的精确术语词汇只有那些知道术语的人才能明白。但是记者所撰稿件的接受对象，其与专家的理解能力有着很大的差距，记者必须努力缩小这些差距。此时必须询问比较，或者在其他专家和专业人员的帮助下提供准确"翻译"的词汇。

很多时候，词汇或文字对于解释和理解存在力有不逮情况。图片、图形、视频和音频可能会更容易理解。在展示或描述新闻现场，例如火灾、交通事故、自然灾害或公众抗议(如2011年1月突尼斯出现的反政府示威)等，确实如古话所言：一图胜千言。展示抗议活动的音频和视频，让人们更容易理解，因为音视频中展示的犹如活动发生的现场。虽然词语可以向受众讲述正在发生的事情，但是音频、视频和静态图片则显示得更快、更清晰，增强了新闻的即时性和可信性。

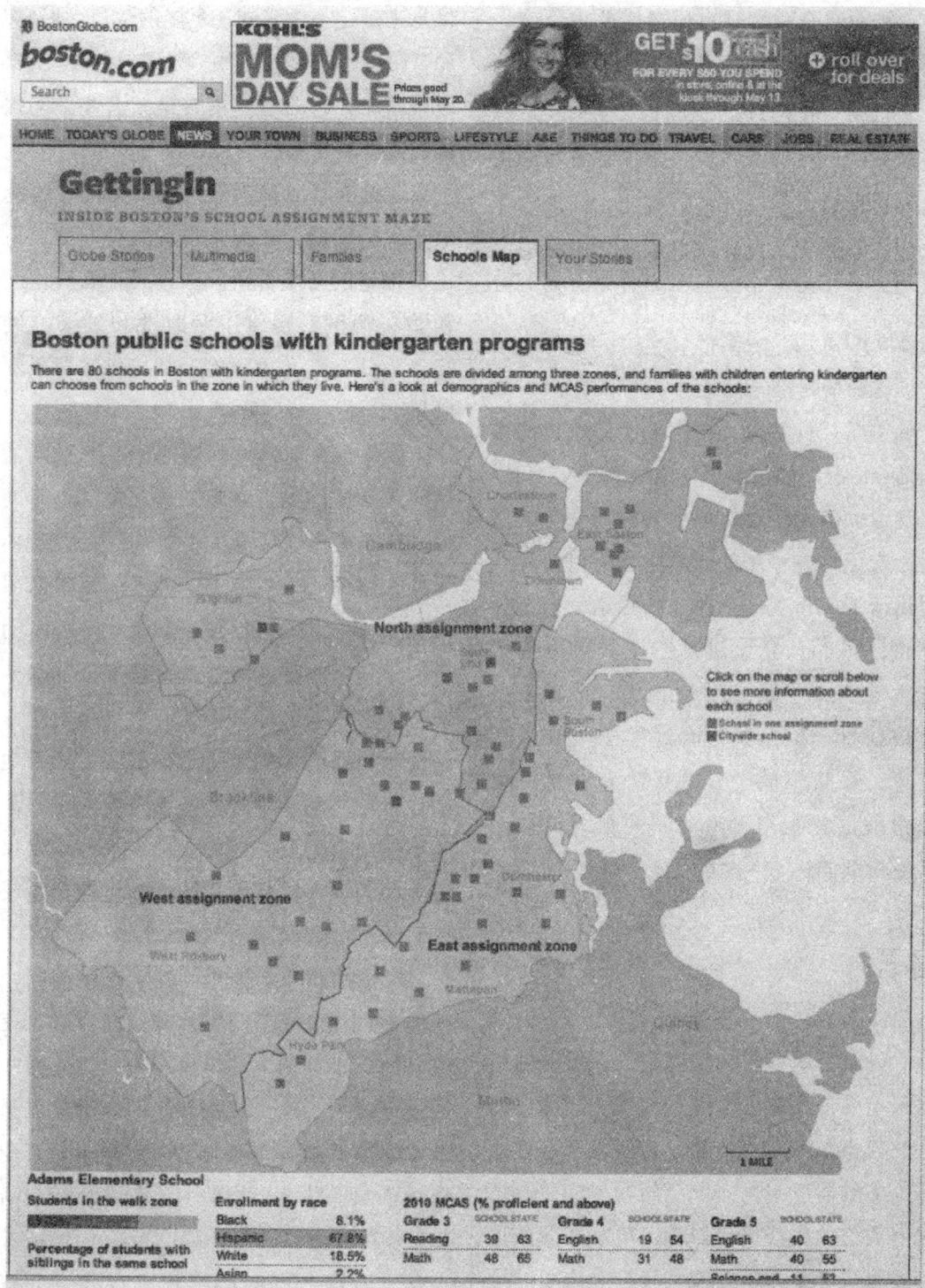

图2.2　《波士顿环球报》报道了年轻人参与城市幼儿园项目的竞争情况，创建了一种交互式的地图。这种多媒体演示允许在线用户深入了解不同学校的项目

然而，音频和视频信息需要上下文，展示突尼斯抗议的视频并不能解释人们为什么抗议。在网站上公布一大堆视频，并不能提供一定的清晰度，除非记者帮助受众理解报道之间的关系。相比于词汇给予人们的清晰度，选择可以展示新闻报道某个方面的视频或声音片段，会更简单，且清晰度也会更好一些。

这种情况同样适用于简单的图形，如一幅饼图或柱状图。饼图显示了整体的不同部分情况，如年度学校预算中23%专门用于交通。条形图可以展示随时间变化的情况。有了这些卓越的工具，就可以向受众提供清晰、直观的形象化的报道，但是如果将过多的信息塞进这些工具，由于信息太过密集可能会引起混乱。记者需要整理信息，然后确定合适的工具来呈现信息。了解不同工具的优势和弱点，可以帮助记者制作清晰的新闻报道，从而满足受众的需求。

回答

就如在本章一开始提到的，可靠的新闻报道的公式要求回答5个W和一个H：何人、何事、何时、何处、为何以及怎样。在大多数情况下，一则新闻报道回答有可能对人们的生活产生影响，可能改变或提高受众思考某个事件或某种行为方面的疑问。回答5W和1H，人们可以通过这些基本信息来确定是否想知道更多的信息。对5W和1H的回答不必都塞进第一句话或一个报道段落中，但是这些内容是大多数新闻报道的骨干部分。

通过回答"何人"问题，新闻报道提供了人的因素。"何事"的回答向受众讲述了报道的新闻价值。回答"什么时候"和"在哪里"提供了及时性和细节。回答"为什么"和"如何"则提供了背景和联系。

如果报道对这些问题的回答不成功的话，就不能满足受众的需求。每一则新闻报道都需要回答受众的关键问题："我们为什么要关心？"例如，关于一月份房屋火灾增多的新闻报道，指出火灾增多的原因是使用小型取暖器越来越多，那么就回答了"我们为什么要关心"这个问题。使用小型取暖器的人肯定会关心，因为他们让自家房屋发生火灾的风险更大了。那些不使用小型取暖器的人也会关心这则报道，因为火灾整体数量的增加可能会危及他们所在的社区。

轻松的娱乐新闻也回答了这些问题，即便是"你能相信吗"这种疑问。对一夜成名的歌手苏珊·波伊尔在英国达人秀中的报道就属于这一类。软新闻能满足人类基本的情感和好奇心。名人新闻满足了受众对于那些与之不相似的人们是如何生活和工作的好奇心。

为了帮助人们得到其正在寻找的答案，记者需要对新闻报道进行组织，让报道有条理地呈现给读者、听众、观察者或者浏览者，对他们可能想问的问题做出回应。新闻记者充当的是信息和新闻的向导。写稿、报道元素的选择，如对图片、音频、视频、链接以及这些元素的组织需要协同合作，相比于开头提供给受众的信息，确保不会出现他们在离开报道时要问的问题反而更多了这种情况。例如，关于在阿富汗的行动造成的混乱的新闻，图片展示的是美国士兵在伊拉克的情况。图片和信息之间有关系吗？有效的在线多媒体新闻报道的一些分析把这些联系称为"连续性"，或多媒体元素的使用和布局(Yaros, 2009)。连续性有助于将多媒体的报道结合在一起，让这些元素在回答受众的疑问时具有连贯性。

有时，新闻报道回答了一些问题，又提出了一些问题。虽然记者可以尝试回答他们认为受众想知道的所有问题，但是时间和空间的限制可能会让他们做不到这一点。而且，他们恰恰可能没有想到提出的全部问题。新的通信技术使相关的新闻报道的互动与对话更加方便快捷，为提出的新问题建立论坛。并非所有的答案都可以在报道传播给公众的时候得到，所以报道一旦被传播，可能就不会结束。张贴、发布或播出一则报道，就可能不再是一锤定音了。

有些新闻报道可能是不完整的，不过有可能演变为提出新的问题。这与Salon.com理查德·金格拉斯(Richard Gingras)的报道持续性理念有异曲同工之处，涉及新闻叙事的新方法。例如，可以运用包括微博在内的手段，收集来自新闻消费者的问题，与此同时又努力采访收集来自专家和官员的信息。新闻报道的评论部分也可能放到观众基于新闻话题而提出的其他问题之处。记者在努力回答人们有关新闻的疑问时，交互性开辟了新的可能性。

受众

新闻都是关于他人的。我们报道新闻不是为自己或几个朋友，而是为了尽可能多的人。在互联网时代，受众可以参与到报道当中来。一篇报道还可能拥有不受地域限制的不同受众。受众可以是本地的、地区的、全国的、国际的、个人的、专业的和局部的。正如第1章所述，大众事实上可能是小众聚集而形成的。

受众可能因新闻是如何传播的而产生变化。当地报纸上的新闻报道的受众可能是本地的读者。同样的报道在网上其受众可能是全球性的，包括前居民(former residents)在内。举个例子，一则关于削减公共图书馆分馆数目的报道，不仅有本地的受众，还有那些生活在城镇且可能使用这些分馆的前居民。

一篇有人情味的新闻报道，如果该报道有可能涉及所有人都关注的主题的话，那么这篇报道会具有普遍的吸引力。有位抚养5个孩子的女人中了彩票的报道被认为是具有人情味的。如果她用这笔钱在洛杉矶开办了电影制作公司，人们甚至会对她产生更大的兴趣。她的故事吸引了很多人，这些人可能想要了解某人因为一次好运和暴富而令生活产生了怎样巨大的变化。这个故事也有让受众普遍认可的时机，当人们想到夺得另一笔彩票头奖的可能性时，就会散布这则报道(Mega Millions Jackpot Fuels Dreams, Ticket Sales, 2011)。

提供其他人认同的观点、评论和意见也会吸引受众的兴趣。然而，在提供硬新闻(straight news)时，记者通常不会在报道中提出自己的观点，而是收集其他的观点，以便发现同意或不同意所呈现的观点的受众，并了解其他观点。新闻报道旨在通过选择不同来源、观点和元素，从而到达不同的受众。

道德

每一则新闻报道都应该展示出这种道德价值观：记者在努力提供准确的、有代表性的和可靠的信息。人们期望记者在时空受限的范围内做到准确和公平。每一天的每一分钟，记者被迫确定自己准备传播和传递的信息是正确的。新闻消费似乎发生在瞬间，彻底地收回一篇事实有错的报道非常困难。一旦信息到达公众的视线，对信息的运用就往往不是记者可以左右的了。

例如全国公共广播电台播出了一篇事实有误的博文，说亚利桑那州的国会女议员加布里埃尔·吉福兹已经去世，最终其他新闻机构得到并重播了这则消息，以至于她的丈夫听到报道后，都认为自己的妻子已经死了。阻止这种错误发生的可能方式就是，在信息传播之前花时间仔细核查。然而，在没有官方声明的情况下，流行音乐巨星迈克尔·杰克逊去世的消息，由tmz.com首次报道，该报道被证实是相当准确的。第一个得到新闻与得到正确的新闻，是新闻价值的两个方面，在即时通讯时代，这种价值观常常发生冲突。

记者不编造、不猜测、不假设事实。信誉是记者的一张名片。信誉意味着人们期望记者在所有时间内做的都是正确的报道。公众依赖于来自记者的正确信息。如果你访问一家只显示当天天气如何的气象网站，可能也有趣但是最终没有什么用处。当你想要找乐子的时候，你会点击这个网站，但是不会为了计划如何着装而去访问。新闻道德让公众对新闻报道持有一种稳定性和信任感。

讲述报道的工具：文字、图片和声音

从古希腊演讲到现代3D电影，故事讲述者结合文字、图片和声音来告知和娱乐大众。技术扩大了这些故事讲述工具的复杂性和多样性。技术允许混合使用这些工具而令报道越发丰富。每种工具都有优点和局限。通过了解言语、图片和声音固有的优势及缺陷，现代的记者可以更好地确定在制作一篇报道时，哪些工具可以最佳地服务于报道本身以及报道的公众。

文字=文本或所写的文字

在包括但不限于报纸和微博上发布新闻，文字是很好的工具。文字可以把报道的思想、信息比特和媒体片段(pieces of media)的关系联系起来。标题形式的文字可以提供摘要，并确定关键词以便受众寻找感兴趣的话题。

言语=声轨或口头语言

声轨是一个广播术语，指的是脚本，需要文字帮助解释，为有关人物、场所和事情的音、视频提供背景，并将之联系起来。

视觉效果=音频=权威的声音、情感和音乐

音频给声音以词汇，展示这些词汇被讲述时的语气和上下文。

画面=静止画面

画面可以提供某个人或某个场所的感觉。它们显示现场或人物。照片可以捕捉情感，还能提供一种亲密感。照片可以定格或让动作和时间停止。

影像=视频=动作或运动

视频是显示行动的最佳媒介。像照片一样，视觉可以提供人物或场所的一种感觉和当前的情感(present emotion)。影像也可以提供亲密感和即时性。然而视频还可以展示，比如某物是怎样制成的或完工的。

视觉效果=图形(地图、柱状图、饼图)和动画

最好用图形描述数字交代的变化和关系。图形可以将大量的比较和对比进行分类。动画可以说明、突出无法轻易看到的行为或展示个人的行动。

环球邮报网(GlobalPost.com)

亚历山大·贝尔雷斯(Alexandria Burris)

"报道的每一种元素，无论是文字还是视频，都必须通过努力来推动报道的叙事情节。"环球邮报网的编辑托马斯·慕夏(Thomas Mucha)说。慕夏负责监管环球邮报网的编辑业务，基地在波士顿仅出版国际新闻的一个网站。虽然文字仍然是出现在网站上的很多特稿报道的重要驱动力，但是使用视频和照片的报道在环球邮报网的编辑生产中至关重要。慕夏说，环球邮报网的一篇好的报道，是新鲜的、引人注目的，能够切实地从读者角度帮助他们理解这个变

化的世界。

菲利普·巴尔博尼(Philip Balboni)是新英格兰有线新闻网的创始人,查尔斯·森诺特(Charles Sennott)是前波士顿环球报记者。环球邮报网是这两位共同的心血结晶,该网站依靠五大洲100位通讯员,制作当天最具轰动性的新闻事件的视频、文字和照片报道。该网站的波士顿编辑与5个区域的出版编辑每天召开两次电话会议,讨论报道及如何就报道的信息和娱乐方式进行包装。

在选择视频的主题之前,记者必须确保视频具有推动叙事所需的视觉元素。慕夏说,一篇好的多媒体的报道以最戏剧性的和令人信服的方式讲述一个具体的、有针对性的故事。而且视频必须能够说明报道。"否则,视频中只是一个人接着一个人再接另一个人在滔滔不绝地说话,那还不如仅做一篇文字报道。"他说。

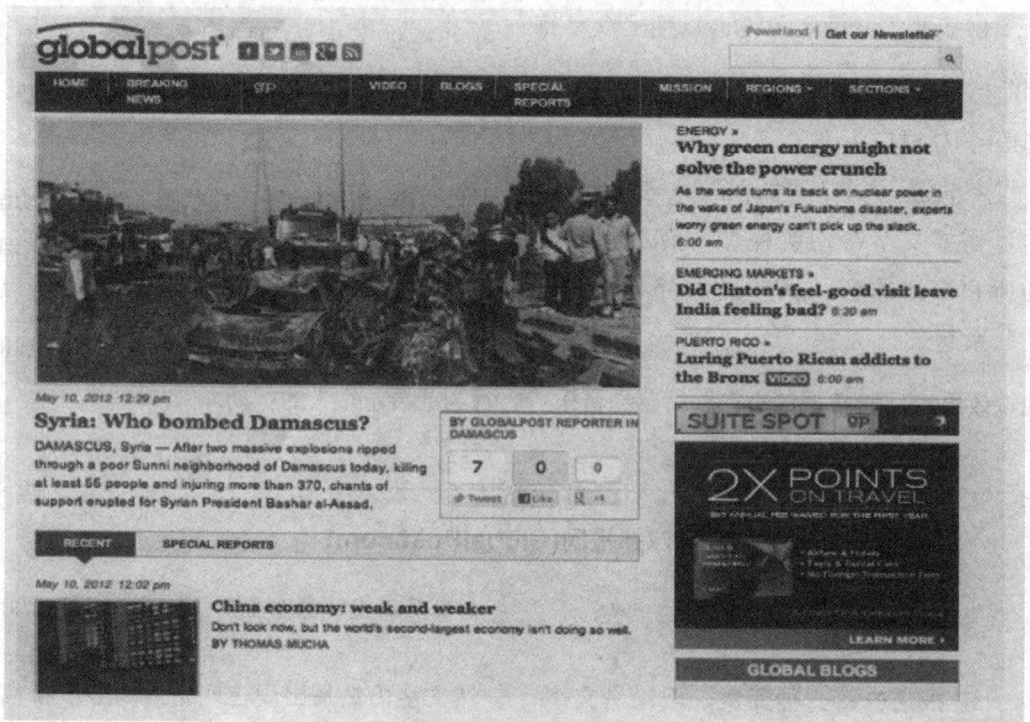

图2.3 环球邮报网

无论是视频、声音、图形,还是照片,所有的多媒体元素都应该服务于一个目的。不是每篇报道都需要或者应该有多媒体元素,慕夏说。但是运用多媒体元素的时候,这些元素必须都能说明每篇报道中更重要的一点,并且以一种令人振奋的、巧妙的或不同的方式进行组织。"有时，在故事讲述中，多媒体元素是互补的；有时它们是说明性的，有时在故事讲述中，它们是一个整体。"他说。编辑们准备好许多片段，经单独权衡每一种情况之后做出决定，以便为访问者创造最佳的体验。

例如，以环球邮报网的墨西哥记者伊万·格里洛(Ioan Grillo)和摄像师约翰·迪基(John Dickie)在2011年6月对梅斯卡尔酒(Mezcal)的视频报道为例，这是一种时髦的酒精饮料，曾经被称为村庄醉鬼的毒药，也为疯狂的美国游客所熟知。

在www.globalpost.com/video/3630237/mezcals-rise-notorious-beverage-trendy-drink网页中的视频故事，带领我们通过墨西哥城的街道和酒吧，向人们讲述制作古老然而很流行的饮料，目的是了解这种流行趋势背后的故事。其有着强大的叙事情节和有趣的人物，塑造了故事的骨干。"场景让视频很有趣且能吸引人们去观看。你进入这些酒吧。你看到了人物。你感觉到了某些东西。你看到了。你听到了。这更多的是发自内心深处的体验，这些东西很难用文字表达。"

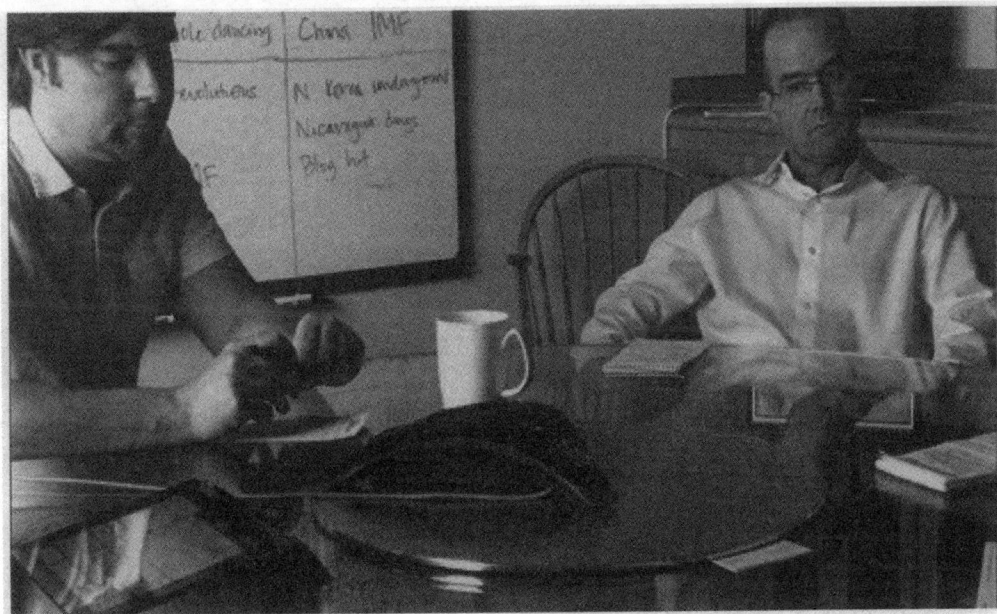

图2.4　环球邮报网的编辑每天会面两次，对提交自世界各地的各种多媒体新闻报道进行讨论
照片：亚历山大·贝尔雷斯。

小结

新闻报道应该具有8个要素：焦点、新闻价值、事实、来源、清晰度、回答、受众和道德。文字、图片和声音的多种组合方式的运用，让现代记者拥有了范围更加广泛的新闻报道的工具。

第3章

信息的来源和背景：报道之前的报道

新闻，就这个词的本质对受众而言，无论是阅读、收听还是观看的，都应该是新的。所以记者总是需要知道什么是旧的以及什么是已知的，以帮助缩小搜索人们认为是新的、不同的、重要的信息范围。

拜互联网所赐，如今的记者可以得益于对数百万条信息的访问。然而，在那些人们趋之若鹜的地方，倘若希望以快速、简洁的方式找到想要寻找的确切的信息，庞大的信息库可能太大了，太过于分散，也太过混乱了。不过，在形成新闻报道过程中，记者已经开发出多种策略来找出他们需要的知识，以及他们应该咨询的人员和文献。

要做好自己的工作，记者可以利用三大知识库：

- "跑出来(walk-around)的知识。"
- 即时、方便、可靠的参考依据(从目击者和发言人到在线书籍和搜索引擎)。
- 深入、全面和长期的资源(从信息灵通人士到数据库)。

记者每天对这些材料来源类型和背景的分析，取决于所做的报道，以及报道花费的时间和每一种报道的呈现方式。他们会扩展和缩减有用的信息，并对这些知识库中有用的、可靠的信息进行耕耘。人们期待记者对众多的学科有广泛的理解，而且对一些重要的主题有非常深刻的洞察力。这就是知识库发挥作用的地方。

首先，记者依靠"跑出来的知识"。这包括记者只是知道，但是没有仔细核实的事实和信息。对于在中东工作的记者，知道如何阅读和讲阿拉伯语，可能被认为是"跑出来的知识"，不过其还包括知道重要官员、宗教和种族的领导人的名字及其拼写方式。

在美国任何地方，尤其是在华盛顿特区工作的记者，应该能够脱口而出总统巴拉克·奥巴马和副总统乔·拜登，甚至众议院议长约翰·博纳的姓名拼写方式。他们也都知道九位最高法院法官的姓名。在威斯康星州，每个人都知道(共和党)州长斯科特·沃克(Scott Walker)和全州教师工会的领导人，以及2011年民主党在州参议院中领导的关于预算的斗争。作为一名地方记者，你需要知道警察长、消防长官、市长、学校负责人和市议会成员。作为一名体育记者，你需要知道棒球队的经理和首发阵容或者篮球队的主教练和先发的五名运动员。如果你报道的是电影产业，你得知道最新的奥斯卡奖得主和电影制片厂的头头。这些杰出人物代表着新闻，任何记者工作都会包括一个重要部分：清楚所报道领域中的关键人物。

除了人物，"跑出来的知识"应包括有关运作的基本知识。如果你不知道比赛的基础知识，你就不能报道棒球比赛；对法规是如何提出、批准和颁布的经过不清楚，那么你也不能报道政府事务。如果你从来没有玩过视频游戏，并且不了解其是如何运行的，那么你就不能对新的视频游戏进行报道。记者需要了解基本的运作过程，以便在核实信息时，既不浪费自己的时间，也不浪费别人的时间，目的是找出具有新闻价值的和重要的信息。

利用互联网、智能手机和平板电脑(iPad)上的搜索，例如谷歌、必应、白页号码簿(Whitepages)、脸谱网，可以很容易找到这些"跑出来的知识"。但是，搜索需要时间，而记者可用的时间很少，所以更新和确认自己的"数据库"是一种省时、省力又高效的工作。

曾经报道过同一座城市、乡村、政府机构、体育团队、企业或主题领域的记者，通常都会建立一个丰富的"跑出来的知识库"。这些知识往往来自发展中的第二个知识库：即时可靠的参考依据。

即时、方便、可靠的参考依据，帮助记者收集事实和信息，并且快速、轻松地提供信息的历史背景和细节。无论什么记者，互联网、在线档案和数据库已经成为一种丰富的资源。这些网络资源能够帮助提供有关曾经谈论过的或书面报道过的某个新闻主题的背景信息。

互联网出现之前，记者收集素材档案，其中包括剪报，在图书馆或"资料室"进行整理。电视台、广播电台会有档案馆和图书馆，充满了当天新闻节目中的"播音记录"(air-checks)，而广播记者和编辑可以回顾那些报道。互联网让记者可以访问这些档案，而不必到编辑部去，还扩展了记者、编辑访问相关问题的全部档案和网站的机会。过去的报道和文件，通常会提供联系人的姓名以及某个主题、机构或组织的历史语境和背景。

在新闻机构工作过的每一位资深记者和编辑，都可以提供即时的、方便的、可靠的信息。新踏入某个领域的记者，比如市政厅，可能会很快地从曾报道过该领域的记者那里获得最有用的、可访问的和有用的入门性知识。报道突发新闻时，收集并保存一份通讯录文件，微博标签标识符或任何其他数据库的关键联系人、移动电话和家庭电话号码，是非常必要的。在广播新闻编辑部，摄像师也可以提供背景信息。要考虑充分利用新闻机构内的有关机构方面的知识。

社交网络的发展也使得记者更便捷、更快速地从范围更广的人群中收集信息，这要归功于像推特类的微博和"众包"(crowdsourcing)，或者从"人群"之中寻找运用社交网络，对在线评论、网站的调查部分做出回应的人那里获得信息。

不过，随之而来的责任是确定所获取之信息的可靠性。在寻找一个主题的背景信息时，比较好的第一站往往是维基百科。此网站包含的引用，非常有助于确定相关信息是否值得信任。寻找任何事物和某个主题的全部内容，必应和谷歌是卓越的搜索引擎，但是，由于其以相关性进行排名，比之搜索出的有用信息，最终的搜索结果可能更加混乱。

其他类型的信息来源，就信任和可靠性而言，也有同样的局限性。在提供信息和深刻见解方面，公共信息官(PIO)或发言人往往是有用的。许多政府机构和官员使用公共信息官，将关键信息与新闻记者联系起来。他们的信息往往是可靠的，但是公共信息官和公共关系代表有责任忠诚于其所代言的组织、企业或官员。因此，这些人提供的洞见可能相当有限，而在提供为其支付薪水的人物和机构的相关信息时，会存在很多微妙之处。他们可能为了组织、企业或官方最好的一面而"粉饰"信息。

5个技巧让搜索更加集中

- 使用双引号("")聚焦确切的词汇或短语。当你使用"新闻媒体"搜索新闻媒体的时候，就会将内容中分别提到新闻或媒体的选项排除掉了。
- 使用加号(＋)连接主题，使用减号(－)排除主题。
- 设定一个时间框架。不是从全部时间或过去的10年开始搜索，而是从过去一两年开始搜索，搜索到的结果会更加集中。如果你正在寻找背景信息，想避开所有最近的新闻，那么就设定搜索的日期。
- 使用高级搜索或偏好的选项。你想要的是新闻报道、研究论文还是网站参考？格式有什么不同(ppt、jpg，还是文档)？如果你只能阅读英语，那么就把语言设定为你的偏好。
- 尝试用含义相似的不同词汇来搜索。搜索"社交媒体"或"社交网络"可能导致不同的结果。举个例子，想想"环境""生态""绿色生活"是否会提供不同的信息和相应的搜索。

　　最后一点：注意你的拼写。输入错误或拼写错误，有可能送你去的搜索方向是你压根不想花时间去的地方。

然而，记者，尤其是独家的或者专业记者，通常会与公共信息官和其他官方代言人形成广泛的工作关系。公共信息官拥有知识宝库，还可以接触到可以给予记者以快速、方便地帮助的人员和信息。例如，大的警察部门经常会使用公共信息官为犯罪报道提供重大的案件信息。公共信息官还可以访问学区或医院，协调参观教室或医院这些涉及隐私问题的场所。人们期望公共信息官与新闻媒体合作，以确保向公众提供准确的信息。记者们往往是公共信息官向社会公布信息的渠道。

知识库中的公共信息官和其他来源，为记者提供了正在发生什么事情，什么人在做着什么事情的相关信息。这是一份能够解答受众问题的人员列表，从而让受众明白是怎么一回事。例如，学区掌管财务的人可能是预算问题的最佳来源，而学区法律顾问可以就法律诉讼和其他法律事务，提供更有说服力的信息。

在线和印刷目录也为寻找人员和组织提供了一个现成的资源。美国中情局概况提供了各个国家基本的经济、社会和政治信息。《美国政治年鉴》(Almanac of American Politics)和《国家杂志》(National journal)是国家、州和地方政治团体以及人口方面的有用的资源。当地团体通常与州组织机构有联系，如果希望发现特殊的利益集团，那么《州和联邦机构目录》(Directory of State and Federal Organizations)是一个很好的资源。为了找到即时、简单和可靠的信息，这些都是可以利用的几种资源的例子。思考什么人或什么机构可能有这样的信息的时候，要考虑你已经知道了什么，你还需要知道什么。为了得到问题的答案，首先要核查的对象就是这些人员、地方和文献。

然而，在制作范围更广阔的报道时，第三种知识库非常有助于提供更深入、更细致的资源。这些资源通常用于创制更广博的议题，这些议题允许受众如其希望的那样，深浅不一地研究和探讨所报道的话题。这样的报道通常要涉及收集大量的数据、能够提供分析和评论的专家、可以提供语境和历史背景的材料。记者随后对收集的材料进行整理和组织。通常根据《信息自由法》(Freedom of information Act)的要求(见第5章)，收集这些信息。受众对于记者策展信息的更新的需求中，这种分类和组织功能处于中心位置。

做出更广博的报道议题采用的资源，常常与快速新闻报道开始利用某些资源一样。某项预算、一场诉讼、某项立法或一次科学研究，可能为一则报道或一些报道提供知识库。然而，也可能是调查更为详细的部分，这种调查可以让受众更好地理解某个问题。

例如，《纽约时报》收集了宾夕法尼亚州境内200多个天然气井的信息，为的是检查那些井中物质的放射性及其致癌情况。2011年2月27日的报道，配套的互动地图强调推动天然气这种清洁能源的使用，如何产生其他的环境健康问题。报道引用了10多份联邦和州的环境保护机构的文件，还引用了环境和钻井专家的言论(Urbina，2011)。然而，该报曾在几个月前发表了一篇关于使用天然气开采方法的报道。在纽约州长竞选期间，这篇报道详细介绍了问题是如何被提出来的。在快速"现场新闻"报道采用的基本素材和知识的基础之上，其驱动了对这个主题更详细的、范围更广泛的报道。

自从将微软电子表格(Microsoft Excel)用于数据管理后，记者可以使用这个程序帮助组织信息。调查记者和编辑(The Investigative Reporters and Editors，缩写为IRE)，是一个旨在促进调查性报道和技能的新闻团体，已经开展了10多年的培训课程，包括在线讲座和实践活动，展示了新闻工作者是如何针对各种各样的健康和安全问题进行深入而广泛的报道的。如果记者希望学习如何开发自己的技能，把广泛的知识和材料集中到一起，从而形成报道议题的话，那么IRE就是一种优秀的资源。其网址是www.ire.org。

查看公共机构收集的数据，并确定数据公布了什么，业已成为一种有用且耗时的工作。报纸和广播网络过去常常由一个小型记者团队做这方面的评估，不过，裁员缩减了独立调查团队人员的数目。新的合作企业都在组织中召集资源和人才，基于更深层次的挖掘和核查而制作出调查性报道。有些报道与ProPublica和其他新闻机构，如全国公共广播电台(NPR)及公共广播公司(PBS)的《前线》节目有关。ProPublica是一个独立的非营利性机构。这些机构的调查性报道已经赢得了一些奖项。ProPublica曾因深度报道于2010年和2011年两度获得普利策奖。

使用社交媒体和众包，互联网也给记者使用专家和消费者的知识提供了机会。记者常常依赖于"通常的怀疑派"(the usual suspects)，人们在其他的新闻报道中经常引用。当使用的来源出自相同的专家、同样的发言人或者相同的活动人士的时候，那么所提供的声音和观点的多样性往往是有限的。记者兼作家苏珊·法露迪 (Susan Faludi)曾在C - Span的一次采访中说，"有很多女权主义活动家没有得到关注，因为媒体习惯于将三个人放到其联络簿中，一遍又一遍地给这几个人打电话。"(Faludi, 1992)因此，使用社交网络和众包，可以发现具有相关知识的人士和特定领域中的专业人员。这些在线工具可以帮助扩大视角的多样性。记者还能借助这些工具修正和完善自己所提供的信息与报道。

最后，来源和背景知识有助于记者清楚什么是已知的信息，从而可以确定哪些信息是受众尚未知道的。来源和背景知识还能帮助记者汲取可能为少数人了解的信息，然后对这些信息再次加工，为的是让更多的人知道这些信息，并将之应用到事关其生活的决策中，无论涉及的是公共影响还是个人的实践。例如，《纽约时报》

涉足只为少数专家了解的天然气钻井信息安全问题。一旦《纽约时报》的记者成为在天然气钻探详细信息方面知识渊博的人士，他们便可以把这些信息转述给更广泛的受众。当一个记者是某个主题方面知识渊博之人，其受众应该会从这些知识中获益。这一切都与此问题有关："我到哪里可以找到我所需要知道的信息，以便我可以将之与其他人联系起来？"

找到来源：文献和人们

大多数新闻报道依赖于人和/或文献作为信息和事实的最终来源。政府官员位于大部分新闻重要来源列表的首要位置。如果对报纸头版新闻报道的信息来源做定期的研究，引用来源最多的往往是美国总统。看体育版可能会发现，在引语和信息来源方面，篮球教练或棒球经理处于顶级地位，这取决于赛季情况。人们期望这些人向媒体和公众发表意见。

文献，如法庭立案卷宗、法规，研究性论文或报告，也给新闻报道提供了丰富的信息和事实。研究越来越多的在线新闻网站会发现，报道引用新的医学研究、法庭立案卷宗(如名人离婚申请或金融欺诈)或参议员立法提议建立一个程序，资助道路建设和桥梁修复。在概述和解释新闻时，许多报道既依赖于文献，也依赖于人们提供的消息来源。

人员

为了帮助记者扩大其接触新闻，从而使新闻更加以公民或社区为导向，皮尤中心为公民新闻设计了一份人员分类名册，给记者提供了指引。这个名册中的人们可以作为消息来源的一个指南。皮尤中心提出了5种类型的社区领袖：官方领袖、公民领袖、联系者、作为促进因素的人和专家(Harwood & McCrehan, 2006)。在试图踏入一个专业领域或做出独家报道时，记者要准备好一份来源列表，皮尤的目录为记者整理出一份出色的人员列表，定期联系这些人，就可以发现社区中所发生的事情。虽然这是就地理位置而设计出的群体，不过这份列表也可以作为一个起点，作为任何类型的社区或新闻话题领域的来源。

举个例子，如果你负责报道某个城镇学校，那么你的官方领导人的名册中应该包括负责人、学校董事会成员、学校的校长，诸如此类。公民领袖可能包括教师工会的负责人，不同学校的家长-教师协会的头儿，私立高中和小学的校长。当地教师联盟的一些成员或当地大学教授，担任教师培训或教育工作的人，可能就是皮尤所谓的联系人。有些人没有正式身份，但是可以在不同层次、不同人群之间移动。所谓促进因素的人，可能是社区中拥有专业的知识，或在历史或制度实践方面具有个性化知识的人。人们获得想法及采取行动，经常得益于这些人。当然，专家是在一个社区中，在某个领域中有专业知识的人，如大学教授、医生或律师。在这种情况下，可以将教育专业的教授看作是专家。这些人可以提供多样性的意见，并平衡政府官员提供的信息。

然而，如果你报道艺术团体，可以运用这份相同的列表。官方和民间领袖可能包括艺术委员会主任、艺术博物馆主任、市议会成员、小镇艺术基金的市长。而社区中的艺术家、美术教师或艺术画廊的业主，可能是联系人或促进因素的人。同样，艺术学教授或艺术家代理人可能是专家。报道体育社团甚至也可以运用这份列表。考虑一下橄榄球的报道(或者美国之外的任何人对于足球的报道)。可能有一支专业的团队、高中的球队、管理足球比赛的体育协会，甚至是研究易于受伤的足球运动员受到伤害影响的运动医学专家。

除了皮尤给出的列表，能够对公共行动给出不同观点的人士，是那些感受到政府行为和决定之影响的人们。如果你在谈论艺术社团，需要考虑的不仅仅是艺术家，还有学习艺术的学生，以及艺术的消费者和博物馆或画廊的赞助人。如果你在了解镇上的学校和学生，那么还需要了解虽然没有孩子却给学校交税收的人，这些人可能提供额外的来源。体育报道可能涉及球迷、参与者和管理协会。

可以在各种各样的网站上找到信息来源的名称及其附属协会，而这些网站是由那些可能由希望采访的团体创建的。为了得到官员的信息以及确定哪种类型的机构

可能是有用的来源，老式的电话簿或许能发挥作用，因为电话簿中蓝色的那部分页面，列出了联邦、州和地方的政府以及这些政府的各种部门和机构。电话簿中所列的机构可能给你一点想法，而此前这些机构的名称你可能从来都没有考虑过。虽然在线电话目录很方便，但是如果你不清楚究竟该找何人，还有自己在找什么(倘若有拼写方面的问题)，那么你可能很难找到来源及其联系信息。像维基百科或谷歌，电话簿可以作为很好的起点。

在物色来源时，要考虑一个人的知识或专业的范围。在多所大学和公共图书馆的在线数据库中可以发现《社团大全》(*Encyclopedia of Associations*)包括了每一个可以想象得到的全国性的团体，以及地区、州和地方组织的一份名录。例如，如果你需要关于回收服装材料的信息，你可以在《社团大全》中找到一个贸易组织。有时调查国家机构，可能有助于找到所在区域的某个人或某个附属机构。如果需要讨论所在城市的枪支管制立法问题，记者可以联系全国步枪协会(NRA)，在当地发现加入了全国步枪协会的某个人，那么这个人或许是更有用的且可访问的来源。

新闻业内已经形成了行业协会的网站，其中附有提示表和其他资源，这些资源利用了协作知识以及记者在某个特定领域中的专业学识。从"调查记者与编辑协会"、"教育作家协会"到宗教作家、商业报道者和医疗记者，在形成

来源和报道路径时，这些团体可以作为有用的资料来源。

关于社区的或你所在报道议题之过去的新闻报道，是信息来源的另一种资源。阅读这些报道和观看视频，你也可以建立起一份人员列表：曾经提供过信息的人，具有可靠性的人，愿意与记者合作的人。存档的报道可以给你提供姓名、部门和头衔。有了这些信息，你可以使用网上资源，找到电子邮件和电话号码。存档的报道也会显示出，来源最为了解的是哪些领域，这样你可以从通过寻找何人获得何种类型的信息后开始行动。

不要局限于搜索当地新闻机构的存档报道。要获得来源，可以考虑调查行业出版物：有关法律界的，可以看《国家法律杂志》(the National Law Journal)中的美国律师；有关学校的，可以看《教育周刊》(Education Week)，特别是专家，以及报道的理念或主题。社区关注的问题，可能往往就是值得你去核查的问题。

最后，其他来源是有些来源的最佳资源。如果与你交谈的人对于你想要的信息确实提供不了帮助，他/她可能知道什么人是回答你的问题的合适人选。如果你从一个来源处获得了巨大的信息，如果你问其他什么人会同意或者不同意其观点的时候，这不会对他/她构成伤害。开展漫长的报道项目时，你曾经联系并进行了多次采访的人向你推荐其他人，会让你倍感欣慰。这是一个迹象，就来源而言，你的报道已经进入了良性循环。

在报道独家的或专门化的主题时，记者应该准备一份关键人物的姓名和号码的名册。这个名册，连同从归档的报道和书籍中收集的背景信息，或者关于该主题的报告或独家报道组合到常用工作簿(a beat book)中，有助于记者快速地联系到人员和来源的关键信息。无论是电子的还是纸上的，形成一本常用工作簿，为记者工作的开展提供了个性化的、便捷的工具。过了一段时间后，这些记录信息可能成为"跑出来的知识"，记者不需要仔细检查就清楚的信息。必要之时，需要双重核查常用工作簿中记录的信息。

常用工作簿也可以为记者身负的一再重复出现的信息策展人的角色，提供一种参考。如第2章中所述，作为内容策展人，记者应该准备好链接到很多报道、其他网站、文献和新闻受众可以寻求关于此报道更为深入的额外信息以及背景性信息。记者已经采集的额外信息使之明白，在其常用工作簿中的关于该主题的信息，还可以与新闻受众共享。信息共享可以提高受众对记者工作的信任。记者所依赖的背景信息，因为向读者、浏览者和受众开放，可以提供新闻报道和制作的透明度。因此，减少了新闻业的神秘感。这样一来，常用工作簿不仅可以服务于记者，而且可以服务于受众。

图3.1 记者用于组织和保持联系人及获得消息源的工具有工作簿、名片夹以及微博

文献

如果从文献中直接引用信息，那么就像人员一样，文献可以看作是主要的来源。引用来自于报道或网站文档中的信息，会视为使用的是第二手来源。第一手来源是最有价值的，因为这些信息与新闻报道中所提供的信息有直接关联。

恰如童年的电话游戏那样，在这种游戏中，句子由一个人传达给另一个人，直到最后一个人叙述出一个句子，这个句子也许与最初的句子没有任何相似之处，记者最初的信息来源可能在准确性方面越来越弱。引述乔关于露丝说了什么，就不如直接引用露丝说的话那么可靠。文献和人员都适用这种情况。最好找到维基百科某个主题中引用的最初的文献或报道，而不是直接引用来自维基百科的信息。为了准确性和可靠性，记者的经验法则应该包括直接找到那个来源，找到任何信息的最初来源。

许多公开的文献很容易在线访问。例如，每年当美国总统向国会提交其提出的预算草案的时候，会印刷上千份以供发布，并将之上传到白宫的网站上。城市、城镇和学区也会在网站上公布其预算方案，有的还包括用PowerPoint演示文稿展示预算。参议员和国会议员提交的立法提议，可以在国会的记录中查到(网址：http://thomas.loc.gov/home/thomas/html)。州立法机构也已经创建了立法的在线文档(例如，亚利桑那州的立法信息，可以在http://azleg.gov/中发现，而俄亥俄州的立法信息可以在www.legislature.state.oh.us/找到)。这些法案的复印件也可以在州议会大厦或州议会的办公室获得。

其他文件，虽然正式公开了，要得到副本却并没有那么容易。每年三月中旬，记者会突出强调获得公开文件的问题，为的是纪念由美国报业编辑协会牵头搞起来的阳光周(Sunshine Week)。2011年，《亚利桑那共和报》(*The Arizona Republic*)记录了该报及其记者努力获取公共文献的3个案例，包括尽量使用扫描仪以抵消过高的复印公共文献的成本(2011年，记者和政府之间的冲突依然高企)。据俄亥俄州克利夫兰《老实人报》(*The Plain Dealer*)的报道，该城市文件公共记录显示，为了得到公共记录，在律师的帮助下，其花费了895美元、用了超过两周的时间才得到了一份酒类许可证(Dissell, 2011)。

公共机构的文件，往往是解释政府如何在工作，或者说为何没有采取行动的相关报道时的第一手来源。立法、预算和法庭卷宗，是记者用于新闻报道时最常用的三种文献信息来源。虽然有很多其他类型的文件来源，但是回顾如何阅读、使用这三种类型的文献，可以作为查看其他文献时的榜样。

立法

正如我们所知，美国是一个法治社会，而选民期望自己选区的国会议员/议员提出立法建议，并将立法建议制定成法律。立法的语言和表达可能很烦琐，但是记者应该学会如何很容易地压缩赘语。可以用心中的这些问题考查立法：该法律要做什么？它会影响谁？有何不同或新颖之处是什么(或者，之前有提议但从未获通过的议案吗)？其目的是什么？为什么需要该法案？谁是发起人(立法机构经常把一些国会议员列为发起人和支持该建议的人)？已经给委员会分配了什么任务？常常要求委员会的工作人员帮助将法案中的提议"翻译"成信息。

预算

预算说明支出的优先事项。把预算视为信息来源，寻找变化和趋势方面的信息。变化信息可以包括哪些方面的开支变得越来越多，还是变得越来越少，以及正在提出什么新的计划或者正在淘汰什么旧的计划。趋势方面的信息可能涉及资金是稳定增加还是渐次减少。举个例子，如果每年将更多的资金用于资助作为第二语言的英语，这可能表明的一个趋势是该学区移民学生的增多。如果计算机技术的预算有所下降，但是电话预算增加了，这可能表明淘汰台式计算机硬件而转向了移动智能手机。可以用心中的这些问题考查预算：预算中进来的资金更多了还是更少了(即收入，如税费)，以及为什么是这样？哪些领域或部门获得了更多的资金，或更少的资金？人们得到报酬是多了还是少了，什么人得到了越来越多的或越来越少的资金？什么地方有积余，或哪些地方节省了开支？

法庭档案记录

刑事案件中(其中政府行为代表公众)的关键法庭文件包括：指控某个人(被告)违反了法律(如谋杀、强奸、诈骗、殴打、抢劫等)。例如，美国联邦政府某个大陪审团审查了2011年1月亚利桑那州图森枪击案信息后，大陪审团递交了一份起诉书，对贾里德·洛克耐尔(Jared Loughner)提出了刑事指控。在民事案件中，个人或公司对他人提出诉讼，声称其违反了法律或造成了损失(比如歧视、违反合同或租赁、不支付他们的账单或抵押贷款)。例如，在学校废除种族隔离的情况下，全国有色人种协会(National Association for the Advancement of Colored People)经常起诉某个城市教育董事会侵犯了公民权利。

美国法院基础知识

刑事与民事：刑事案件中涉及反社会的行为或违反了社区的和平和秩序的行为。要求政府起诉该种侵犯行为。在刑事案件中寻找包括监禁在内的惩罚方式。始于指控的案件，通常由警察对被告提起控诉，或者大陪审团中的个体提出一份起诉书，在这份起诉书中列举了案件的事实情况，并有足够的证据决定正式起诉某人。一旦提起诉讼，刑事被告人被提审，就进入了认罪指控阶段。定罪的证明标准是排除合理怀疑。

民事案件通常涉及商业领域，民事的或社会行为，对个人行为的彼此争议。案件从原告对被告提出索赔开始。民事案件中的处罚包括财务损失或采取行动以解决争议。民事案件中没有传讯或出庭请求。对于原告请求或决定的证据之标准通常涉及证据的影响力。要赢得案件，这种标准被认为是不太烦琐、适宜的标准。民事和刑事案件都可能涉及审前听证会，以便采纳或者排除证据和其他法律事项。两种案件审判前都可能涉及法官或法官和陪审团，不过很多时候，辩诉交易(Plea Bargaining)

解决刑事案件，而和解协议(settlement deal)解决民事案件。

典型的刑事与民事案件：前橄榄球明星辛普森(O.J. Simpson)第一次到庭接受对其刑事指控审判，指控他谋杀了前妻妮可·布朗·辛普森(Nicole Brown Simpson)和她的朋友雷纳德·戈德曼(Ronald Goldman)。对他的谋杀刑事指控结果被判无罪释放，但是布朗·辛普森和戈德曼的家属对辛普森提起民事起诉，寻求赔偿。在民事诉讼案件中，发现辛普森负有过失致人死亡的责任，还有恶意地殴打和迫害行为，而他不得不支付赔偿金并同意有关两个孩子监护权方面的条款。

联邦与州：联邦法院监督违反联邦(或国家)的法律的情况。州法院监督违反州的法律情况。有时候，某个犯罪行为可能既违反了联邦法律，也违反了州的法律。例如，2001年，退伍军人管理局医院的护士被控在马萨诸塞州杀害了病人，这个案件就涉及联邦法律，因为退伍军人管理局医院是一个联邦机构。然而，这个案件也涉及马萨诸塞州的法律，因为杀害发生在该州。此案在联邦法院审理，这意味着可能将死刑作为一种处罚。马萨诸塞州没有死刑。名为克里斯汀·吉尔伯特的护士被控在1995—1996年犯有谋杀罪，但是就犯罪者施以注射死刑的裁决中，陪审团没能达成一致。吉尔伯特将在某所联邦监狱中了此残生。

无论是刑事案件还是民事案件，案件卷宗(罪名、起诉书、诉讼)可以是关于所违反法律的初期主张的信息源。更多的文件可能来自听证会及被告的回应。律师可以提交议案、驳回或延缓案件，要求举行听证会等行动，在审判之前，这些都可以给报道案件进展情况的新闻提供素材，如果案件确实开庭的话，甚至可以到审判庭旁听庭审。

报告

第四种类型的文献，是研究人员、智囊团或者政府机构的报告，也可以提供新闻来源。撰写报告的人通常会就研究报告的发现提供一份执行总结(executive summary)，这可能是检查报告中的信息时的一个有益的起点。但是，请注意，执行总结陈述的是报告编制者所认为的最有趣和最相关的或最有用的信息。他们对于相关性和重要性的观点，就你的新闻受众的最相关和重要性方面而言，两者可能会一致，也可能不一致。报告内包含的深奥信息，可能会引起诸多质疑或需要其他观点来解读报告的发现。挖掘一份报告，就像挖掘预算或立法建议，旨在获得对公众而言最有用的观点和信息。浏览执行总结会很快也很容易，但是报道要超越于此，以确保你提供的不仅仅是该报告的撰稿人认为重要的，而是你的受众可能会认为是最有用的和最相关的信息。

人们的心声(群体提供的来源、街头随机采访、评论和调查)

新闻都是关于人以及人们做了什么、说了什么、他们是如何做的和如何说的。人是新闻的一个重要组成部分。人是报道的主题和核心。这些包括人们的行动、反应以及当下人们的相互作用以及与新闻、新闻报道的相互影响。因此，记者发现并把人们的心声融入新闻报道的方式，已经随着记者工具的进化而进化。然而，没有人的新闻会有点枯燥无味且有所局限，所以记者经常转向对新闻事件反应性的报道，而收集各种各样的关于新闻事件的精彩纷呈的见解与评论。对于新闻事件本身的报道以及对事件反应的报道，记者既可以使用传统报道中运用的工具组合和方法，也可以使用社交媒体。

首先是传统方法或对现场进行面对面的新闻采集。无论是演讲、集会还是公开演出，出席现场活动的人对新闻事件的影响与那些领导和组织公众集会的人的影响同等重要。

举个例子，2008年11月4日，美国总统奥巴马宣布赢得总统大选时，成千上万的人们聚集在芝加哥公园聆听了他的获胜演讲。虽然奥巴马的演讲具有新闻价值且很重要(即非裔美国人当选为总统)，对于在现场的民众的报道——他们说的话、他们的感受、他们的思考——也同样具有新闻价值。电视摄像机不仅提供了现场的人们脸部特写镜头画面，而且还提供了现场宽广的、兴高采烈的大批群众的场面。演讲之前，记者就人们为什么在11月寒冷的夜晚来到现场等问题，对人们进行了采访。随后，记者把人们的反应聚集到一起。第二天报纸、电台和电视台有关选举的报道，都纳入了人们的这些意见。

相同的面对面的新闻采集方式，仍然是当今各种公共活动报道的重要方式。在报道一场演讲时，其内容的细节是新闻的核心，但没有那些在现场听演讲的人的释读，新闻可能会变得片面而有限。如果记者未能寻求多样化的视角和观点，报道也可能是片面的和有限的。如果记者只采集居住在海德公园的，在集会现场收听了奥巴马获胜感言的芝加哥人的观点，那么记者就未能准确地说明出席集会的人员的范围以及他们对演讲的反应。

人们期望记者会努力地寻求不同人的意见和见解，以确保记者得到的不是一种狭隘的、可能是不准确的观点。如果记者只寻求言说者表达出来的都是记者本人意见的话，情况也是如此。总之，单一来源的报道往往意味着糟糕的报道。

为了弥补公共活动报道中的问题，记者可能基于外表、年龄、性别或种族的差异，寻找不同的个体观众。公平和平衡的理念,需要记者去寻找那些可能有不同的意见的人们。根据活动性质,这么做可能有难度。例如,在2011年超级碗冠军绿湾包装工队(Green Bay Packers)欢庆胜利的游行队伍中,要找到不喜欢橄榄球的人可能很困难。因为那些人不出现在游行队伍中的可能性更高。然而,参加游行的人对于他们最喜欢的球员,可能有不同的看法,或者他们的热情有分别,支持球队的例子也有差异。在这种情况下,记者收集游行的人要表达的内容,可能焦点各不相同,也许是个故事,目的是为那些不能参加游行或没有机会跟别人讨论这场活动的人,描绘出游行中的人们的情绪和兴奋之情。

在捕捉人们的声音方面,微博、社交媒体(Storify)以及其他工具,为记者打开了一条新途径。记者或新闻机构可以设置一个主题标签(例如# stpatparade的圣帕特里克节大游行),并要求参与游行的人们发布信息和图片,甚至从他们的视角拍摄游行路线的图片。或者,如果记者使用一个普通的标签,则可以密切注意人们在活动中说了什么。这是众包的一个例子,让民众参与到正在发生的事情的报道活动之中。这说明众包可以增强突发新闻或新闻事件的现场报道。

众包意味着受众提供策划中的新闻事件的种种问题,比如一个城市预算的公布,或者任命一位新的官员,宣布镇上新成立的一家企业或雇主,也可以增加现场新闻事件的报道。在这种情况下,人群或

观众可以为记者的问题单增加主题和重点,还能收集活动中的信息。所谓的人们的心声并不包括对新闻的反应。相反,人们的心声提供的是与现场新闻事件有联系的人们所关注的问题以及对于问题的不同观点。众包给了人们在新闻采集中发出声音的一个机会。

宾夕法尼亚州普凯西的《新闻先驱报》(News-Herald)试图在2010年中期把众包列为本杰明·富兰克林项目的一部分,这个项目旨在以数字优先的方式实现新闻采集(Tenore, 2010)。该报纸要求受众质疑规划中的增加电费,并通过微博、视频网站和电子邮件把问题提交过来。这些问题成为了对城镇官员进行问答采访报道的一部分(2010年关于普凯西区电力规划的问与答)。俄亥俄州威洛比的《新闻先驱报》,使用众包对图书馆的使用以及当地图书馆的资金问题的信息进行了采访(本·富兰克林项目:一次大胆的、新的实验,2010)。在富兰克林项目报道的种种案例中,报道主题很具体(而不是泛化的"你怎么看"),提供了新闻采集期间有益的和重点运用众包的情形。

第三种类型的众包涉及记者向身处人群中的专家们提交种种问题,甚至是报道的草稿,旨在了解专家们的各种反应。丹·吉尔默(Dan Gillmor)是《草根媒体》(We the Media)和《主动媒介》(Mediactive)的撰稿人,他就是用这种方法撰写了这两本著作。他向专家们征求意见并根据

互动中专家提供的建议，调整了他的著作内容。

新闻机构也在其网站上使用调查问题以寻求与观众的互动，虽然有时当天的问题最终引发的是粗糙的意见，而不是深思熟虑的评论和观点。

使用通过面对面的、电话或网上采集得来的人们的声音，记者需要了解其局限性。这些评论和观点不是准确的调查机制得来的，所以它们不能完全代表某个主题或新闻事件的一般态度。记者自己要有动力去寻找各种各样的公众的态度和观点，而不一定是那些最简单或者最容易获得的，或者是最响亮的或最引人注目的意见。人们的心声可以人性化，并为某些新闻报道提供真实性。

社交媒体网(Storify.com)

像推特(Twitter)、脸谱网、微博(Tumblr)这些社交媒体，已经成为现代版的水冷却器(water cooler)的等同物。如果你想知道人们在谈论什么，哪些人可能是优质的意见和信息的来源，社交媒体网站可以提供帮助。不过要对所有的喋喋不休的意见进行整理，这会让人感到无所适从。值得庆幸的是，人们已经开始运用一些工具来整理意见，而社交媒体网最近一直是备受议论的一个网站。

任何人都可以创建一个社交网的账户，登录进入，然后规定一个社会化媒体可能出现某些讨论的新闻话题后，社交网依据所选择的话题而整理和收集各种各样的帖子，完成其他的工作。可以通过社交网的网络相册(Flickr)搜寻到图片，或者通过视频网站(YouTube)找到视频、评论和信息。然后由记者来确定这些信息的可靠性，并决定如何使用这些信息。

在试图找到对特定话题感兴趣的人们的时候，社交网可以是一个很好的工具，如提出公共交通费涨价或城市公园保护主义者。社交网可以通过社交媒体的帖子确认机构和团体、政府官员，从而帮助记者寻找出议题上的不同观点。

社交网把已经"社交化了"的报道以及新闻媒介如何运用社交网开展类似于爱荷华州共和党总统预选会议投票情况的重要报道的告示发布出去。波因特学院的马拉里·让·泰诺雷(Mallary Jean Tenore)确认社交网中运作良好的5种类型的报道：社会运动，突发新闻，互联网的诙谐(Internet humor)，反应报道以及天气报道(Tenore, 2011)。前美联社记者、社交网创始人伯特·赫尔曼(Burt Herman)对《华盛顿邮报》说，社交网不构建故事本身，但社交网允许记者对来自社交媒体的最佳信息进行策展以及将之编织进一篇报道之中，把这些信息落笔于"真实地说发生了什么事以及提供所说内容的语境"各种元素之间(Kolawole, 2012)。社交网的方式就是在混乱中找到你的方式。"赫尔曼说(Morrissey, 2011)。

信任但要核实

冷战时期，美国和苏联之间的"信任但要核实"这种说法开始流行。当时，这句话指的是美国相信苏联核武器谈判代表关于核武数字及减少核武的呼吁，但是要求苏联对谈判中提供的信息进行证实。同样的理念，"信任但要核实"适用于新闻记者和来源之间的协商性关系。记者需要信任自己的各种来源，不过，记者还得从来源之外收集到可以证明这些来源是值得信任的，然后才能将之用于服务公众。

出自芝加哥城市新闻局的一句老话指出，"如果你妈妈告诉你她爱你，那么请进行验证。"要点：复核每一件事和每一个人。这也抨击了单一来源报道的概念。任何单一来源的报道提供的仅仅是一种观点，而一种观点绝少能够给公众一个事件或活动的全貌。

例如，在火灾现场的消防队长可以作为一种优质的信息来源。他能提供扑灭火灾战斗的细节，他和消防队员能够得到有关火灾的信息，还有关于火灾原因调查的各种评论。消防队长能够提供相关建筑物的租户或居民信息。然而，消防队长对于正确地拼写出某个人的名字就不那么确定

了，住在这座大楼里的某个叫帕特·瑞恩的人，到底是一个男人还是一个女人，或许他就不是很清楚。他可能也没有火灾之前大楼状况方面的相关信息。所以，作为一种习惯，报道警察与火灾的记者，既要仔细检查网上目录中的地址信息和名称，也要仔细检查现场的全部信息。

如果记者得到的信息相互冲突，那么他/她应该寻求信息的其他来源，努力消除信息冲突。如果消防队长和在线白页电话簿(White Pages)提供的有关住在着火的房子里某个人的信息不同，那么记者需要找到该栋楼的居民甚至是这个人的邻居们来加以澄清。最糟糕的做法是，把令人迷惑的信息传递给公众；公众甚至更没有什么时间来进行核查，况且公众是依赖记者澄清问题的。为了澄清信息，记者还可以再到消防队长那里看看是否是他说错了，或者在采访了消防队之后是否得到了更好的信息。虽然有人偶然发现了火灾，可能拍了一些照片和视频并上传给了公众，做了一次随机的新闻报道，但是人们期望专业记者做更多的工作，确保信息的准确与完整。

对于提交法院的案件，同样需要仔细核查信息的准确性和完整性。新闻工作者

因没有检查和核实信息而出现的偶然的拼写错误和错别字，可能会产生诸多问题。从报告或调查中获取原始信息或数据，以验证摘要性信息是否正确。如果某个国会议员告诉你，她提议的立法有可能消除城市中的水污染，那么阅读该法案可以帮助验证信息。将该立法提案与其他提案人，以及可能支持或反对该立法的人们都核查一下，也可以提供一些验证。

在将某个人当作可以信任的消息来源时，记者应该依据有关准确性、参考来源、与其他背景信息来源相符合的程度等过去的记录，加上个体风格的观察和来源的呈现方式，确定可以给予其多大的信任。例如，你可能会相信消防队长，因为他此前一直是新闻报道的可靠来源；其他记者也转告你，消防队长是很好的来源，在与你交谈中，他会直截了当地告诉你他知道什么或者不知道什么。如果你在做一篇学校董事会的报道时，董事会某个成员讲了一个故事：他不喜欢酒醉后胡闹的另一个成员，那么你不得不斟酌是否要信任向你讲这个故事的人的动机了。然后，如果你认为这个报道值得继续跟进，那么你必须对信息进行验证。警方报告、目击者的评论或住在那次争吵发生地附近的人，以及董事会成员对酒后争吵的指责和评论，都能够提供验证。

"信任但要核实"的规则同样适用于互联网上的来源。作为一位记者，你需要确定网站上、维基百科、博客或微博上信息背后的人们及其动机，从而确定是否可以依靠这些信息并将之传递给公众。核查网站或博客上有关我们(Us)的信息。努力确定网站或博客上是否存在政治的、商业的或营销的议程，以及网站或博客上所提供的是否是有偏见的或曲解的信息，例如核能研究所网站上具有关于核能和核反应堆的有用信息。记者试图理解2011年3月日本北部核危机时，核能研究所是一个有用的信息来源。但这是一个代表核产业的贸易集团的网站，因此网站上的一些信息需要进一步核查。

正如前面提到的，新闻行业组织往往提供个人和在线资源的审查。先前的和当下的记者和新闻教育工作者也联合起来，共同提供在线参考(online references)。其中的一个团体，由前CNN高管和称为新闻认证交易(www.newscertified.com)创建，当记者需要对人们所提供的信息以及音、视频访谈中的回答、出版的报道进行核查时，该机构为记者们提供免费的审查专家(service of vetted experts)的服务。(在CNN的时候，在充分披露信息的工作中，作者曾与数位新闻认证交易的成员共事过。)记者工具箱journaliststoolbox.com是另一个可以帮助记者验证信息来源的在线网站。

很多时候，未加核实的信息可能会导致令人误解的、不准确的和伤害人权益的新闻报道。雪莉·谢罗德是农业部的一位官员，2010年7月某报道指责雪莉·谢罗德具有反种族主义行为，大量的新闻机构突然猛烈地跟进最初的报道导致她丢了工作。对谢罗德的种族主义指控是基于她在某视频中的一次讲话。最初发布该信息的是安德鲁·布莱巴特(Breitbart, 2010)，他以建立右翼政治议程出名。这些因素敲响了应该小心地验证信息的警钟，但是最终问题还是发生了。更多的细节出来后，即对信息进一步验证之后，很明显，最初的视频和引语都是别有用心地剪辑出来的。记者没有核查自由主义倾向的帖子的来源，如moveon.org，同样地就抛弃了自己对于公众的责任。

记者们的快速经验法则是，对于任何信息都要抱有一丝怀疑，但是又要避免愤世嫉俗和完全不信任一切。简而言之，并不是一切都是正确的(无论是说出来的还是在互联网上找到的)，但也并非一切都是虚假的。学习检验不一致、概括性的和广泛性的说法，是记者形成的对于事实与虚构的一种感应器。

有时候，记者和消息源之间同等的信任，会把记者置于道德困境之中。有时候，消息来源可能信任记者会保护自己免于负面报道、或者在采访中所做的不适当的评论的影响。所有的消息来源都会在采访结束时说，"这一切都是不适宜公开报道的，是吧？"《滚石》文章对斯坦利·麦克克里斯托(Stanley McChrystal)将军话语的引用触及了公开/非公开问题，以及记者迈克尔·黑斯廷斯(Michael Hastings)对引语的使用是否合适，存在很大的分歧。所有的引语都来自于非正式的会晤和酒吧中喝高了的时候。黑斯廷斯坚称，双方对于采访是否出版根本没有误解。虽然记者可以永远友好并对来源持开放心态，他们必须向消息来源清楚地表明，记者的首要任务是服务于公众所需要的信息。这意味着确保消息源理解采访的规则，在大多数情况下，就是要用于公开传播。如果记者有任何将信息来源的言论发布给广阔的受众的话，他们就不应该误导信息来源，称那些言论会有所保留或永远不出版。

信息源在决定是否与记者协作的时候，"信任但要核实"的规则也同样适用来源提供者。公众调查显示，大量的人们对新闻媒体持不信任态度。然而要让人们对你投以足够的信任，从而让他们向你讲述他们的故事，一直是新闻工作的核心要务。

鲍勃·伍德沃德(Bob Woodward)和卡尔·伯恩斯坦(Carl Bernstein)对于1972年水门事件的报道——即尼克松在白宫时掩盖闯入民主党总部的行为——为他们赢得了好评。鲍勃·伍德沃德曾经常谈论信息源和信任问题。水门事件的报道需要那些害怕失去工作和声誉的人能足够地信任记者并与之交谈。伍德沃德在一次采访的节选和波因特学院——波因特学院是新闻学教育研究所和智库——的演讲中提到，"水门(事件)的新闻来自拒绝谈论的人们。"他指出，重要的来源不会出现在互联网上，而报道信息的关键部分则要求报道者向重要信源猛烈地抛出问题。伍德沃德提醒"如果你讲文明、够执着，你就会接触到受到限制的人们，不要太粗鲁或突兀。"

图3.2　《滚石》关于麦克克里斯托将军的报道，请看此图中，他与美国总统巴拉克·奥巴马在一起，触及了非正式/公开发布的问题

小结

　　记者需要依赖他人、文献作为信息和新闻报道分析的来源。为了更好地利用资源，记者需要掌握辨别可靠的和有价值的来源的方法。

第4章

短而快：报道一则现场新闻

近两个世纪以来，新闻界很大程度上一直专注于快速和第一。19世纪90年代城市街道上报纸的号外和第二次世界大战中，收音机对伦敦大爆炸的报道，说明了如何(运用时代的新技术)快速地传递新闻，对19世纪和20世纪新闻业声誉的建立具有重要意义。1963年约翰·肯尼迪总统遇刺之后的电视直播报道，2003年3月来自伊拉克战区的报道，以及2011年2月Twitter和Skype对埃及活动的报道都表明，新闻受众非常重视以最快速和最可靠的方法传递最新的新闻。

拜移动和数字技术所赐，无论我们身处何处，我们希望从何人那里获得信息，方便快捷地获取信息的能力，为了满足人们获取新闻的欲望，我们当中那些传递信息的人们，即记者们，身上承受着越来越多的压力。此外，在满足受众的快速和最新的信息需求方面，任何一个有手机的人，在新闻事件发生之时，用手机发送有关新闻事件的一条推特或将新闻事件的一幅图片上传到网上，都有能力完成一次随机的新闻传播，这也给记者增加了更多的压力。为了满足这些期望，记者必须充分利用现有的可以取得的一切工具，提供新闻的关键要素。过去十年中，大量的技术

和卫星时代曾经限制电视网现场报道的工具，已经变成了价格低廉且易于使用的设施和传输方法。就在几年前，一些报纸开始使用博客提供重大新闻事件的现场报道，如重要的法庭听证会。博客为报纸提供了一种可以与广播和电视的现场新闻报道一争高低的手段。如今，新闻机构有各种各样用于直播的网络工具。你可能已经运用这些工具与家人、朋友或与自己有着相似兴趣的人，在网络社区沟通过。Flickr、YouTube、Twitter都属于这些工具。你可以将文字、视频、图片和音频上传到这些网站。但是将这些工具运用于新闻业，需要形成一种新闻价值感、一种道德感以及对受众和报道的一种责任感(见第1章)。在报道新闻期间，要同时做出这些方面的决策。

记者常常有时间和机会去收集信息，然后返回编辑部整理一切，再写出一篇报道，或新闻脚本，或在线地混合文本和图片的稿件。虽然有些决策是在报道期间做出的，但是其他的决策可能会推迟到报道制作的时候才做出。现代对即时新闻的需求意味着，可能会经常要求记者在新闻采集尚未完善期间就提供一则报道。几十年来，广播和电视记者在做现场报道时，对

随时有用的信息必须做出这种类型的即时决策。体育记者可能需要去"详细报道"比赛的过程，追踪比赛中的主要事件，甚至在他们能够将这些事件组合成一段概括比赛过程的报道之前(比如足球中的进球、棒球中的全垒打和篮球中的罚球)。现在，任何人都可以即时发布信息和图片，完成随机的传播新闻的行为。因此，专业的新闻工作者应发扬自身的优势，比如他们的可信性和可靠性，使他们能够提供满足受众需求并让其信赖的即时的、准确的新闻。

例如，lasvegassun.com网站的一些记者曾提供一份推特流量运行报告，随后他们将这些报告做成了一则关于在线的和印刷版的总结性的新闻报道。终极格斗锦标赛(The Ultimate Fighting Championship)或综合格斗(Mixed Martial Arts)报道者以及拉斯维加斯娱乐业专栏作家在推特中写道：新闻就在其发生之时，后来将用此推特语包装了一则新闻报道(Curley, 2011)。

无论可用的时间有多少，新闻事业需要以受众为中心、工具中立、报道驱动和专业化，结合新闻报道的元素，都可以引导记者做出什么是有新闻价值的决策。现场新闻，或者新闻事件的一次性报道，记者们不得不依靠其背景知识以及运用自己的观察、倾听和提问的报道技能。他们将不得不依赖于言辞、静止图像、音频、视频这些不同的媒介之优势，向新闻受众提供报道的种种最佳的层面。在局限性方面，记者还需要开放和透明。无论他们到达车祸现场10分钟后还是坐在市政厅会议室4个小时后，利用推特进行报道，切实可行的良好新闻之各种情形，在移动、数字化的报道以及与新闻受众的互动中，都发挥着作用。每个记者在做出一则出色的新闻报道期间的各种情形下的决策，都是确定报道什么、以何种方式告知受众。

下面就来看看记者们在对一则报道进行决策时，可能会提出的一系列问题。

之前(在事件之前的时间段)

1. 该事件有什么新闻价值可以向受众介绍？受众希望回答什么问题？他们想知道什么？什么应该成为这个故事和报道的焦点？

2. 要了解正在发生的事件，需要什么样的背景知识？谁是必要的来源？新闻事件的现场正在呈现的是什么，呈现的地点在哪里，什么时候会结束？

3. 报道需要用到什么工具来进行新闻采集，如何将这些工具用于告知听众？

4. 为了帮助受众合成信息，报道者需要运用什么方式采集事件的什么内容？

5. 必须得到解决的限制(时间、交通、访问)是什么，以及如何将这些问题处理掉？

期间(在现场)

1. 新闻现场需要观察的既让受众感兴趣又能为其所用的信息是什么？观察事件时想到了什么新的问题？不在新闻现场的人们希望了解的信息是什么，这样他们就可以理解了吗？

2. 有且应该进行现场报道的信息吗？现场报道是不是既有可能又有价值？

3. 哪些人或信息来源能够提供清晰的有洞察力的行动说明？需要并呈现各种多元观点吗？

4. 在新闻信息的采集和发布中，是不是所有可用的工具都以最佳的方式利用起来，满足观众的不同的口味了吗？什么信息是音频或视频或静止画面可以提供而文字不能提供给受众的？

5. 报道的焦点与新闻价值是什么？随着报道的展开，焦点有变化吗？还是被加强了？

之后(在制作过程中的总结报道)

1. 受众从新闻事件中知道的最具新闻价值的信息是什么？怎样才可以合成和概括？

2. 报道的焦点清晰吗？是否有足够的信息来讲述这个故事？

3. 谁需要出现在这个故事中？需要并呈现多样化观点以便提供清晰和有深度的报道吗？如果没有，需要联系谁？

4. 在讲述报道的时候，运用并发挥了各种不同的媒介的长处了吗？有视频展示行动、示威吗？向受众展示新闻现场时有视频或者照片吗？为了提供更大的新闻可信度，有运用不同的媒介吗？

图4.1 比如这张计算机实验室课堂的照片，用广角镜头提供了现场感。报道一则现场新闻时，一个广角镜头为新闻确立了场所和语境，而特写镜头可以说明细节

图4.2　像这张照片中老师和学生的特写镜头，揭示了态度和情感

所有这些问题都竭力解决一篇新闻报道中必不可少的各种元素，同时形成工具中立、以受众为中心、报道驱动和专业性的报道。本章将探讨如何将这些内容应用于单一新闻事件的现场报道。可以以多个案例来指导新闻事件现场报道的操作，这样大家在进行报道决策以及制作和发布准备就绪的信息时，会感觉更舒畅。本章着眼于短而快的现场新闻的报道与写作技巧两个方面。本章将研究一则演说新闻、一则政府会议新闻或听证会新闻以及富有特色的社区活动的报道，来说明记者在分类、合并及把信息组织成一篇新闻报道中的决策，不管报道是500字、90秒还是140个字符。然后，会对微博、在线导语或标题的写作给出一些建议，目的是将突发新闻推送给受众。

演 讲

著名人士所做的演讲是很多新闻报道中的要素。记者报道这些人说了什么，这样那些没有听到演讲的人就会对演讲以及演讲的新闻价值有一个概念。所以，让我们来看看如何报道一次演讲，无论发布报道的媒体如何。我们从2011年3月28日奥巴马总统就美国对利比亚采取军事行动，向美国人民发表的演讲开始，接着介绍报道这次演讲要经历的一些步骤。

背景知识(在演讲之前)。在演讲的前几天，记者报道演讲的时间(美国东部时间晚上7点半)、地点(在华盛顿特区的国防大学)和主题(调整在利比亚的军事行动，包括与盟友的任务协作、白宫的政策)。他们知道演讲的背景，军事行动开始后接下来的4天，有关利比亚进展的报道以及来自国会自由派和保守派议员的支持和质疑。他们也知道演讲的要点或原因，即解释虽然美国仍深陷伊拉克和阿富汗的战争之中，但是其应在利比亚采取军事行动的理由。

演讲的时间和地点很有趣，稍早于东部沿海和中西部黄金时间，总统作为总司令的角色会在现场展示。演讲室里的观众是军方官员。虽然有趣但是这些因素并不是很有新闻价值。具有新闻价值的是演说家的声望、军事行动的及时性以及与观众的相关性，尽管这些观众并没有太多地关注利比亚局势。演讲的重点是证明军事行动的必要性，所以演讲报道的重点也可以是总统对这次军事行动的竭力辩解。

报道这次演讲的记者要确保准备好此次军事行动的背景事实和信息，这样就没有必要在演讲期间或之后争抢这种信息。无论记者是否能够将背景作为报道内容的一部分，他/她都会将背景用于帮助改变报道的基调及其语境。

图4.3　奥巴马总统的这张照片拍摄于其就美国对利比亚行动的演讲中，该照片刻画了报道的情绪和语气，无论是在演讲之前、之中还是之后，摄影师拍摄了垂直国旗的水平图像以及奥巴马的严肃的表情

照片：Saul Loeb，Getty Images(索尔·勒布，盖蒂图片社)。

观察技巧：要问的各种问题，倾听什么(演讲之前)。由于这是一次辩论性演讲，记者应该回答下列问题：为什么是利比亚？为什么是现在？美国现在的角色是什么，将来的角色会是什么？美国何时会结束军事干预？总统如何回答批评人士认为他等了太久或行动太仓促了？这次军事行动如何与伊拉克和阿富汗的战争相协作？记者应该重点倾听演讲中对这些问题的回答。

此时，记者还需要意识到谁是报道的受众。通过了解受众，记者可以形成问题和重点，以便更好地帮助听众、观看者、读者或关注者浏览演讲的要点和背景。例如，报道的受众是军人，如为美国武装部队服务，发布的是关于美国武装部队的内容的《星条报》(Stars and Stripes)供稿的某人，应确保所寻求的回答对军队的受众有所助益。

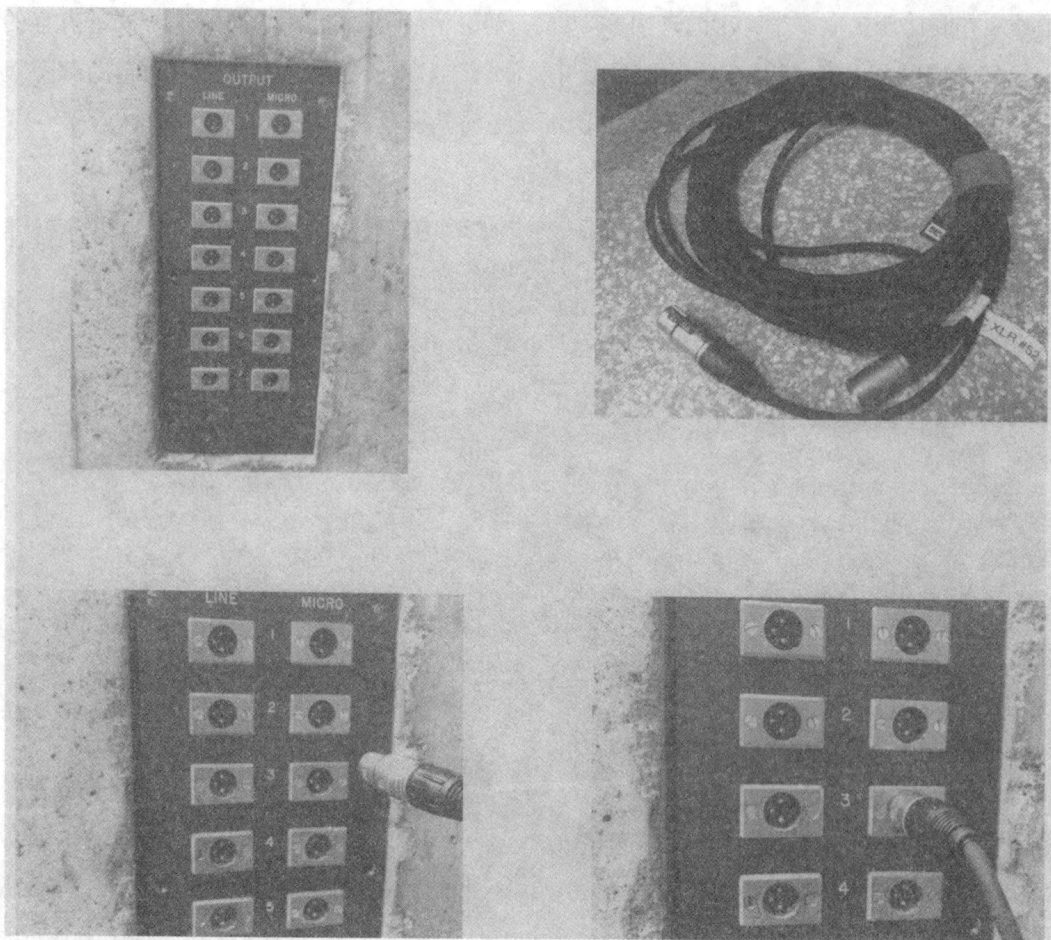

图4.4　一个多元插盒，如此处画面中显示的那样，这个插线板可以让记者插入音频录制器或扩音装置

照片：Michail Vafeiadis。

观察技能：寻找什么(在演讲之前/之中)。新闻受众喜欢图片、视频和声音。因此，这场演讲的"视觉"材料是站在美国国旗方阵前面的总统。因此，在演讲开始之前，你应该确定讲台前的站位很好。另一种视觉材料可能是后来总统与军方官员的握手。人们希望看到在说话的总统，观看到演讲中的总统。规划一下，在哪能够获得你认为有价值的照片。在演讲中，想想不在演讲现场或没有观看电视报道的人们，会乐意看到什么行为。作为记者，你可以充当那些不在场的人们的眼睛。

演讲的报道也要满足受众希望听到演讲说了什么的期待。记者不要指望仅仅把演讲录下来，然后再用于记笔记。把音响器材放在腿上就可以录制到优质的音频，显然这种做法是欠妥的。在报道任何演讲之前，检查并确定是否有扩音装置或其他音响系统可以使用，还要找出如何接通这些设备才能获得可用于报道的音频。如果没有音响系统，找出如何在演讲台上放置你的录音设备。如果你认为听众只想看到演讲的文字报道，那么，你就不是以受众为中心进行报道。

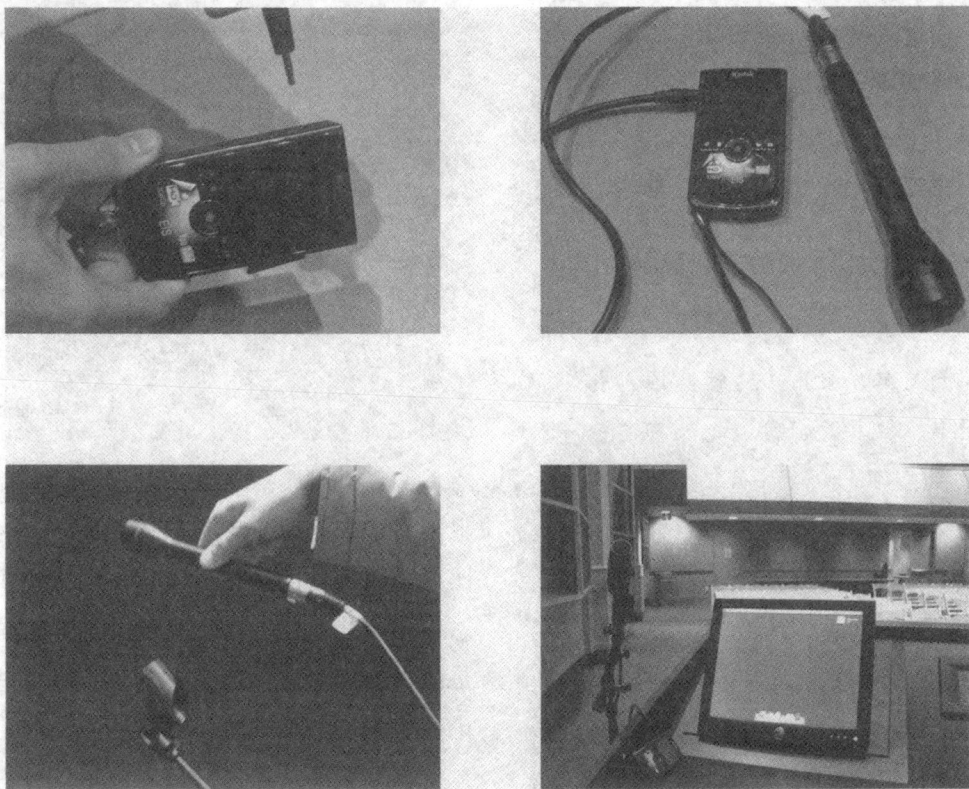

图4.5 没有多元插盒时，记者可能不得不在演讲者或新闻发布会的演讲台上放置一个记录设备
照片：Michail Vafeiadis。

观察技能：听什么——引语和摘录 (在演讲中)。 引语和摘录会增加可信度，进一步强调新闻的故事性。一句好的引语或一小段话中的信息或情感呈现的方式，会让这次演讲报道格外出彩。其突出性可能是因为语气或措辞，但是选择引语还因其意义清晰而简洁。如果你能用更简短、更简单的方式传达信息的话，就不要使用直接引语或摘录。选择最佳的适合听众把握演讲精髓的方式。考虑听众需要听到什么，他们可能要记住什么。

下面这个例子中的言论，不会成为一句好的引语或摘录：

> 任何军事行动的风险都会很高，即便我们只是作为联盟的一部分。我们的一架飞机在利比亚上空发生故障之时，我们就意识到了这些风险。然而，当我们的一位飞行员空降到地面——降落在一个国家的领导人经常妖魔化美国的国家，降落在与我们的国家有着一段如此困难历史的地区——这位美国人并没有发现敌人。相反，所遇之人都与他相互拥抱。
>
> (选自2011年总统就利比亚向全国发表的电视演讲)

虽然这是一个不错的轶事，总统也用来说明其观点，但是这不是报道和演讲焦点相关的一个要点，因为演讲是为军事行

动辩护的。考虑到观众想要的是回答"为什么要轰炸利比亚"，这才是新闻，这才是关注的焦点。因此下面的内容可以考虑作为一句很好的引语：①

> 在利比亚这个特殊的国家，在这个特殊的时刻，我们面临着的前景是，规模令人恐怖的暴力。必须停止暴力，我们具有这种独特的能力：国际授权的行动，准备加入我们行动的一个广泛的联盟，阿拉伯国家的支持，利比亚人民呼吁帮助他们。
>
> (选自2011年总统就利比亚向全国发表的电视演讲)

或者：

> 一些国家可能会对其他国家的暴行视而不见。美利坚合众国不会这样。作为总统，我拒绝等到大屠杀和万人坑的景象出现之后才采取行动。
>
> (选自2011年总统就利比亚向全国发表的电视演讲)

这些引用或摘录既提供了一种基调，也回答了观众对于现在以这种方式，对利比亚采取行动的疑问。第二个引语提供了总统考虑其决定的个人见解。这些言论既是演讲的焦点，又是报道的焦点。这些言论很难进行改述，也很难进行压缩。

引语和摘录是任何新闻报道的关键组

---

① 译者注：下文中引用的三段奥巴马的言论，明显是为美国干预他国内政、插手利比亚局势进行的鼓吹，其立场是偏颇的，请读者注意鉴别。

成部分。文字新闻没有引语，就缺乏与人们相连接的一个元素。除了独立的声音，或记者的声音之外，引语又提供了另一种声音。在广播、电视中，同期声(soundbite)经常作为广播报道的基础片段。

选择同期声是因为，就情感或者相关性或者重要性来说，它们听起来如何以及传达了什么。最重要的，首先，引语和摘录提供了标点符号和色彩。它们强调什么是重要的，使读者、听众或让用户暂停或停下来去思考一个要点或对之做出反应。它们让人注意。

笔记(演讲中)。总是要做笔记，在缩写、标记关键词和标明时间码样式方面形成自己的风格(相对于时钟上的时间，关键引语所表达的大意)。笔记会强化你所听到的。你需要为受众快速地制作出一则新闻报道的时候，在你听到好的引语之时，做出时间或时间代码标志会缩短你寻找最好的引语、摘录和片段性信息的时间。万一音频和视频出现问题，笔记也是记者的一个关键退路。记者可以对报道的材料和元素做笔记，从而拥有文字报道的事实、信息和评论。有了视频和音频，那则文字报道就增强了与受众的互动元素。但是，如果记者没有笔记，没有音频，没有图片，在制作报道时，记者就没有可用的元素，有的只是自己的记忆。除了作为路人偶然碰到新闻事件之外，记者再没有可以依赖的其他元素，那么该记者就无法提升自己所做工作的可信度。

新闻直播(在演讲中)。发送一条概述或指明新闻关键内容的微博，也可以为演讲的内容提供一种排序(sort)方式。这么做有助于找出与焦点相关的关键主题。在演讲过程中，记者可以在推特上发送最具新闻价值的信息，虽然没有视频，但是为受众提供了接触演讲并达到与之同步的机会。这也迫使你停下来去思考演讲说了些什么，到目前为止说了什么等重要的内容，并将相关的信息进行综合。这可以帮助记者细心斟酌演讲中具有新闻价值的部分，确定什么是好的信息，然后准备向受众发布。它有助于维持报道焦点或决定信息是否需要做出改变。

在记笔记时，你已经确定了关键的、有趣的、相关的和可引用的信息。微博通过增加另一个层面的决策而要求你坚定决策：你发布给受众的事实、写作和语气是否都很正确。微博，就像在博客中张贴的一篇文章、在网站上公布的视频一样，在向观众发布信息。在演讲期间，发布3~5条推特，记者可以满足受众对新闻的最新需求。然而，推特还可以作为另一种笔记工具。因为是现场报道，推特用现在进行时也讲得通。因为140个字符的限制(如果你希望别人重新发送推特或微博，那么使用约100个字符)，使用强有力的动词和寥寥数句，将奥巴马和利比亚这样的词语作为关键词，你的推特就会被连接到更大的领域。

会议或听证会

会议和听证会,是既可以产生令人乏味的也可以产生令人兴奋的新闻的地方。公共机构的会议旨在行动。从校内禁止含糖饮料到新战斗机花费的公共资金,再到批准建设一家新的垃圾回收厂,政府官员和民选议员做出影响平民生活和生计的决策。政府官员经常召开听证会,目的是感知应该采取什么行动,以及有必要但是尚未采取行动的领域。公共政策的决策是如何做出的、可以获得什么样的新闻机会,这些可以为各种新闻活动(journalistic endeavors)提供一个基础和框架。

就像报道一次演讲一样,记者可以在会议或听证会之前或期间采取某些措施,以便设计、完成这种类型的现场新闻事件报道的最佳方式。其包括了解所讨论的话题的背景,正在讨论的主题,确定关键立场是什么,代表那些立场的人是谁,再根据相关性和重要性,筛选出具有新闻价值的信息。仍以马萨诸塞州沃特敦某个学校委员会会议为例,不管新闻的发布形式如何,设想出一种方法看看应该如何报道这次会议。

背景知识(会议/论坛之前)。 公共实体机构(市议会,学校董事会,立法机关,分区公告板,等等)通常会发布某次会议或听证会的议程。所以第一步,要看看什么议题可能引起公众关注。2011年4月4日,

沃特敦学校委员会的议程包括批准与教师工会进行集体谈判的协议,关于学生测试表现的评估报告,学校系统接收的各种礼物,批准对某地实地考察一晚以及预算委员会的一份报告。以新闻价值标准为应用标准,检验报告和工会合同投票似乎是产生新闻的最佳候选内容。这些内容蕴涵着冲突、影响和及时性。

因为合同是经教师工会和学校委员会代表协商拟议出来的,所以在学校委员会的表决之前,也许这段时间已经缓解了矛盾问题。还存在冲突吗?还是学校委员会中的每个人都支持这项合同?必须有多少委员会成员投票支持,才能通过这项协议?合同协议的达成用了多长时间?谈判的症结是什么?背景调查很快显示,谈判持续超过18个月,教师工会才批准了这项协议。谈判的历史、向学校委员会提供的去年的一些报告,可能有助于记者了解合同谈判期间出现的一些问题。

背景知识的另一方面涉及学校系统财务状况的经济背景。是区财政收入面临削减,比如国家援助或者财产税下降了?如果投入的钱少了,那么学校系统必须削减服务和工资,以平衡预算。在这种情况下,学校委员会的运作预算由市议会制定,为了消除全市财政赤字状况,市议会削减了预算。其他城市的雇员不仅没有获得加薪,还一直面临着裁员压力。这样的背景信息有助于记者明白,就合同问题进行表决可能不会考虑给教师加薪。这种背

景方面的数据和数字，也可以用饼图或条形图展示。这些图形显示出学区资金支出以及数年来教师薪资的上升或下降情况。

观察技能：要问的各种问题，要听什么(会议/听证会之前)。什么人会公开支持或反对谈判协议？学校委员会代表所说的内容有什么不同？他们为什么支持或反对协议？如果学校委员会拒绝这项合同，会产生什么后果？对这项投票兴趣最大的是学校系统内的教师还是学生家长？所有需要回答的问题可能涉及，关于表决他们需要知道什么。他们的问题应该是确定这则报道焦点的关键：劳资协议的表决及其意味着什么。

观察技能：寻找什么(会议/听证会之前或期间)。参加会议或听证会的人，即使他们没有公开说出来，还是会对事件的基调以及该事件的报道基调有所影响。出席会议的人员是济济一堂还是稀疏寂寥？参会的人似乎是支持某个特定立场的吗？他们看起来如何？他们是关切的、如释重负的、焦虑的，还是放松的？可以透过他们的外表而洞察会议或听证会的感觉和基调。他们可能会表明冲突所在。

学校委员会会议期间，数十名教师身穿红色T恤，拥挤在会议室以示支持所通过的合同协议。许多人身穿有着支持按钮图案的T恤，此外还拉着表示支持的标语。此时，可以用图片或视频向受众提供会议室中的一种气氛。广角镜头显示教师方阵，一个特写镜头展示衬衫上的支持按钮

图案，这些方法都能显示出气氛。支持者和反对者之间或学校委员会成员与教师之间有互动吗？相遇双方是剑拔弩张还是彼此尊重？彼此交流的是什么人？教师和委员会成员有保持距离吗？要展示意见分歧情况，可能照片或图像比文字描述效果更好。会议或听证会过程中的视觉影像可以专注于行动和反应。介绍和演讲可以是行动，以及人们是如何回应这一行动的(他们之间的谈话、欢呼、摇头)。

观察技能：听什么，如引语和声音片段(会议/听证会期间)。支持者和反对者的最好的引语或声音片段，是那些能表明一种情感的，或者清晰且有效地陈述了反对谈判协议原因的言论。例如，某个经验丰富的高中老师告诉学校委员会，该地区不断有"高质量教师"流失到周边地区，同时她还反对将资金用于更新技术设施。"我认为自由支配资金胜于教学岗位并不明智。"她补充说。这会损害委员会和教师之间的关系。该教师进一步详述了一些预算问题，不过她所说的关键内容是她谴责任何反对该协议的决定。

学校委员会每位成员都有权表决劳资协议，所以他们就该协议发表的言论以及他们是支持还是反对协议，都很重要。他们陈述中最好的引语或声音片段并不一定是投票赞成还是反对的信息，能概述其理由的才是最好的句子。例如，当学校董事会成员劳瑞·J.马斯特兰赫洛·麦克马纳斯宣布她投了"反对"票，她解释

说，"这不是不重视教师的问题，这是钱的问题。"她认为谈判应该重新开始。学校委员会负责人安东尼·保利洛在表决后，概述了困难之处："我们要保全你们的工作，但是我们希望公平地给予你们报酬。"至于影像，可能是受众反应的镜头和摇摄观众以及演讲者面部特写镜头，展示出他们的关心或情绪，也可以寻找表明会议基调的视觉形象方面的材料。

笔记(会议期间)。就如演讲的报道一样，记者需要牢记报道的焦点，其中关键内容是对没有参与会议的人具有告知性。投票表决该合同并不是议程中唯一的项目。学校委员会祝贺了高中篮球队在赛季中的表现，还讨论了学年结束日期。这些内容虽然有趣，但是不如其他内容具有新闻价值。记者可能会记录发生的这些活动，但是不能记录太多，即便记录了，也只能记录这些议题。记者可能会把自己的注意力和精力放在人们最感兴趣的、最相关的、最重要的新闻焦点上。

现场新闻(发言期间)。之前的言论或反对谈判协议的发言要点，可以通过推特或其他微博网站，将有价值的新闻片段传播出去，同时紧密地注视赞成票和反对票情况。推文可以是："H20镇学校委员会成员西德里斯、比奇对教师合同说不。莱昂，波茨赞成#H20镇 MAED。"请注意，H20镇是沃特敦(Watertown)的缩写，CMTE是委员会的缩写。同样地，标签# h20townMAed是为了让对沃特敦教育主题感兴趣的人提供识别。关于最后投票的一条推特也有助于展现现场报道。注意句子很少，如严格的标识符及"表决"这个强有力的动词。

会议结束后，或在一个不太有新闻价值的议题期间，记者会设法得到一些教师有关表决的评论，然后作为综合报道的结论。记者可以在会议室外做简短的采访，以免扰乱学校委员会的活动，不过要在表决后这些人离开大楼前收集各种关键的观点。

特色性新闻事件

犯罪和腐败、灾难和死亡、战争和失败，还有违法行为和不良行为似乎是新闻的主宰。然而，不难发现独特的、富有趣味性以及娱乐界事件和活动的报道。这些报道一直被戏称为"感觉良好"或"无价值"的报道，然而这些报道也告知受众他们的世界里发生了什么事。

有时社区乐见这些活动，如每年4月第三个周一(著名的爱国日)，再现马萨诸塞州列克星敦美国革命战争的开始，或每年夏天克利夫兰湖畔烧除肋条(the rib burn-off)或作为南瓜节的一部分，每年万圣节前夕在基恩举行的南瓜灯竞赛。这些特色性的新闻事件报道也可以有一个严肃的主题，如举办马拉松健走，提高对某些疾病的认识以及对抗这些疾病的资金。这些活动还能吸引小部分的可能超越地理界限的受众的新闻兴趣。在密尔沃基举行的青少年糖尿病的竞走活动可能吸引密尔沃基的观众，还可能吸引为健康问题而筹措资金的受众的兴趣。这则报道的意义可能取决于各种受众，所以其新闻价值可能会超越事件本身的性质而扩大了不寻常的一面。

最重要的是，某个特色性新闻事件可能很有趣，将这种有趣转述给受众是值得的。记者常常将各种各样的报道元素运用到这些报道当中，一方面是告知受众，同时提高受众欣赏活动的能力。记者可以利用现成的多媒体工具箱，完成一篇特色性的现场新闻事件的报道。多媒体工具箱可以提供音频、视频和照片，以及文字和图形。然而，报道一场演讲或会议需要做的工作——策划、新闻背景以及使用观察技能和采访技巧——这些也适用于现场新闻的专题报道。我们以一个典型的社区活动为例，如一年一度的复活节彩蛋，来说明如何实现现场新闻事件的专题报道。

背景知识(活动之前)。记者似乎很难想出新的方法、新的焦点来报道每年都举办的这种活动。为了避免老套或陈词滥调，记者首先需要收集有关该活动赞助商的一切新的、不同的或不寻常的背景知识，可以给受众提供一些有吸引力的内容。对于寻找复活节彩蛋活动的报道，可能是类似隐藏更多的蛋(甚至是使用什么样的鸡蛋)，期待更多孩子的参与，或者为大人增加了一项活动。或者也可以把这样的事件作为一项特殊的纪念。在研究之前的报道后，记者可以有一种感觉，寻找对于受众而言，什么是不同的，因而是有趣的及有新闻价值的信息。这些努力可以帮助记者找到报道的焦点。

这项活动的历史可以为寻找有新闻价值的材料，特别是可以显示该活动是如何改变的或者是如何演化的，提供深刻见解。可以证明，这里的视觉影像是非常有用的信息。可以把过去寻找彩蛋的参与者的图片和动作整合在一个时间轴上，以显示多年连续不断的活动中，寻找过程、时尚及人们是如何变化的。背景信息可以帮助记者筹划报道中多媒体元素的使用。过去寻找彩蛋的照片和视频，可以为记者提供可以利用的视觉效果：比赛如何开始，在什么地方如何拍到成功地找到彩蛋的人的好的镜头，彩蛋是如何收集起来的，获胜者是如何确定的，等等。

背景信息和历史可以帮助记者解答关于该事件如何、为什么等。准备了好几个月时间参与这项活动的人们，他们的经验丰富吗？该活动中是否还伴随着某些传统？该活动是如何壮大或萎缩的？有关该活动的其他种种问题 ——什么人？什么事？什么时候？以及在哪里？这些引导着记者的后勤工作。不过，如果活动举办的日期或场所都维持不变，那么对于该活动的报道，可能在于如何保持其受欢迎或成功方面的信息。

最后，背景信息可以帮助记者确定报道的来源。除了活动的主持人或发起人，记者需要考虑参与者以及他们能提供什么信息。如果报道的重点是传统，那么记者需要寻找的来源，即多年来参与该活动的人们或者几代中都有人出席该活动的家庭。如果重点是寻找活动中的新信息，那么来源应该是那些参加活动的新生代。背景信息有助于寻找、确定报道的来源。

观察技能：听什么，即引语和声音片段(活动期间)。采访技巧在现场新闻活动专题报道中，可以发挥更大程度的作用，因为新闻的制造者最有可能是活动的参与者。活动的志愿者和发起人可以帮助提供行为和情感的语境。然而，受众的兴趣在于参加活动的那些人越来越不参与了。记者经常提供再现现场的信息，以及让那些没有参与活动的人有一种他们错过了什么的感觉。对于那些在现场的人们，这样的报道给了他们曾经历过的感觉。

关于正在发生之事的引语和声音片段应该尽可能地少，而关于活动的气氛和背景方面的信息应该尽可能多一些。开放式问题(通常是如何、为什么等问题)旨在引起评论，解释或说明经历。活动本身的信息可以由观察和视觉画面提供。视频和音频可以向受众展示发生了什么事。不过，引语和同期声应该提供在活动期间，某个人的感觉或思考的一种观察。例如，可能包括一对父母观看孩子首次参与寻找彩蛋时的评论，或者是志愿者对彩蛋就所藏地方难易程度的评论。引语和声音片段应该捕捉到特色性新闻事件期间所体验的内容。

观察能力：寻找什么(活动之前/期间)。新闻专题报道通常会提供极好的视觉报道的机会。当谈到视觉影像时，要考虑行动和反应，尤其是视频。行为是被摄像机看到的，但不一定是摄像机的动作。被摄像机捕捉到的行动是最好的，而不是移动摄像机去展示动作和动态。举例来说，复活节彩蛋开始视频可以充分地展示行动和当时的画面。视频可以捕捉在起跑线上排队的孩子们，以及比赛开始后接着奔跑的信息。孩子们开始寻找彩蛋时，那些观看的父母和其他人的欢呼景象，应该捕捉反应方面的视觉材料。影像可能是父母因年幼一代的表现而兴奋异常，或拍手称快的画面。要考虑拍摄特写、中景镜头、广角镜头。特写镜头旨在捕捉孩子开始寻找彩蛋时紧张的面部表情。或者，是年轻人的脸部特写，显示他找到的第一个彩蛋时的样子。广角镜头放到观众行动发生的地方。正如用文字描述来提供现场感以及捕捉情绪一样，选择的视觉材料也应当重在描述和揭示。

记录(活动期间)。当一个活动中有很多动作，记者可能要集中于捕捉各种行为，这意味着密切关注录制好的视频，以及拍摄到有用的照片。尝试写下来的描述变得不再非常重要，因为影像有助于说明现场。但是记录仍是基本工作，可以帮助分类和组织视觉材料，同时需要用记录的信息去解释影像。为了保持理性，记者应该强调时间以及影像中最有趣的或最不寻常的行为出现的各个关键点。记者需要记住照片或视频中每个人的名字，还有能够帮助受众理解在照片或视频中所见到的任何其他背景性信息。

现场新闻(活动期间)。虽然在演讲或会议新闻报道中，利用文字发布推特，对于提供现场新闻是有意义的，但是，就专题新闻报道而言，通过推特(Twitter)或网络相册(Flickr)发送多幅静态图片，可能让受众对新闻更加感兴趣。例如，在波士顿年度马拉松报道中，记者充分利用推特、网络相册以及数个网站，从马萨诸塞州霍普金顿的起跑线开始，沿着26.2英里的跑道，在途中各个站点一直到波士顿市中心的终点，发布了多种多样的现场报道。波士顿大学的学生在http://bujournalism.com/marathon2011网页上张贴照片和微博，进行了一次现场博客报道。《跑者天地》(Runner's World)杂志社的记者也在比赛中和终点线进行了现场报道。

精选的几个报道演讲、会议和特色性新闻事件的例子，目的是表明一则新闻报道，如何去收集所需要的元素：焦点、事实、答案、来源、清晰、新闻价值、观众。在这些报道中，记者面临的最大限制是，收集信息时可利用的时间，然后为新闻受众进行组织、制作需要的时间。如果五月份寻找复活节彩蛋活动结束后数周内才报道这些新闻，受众对报道已经没有什么兴趣了。

然而，在努力得到快速的信息以满足观众的要求时，记者必须避免采取道德上的捷径。这意味着他们只能报道可以用事实和引语/声音片段支持的内容。"有疑问时，放弃掉"虽然执行起来会很痛苦，但这应该是记者们牢记的一条格言。在许多情况下，故事讲述遭受着这样的痛苦，因为报道未能提供对受众有吸引力的元素。出色的写作可以助益一则报道，但是优质的报道在提供信息和答案的基础上满足受众的兴趣。

快速写出：微博和标题

像推特这样的新工具，其发布新闻时会面临各种各样的挑战。但是对传统的新闻写作起支配作用的规则，可以组合在一起应用到推特新闻当中。微博，就如在线新闻的一则导语或一个标题一样，旨在抓住受众的注意力，并提供最具有新闻价值的(即相关的、及时的和有趣的)信息。推特给记者提供了一种格式，来检验自己在最小的空间内收纳最相关的信息的能力。这是印刷媒体的记者在利用电报线路撰写新闻报道导语时曾经面临过的挑战，如今在电台、电视甚至在网络中，这是挑战的现代版。就像记者、新闻教育工作者和社交媒体专家探索推特的有用性一样；他们已经提出了记者可以应用到各种类型新闻写作中的种种建议和最佳实践方法。新闻导语写作诸多可靠的形式的更新，是为了适应种种这些新的技术。

微博

任何好的微博，或任何出色的新闻导语的首要任务都是告知。虽然推特确实允许评论，而且许多人就新闻事件发表了各种评论，但是记者对推特的运用，通常意味着利用媒介，告知受众正在发生的事情——你的所见和所闻，因此受众可以了解新闻。记住，在新闻事件现场的是你而受众可能不在现场，所以你要成为他们的眼睛、耳朵和翻译。

注意，本章前面讨论的演讲和会议报道的内容，可能为推特或新闻导语写作提供一些参考。报道要强调重要的和相关的行动。在一则演讲的报道中，说了什么是信息，而说话的人不是。不要描述或告诉观众事件，而要向他们展示正在发生的事情。"奥巴马正在说……"是讲述或描述，而"奥巴马说了……"显示的或呈现的是行动。在一则会议报道中，不要将董事会成员形容成心烦意乱的人，要通过他们的话语展示他们的情绪："4个董事会成员誓言没有对教师合同进行投票，一位表示，那份合同"不切实际"。在专题新闻活动报道中，要呈现出行动："在埃弗雷特第15届寻找复活节彩蛋中，孩子们以最佳速度从四面八方飞奔向彩蛋"。随着动作的发展，通过微博的更新，提供新的、正在发生的事情。

要点。在撰写推特时，不要试图把每一个片段信息都塞到140个字符当中。其实，不要打算使用完所有140个字符，而是力争让你的推特在100到120个字符左右，这样推特就可以被转发或重发。用这么几个字符，最多挑选一个或两个要点放到帖子中。此外，这同样适用于新闻导语的写作。挑选最相关、最有趣的和最吸引人的信息予以呈现。力图部分地回答5个W和1个H问题(至少是谁，和什么事情)，但不是全部问题。对于较长的报道形式(在线的、文字的、广播的)，你可能需要回答为什么，以及如何等问题。

简单、清晰。语言可以是非正式的和对话性的，但是需要主语和动词，不要使用吊人胃口的短语。"不一定总是用完整的句子，但是一定要是完整的思想。"田纳西大学教授吉姆·斯托瓦尔(Jim Stovall)在其jprof.com网站上，对于推特和出色的新闻写作，给出了这样的建议(Stovall, 2009)。

动词。一个好的动作动词，会令文章有趣、简短。这意味着避免使用动词的将来时形式。被动语态使用的动词，把更多的词汇、更多的废话，自动地添加到要呈现的思想之中。在描述行为时，比如一间着火的房子，"大火烧毁了橡树溪两家合住的一个房子"要比"橡树溪两家合住的房子被大火焚烧了"这句被动语态，效果更好一些。在关于演讲的推特或导语中，"说"这个词要比"说了"提供的信息，往往更为干净、清晰，所以不要为了讲清楚要点而异想天开。

缩写词。使用大家都知道的缩写词，如表示贵宾的VIP。但是，避免使用推特和即时通讯中的速记词，如OMG和LOL，因为这些缩写往往反映的是十几岁孩子的不拘一格，但是这不适合新闻推特的基调。要考虑听众看到什么才能理解你发送的信息。小心使用那些有可能引起误解的缩写词。

标点法。使用标点符号帮助读者理解。大写、逗号、引号和句号在句子中提供清晰的标志，在微博中也是这样。用标点符号来减轻受众在抓住关键信息时的负担。

主题标签。使用一个标签来确定某个主题领域，可以让其他人找到感兴趣的话题。在2011年4月18日波士顿马拉松赛中，#波士顿马拉松，是许多新闻机构用推特现场报道这项赛事时使用的常见标签。田纳西州2008年末煤灰泄漏报道时，斯托瓦尔在Jprof.com中运用了#煤灰这个标签，并用#煤灰标签来整理有毒的环境灾难的报道(Stovall, 2009)。Contentious.com网站的艾米·嘉伦(Amy Gahran)也为记者概述了标签的价值及在工作中循序渐进地运用推特标签的方法。她介绍了如何将各种标签用于组织和整理信息(Gahran, 2008)。

移动的或网上标题链接

撰写有用的新闻微博的应用指南，同样适用于撰写在线的或移动的简短标题，

这些标题通常是一个短而紧凑的句子。看看来自ESPN移动网站对2011年4月19日，奥兰多魔术队和亚特兰大老鹰队之间比赛的标题链接："霍华德主宰了比赛，奥兰多扳平了比分。"这个标题概述了本场比赛情况，告诉体育迷们奥兰多魔术队的德怀特·霍华德在比赛中更强势，球队获胜并在季后赛系列赛中打成了平局。推特中可能有少许详细的信息，如季后赛与对手亚特兰大的两场比赛。但是这个标题是告知，使用了强势动词，运用标点符号使之清晰，组织和结构也很简单(Howard Dominates, Orlando Gets Even, 2011)。

2011年4月20日，《拉斯维加斯太阳报》(Las Vegas Sun)的一则突发新闻的移动/在线新闻的标题，讲述了主要赌场的犯罪报道，但是让读者/用户希望了解更多。标题说："枪手试图抢劫云霄塔酒店，不过空手而归。"同样地，标题使用了强势动词，简单的结构和足够的信息量，这样受众能确定自己是否足够了解，还是希望想阅读更多的内容。点击标题，可以看到一则信息更详细的文字报道，其导语写道："今天凌晨，一个全副武装的人试图抢劫云霄酒店一个兑换零钱的柜台，逃走时没有带走任何筹码或金钱，地铁公安说。"注意导语回答了什么人？什么事？什么时间？什么地点以及信息的来源(Valley, 2011)。

CNN使用了同样的方法。这里有一个标题的链接："日本地震、海啸发生后丰

田大幅减产。"点击标题，这则报道的导语回答了为什么，即"由于零部件供应困难……"(CNN wire staff, 2011)。

在线导语

在线导语可以由一个段落组成，这个段落让受众获得新闻。除了精心措辞，使之成一个为完整的句子之外，导语或第一句话可能与某条推特完全一样，在缩写和呈现方式上，都采用了美联社的风格。然而，在线导语就像印刷报道的导语一样，可以看作是报道的概括，给受众足够的信息以便了解怎么回事。但是，所呈现的导语应该包含吸引受众更进一步深入了解的细节。注意，所有示意点击标题的链接都指向了一个导语简介。

一些新闻机构，如《纽约时报》(New York Times)导语简介在链接的下面。该网站首页的一则标题是："《雷斯特雷波》导演在利比亚被杀。"标题下方是导语："电影导演和摄影师蒂姆·海瑟林顿周三在米苏拉塔被杀，在他身边工作的三个摄影师也受伤了。"在《纽约时报》移动应用程序中，呈现的是标题和导语中的前六个词。请注意标题和引介性导语的共同作用：告知受众最新的新闻(Chivers, 2011)。

微博客作者论独家报道

约翰·卡茨罗米特斯(John Katsilometes)是《拉斯维加斯太阳报》和lasvegassun.com的娱乐产业专栏作家，丽塔·鲁宾(Rita Rubin)是msnbc.com和Today.com健康和医学的撰稿人，这两人似乎鲜有共同之处。其新闻机构服务于不同类型的受众，而他们抢先报道的独家新闻，也关注不同的主题。尽管存在这些差异，卡茨罗米特斯和鲁宾在新技术工具，如推特如何开启报道的方式方面，达成共识，而在纸媒新闻职业早期，他们没有一个人能想象到这些方式。

"我所做的一切都是在玩。"卡茨罗米特斯说。所以，当他撰写每日专栏的时候，专栏内容在印刷媒体和网络上都会出现，他下午还会为电台和推特提供娱乐和游戏产业的新闻花絮，而娱乐和游戏产业一直是拉斯维加斯的命脉。"一切都在那里。"他说。但是"自我编辑"的角色是关键。"你要选择自己的现场新闻报道。"

鲁宾同样选择她的现场新闻报道。她有特定的一群医学研究人员，她在推特上关注这些人员。她还密切注视多种

图4.6　《拉斯维加斯太阳报》娱乐产业专栏作家乔恩·卡茨罗米特斯使用各种各样的工具进行报道，撰写博客、微博，在印刷媒体和网络上撰写报道和专栏文章，他采访时用录音机录制音频，用摄像机捕捉照片和视频，用笔记本电脑和智能手机撰写和提交报道

医学期刊、医疗记者们，甚至几家医学院推特上提供的内容。鲁宾说，她把自己的角色看作是医疗新闻和信息的策展人，这是她作为报道者工作的核心，所以她在早晨浏览医疗新闻的最新消息，往往在前往办公室或接受采访之前第一件事是将之发到推特上。"如果我认为内容很有趣，我乐意认为其他人也会发现该内容的有趣。"鲁宾这么评论她的微博。她的微博还提供链接。"我感到这是我作为策展人和信息提供者的角色。"她说。她因为与关注自己推特的人们分享文章，而心怀感谢。

卡茨罗米特斯会向关注者发送问题，网上受众可能希望在其安排采访的某位名人中了解某个话题，而他本人恰恰没有想到。鲁宾从食品和药品管理局委员会会议或举行的新闻发布会上发送推特，她用推特做现场报道期间看到了关注者数量的增加。她说，她发现通过使用推特，提高了自己的专注度，而她在报道一件事情后，会查看自己的微博，看看这些微博如何能帮助自己精巧地制作新闻报道。

　　鲁宾和卡茨罗米特斯都说，他们都是有选择性地运用推特发送新闻，在这个时候，会非常小心地使用信息来源。"我们必须确保维持我们自己的标准，新闻原则仍然是权威的。"卡茨罗米特斯说。他补充说，为了确保来源以及他们提供的信息的可信度，要做足功课。"就算你可以发布一些内容，你也不一定需要。"

　　鲁宾说，如果她担心其他人会模仿自己报道想法的时候，她有时就不使用推特。她会使用电子邮件或其他方式联系信息来源。不过，鲁宾说，在全球范围内，关注者数量和联系人不断增加，让她发现推特是获得不同角度的极佳来源。她指出用推特发送一个问题，由于这条推特，她就可以参与到伟大的对话中。"她说，我没有医学硕士或博士学位，但是我报道医学新闻有自己的优势。""我报道的方式让读者更愿意阅读，因为我希望可以向人们解释，而不仅仅是医生和科学家们的解释方式。"

　　就像卡茨罗米特斯和鲁宾已经发现的，有时候受众会同时来看他们140个字符的报道。

小结

　　在所有形式的报道及撰写简短、快速的新闻中，新闻基本原则仍然适用：收集信息(使用可用的报道工具和技能)，以最佳的方式为受众提供最好的服务(撰写现场新闻时使用最佳范本)。

第5章

报道的法律与伦理规则

新闻记者每天必须在法律与伦理层面做出大量的选择：什么是能做的或者什么是不能做的；他们应该做什么或不应该做什么。法律规定了记者开展工作时，什么可为或什么不可为。触犯法律能给你带来牢狱之灾(通常是刑事诉讼)或者让你支付巨额赔偿(民事诉讼)。违反法律的后果相当简单。然而，新闻伦理使记者牢记，在履行职责时，什么应该做或什么不应该做。违反道德标准的后果则复杂多样，而且往往界限模糊。后果是简单地公布或出版修正过的稿件，也可能是记者丢职走人。

在新闻采访和报道新闻中，新技术的采用，给记者开放了新的法律和道德选择情境，也让记者面临新的挑战。举个例子，记者可以很容易地从脸谱网(Facebook)下载一幅图片，然后应用到印刷媒体、电视或网上的报道当中。这样做可以吗？有时候是可以的。没有寻求或获得许可，这么做合乎道德吗？也许不合乎道德。如果那张照片来自一家商业网站呢？那么，使用这幅图片可能既不合法又是不道德的，特别是如果该网站和图片都受版权保护的话。在私人住宅用智能手机拍摄商业主管服用摇头丸的照片可能是合法的，但是出售那幅照片并将之出版，则可能是不道德

的。如果照片中的人是主管十几岁的儿子，那么你可能面临着法律和道德的双重困境。使用Photoshop来"清理"图片，把邀请你到私人住宅的你的朋友抹去，也可能涉及道德问题。在电话采访中秘密地录音，在美国大多数州，可能会让你陷入水深火热的官司之中。

虽然新技术打开了新的困境，不过新技术也凸显了现代伦理传统的重要性。新闻记者在收集信息和新闻元素时，面临着接近和表现(access and representation)方面的法律和道德问题。这两个领域都涉及对什么是公共领域的，什么是私有领域的理解，也涉及对允许和胁迫的理解。它们还涉及归因和盗用问题。这些问题都不是新的，但是由于新技术运用的速度和范围，使之有了种种新的难题。

法院相继提出并制定了新的法律，新的裁决在孕育中，为的是解决新技术使用引起的保护不谨慎、不知情、毫无准备或不情愿的情况。2010年和2011年，维基解密发布了成千上万份美国政府的备忘录和文件，一方面激发政府的大肆谴责，一方面立法惩罚任何愿意出版带有美国情报来源名称文件的人(Poulsen, 2010)。担心因刑事案件而受到恐吓，已促使一些法官禁止

在法庭公开诉讼进程中(通过相机或手机)拍摄嫌疑人和证人的照片,意在保护他们的身份(Lavoie, 2011)。联邦立法努力减少网络盗版,政府机构提出关闭网站导致诸如维基百科和谷歌等网络公司于2012年1月18日发起全球范围的抗议活动。其他立法即将出台。这些只是记者工作面临的几个法律方面挑战的例子。图片和信息传播的速度和广度(由于新技术的使用)再次成为接触老问题的新方法。

融合新闻最佳的实践者需要了解基本的法律和伦理规则,并跟进相关法律和伦理方面的改变和更新。他们应该了解什么传统将会延续以及哪些领域需要适应和调整。最重要的是,他们需要善于处理变化并迅速掌握这些变化。

公共与私人:对人员、场所和事务的接近

记者需要访问信息来完成他们的工作。他们可以从政府官员、专家、政治和社会领导人,以及那些见证了或独特地体验了不寻常的或特殊活动、事件的人们那里获得信息。他们可以从文件中获取信息,包括政府报告、调查、学术研究、法院裁决和法庭档案记录。他们也可以从会议、展示会、新闻发布会和演讲中获得信息。

过去的20年中,数字技术已经提供了在线和移动访问信息,但是面对面的新闻采集仍然是大部分新闻报道的代表性方式。目前制定中的适应网上资源的法律和道德规则,反映了过去一个世纪中一直担任记者信息来源的人员、地点和文献规则方面的演化。不管来源如何,记者的各种权利和限制的核心一直围绕着什么是公共的,什么是私人的而展开。

记者们通常认为,任何为公众可用的和可接近的,必须向为公共利益而追求信息的记者们开放。但是这种开放位于法律和伦理挑战的中心。仅仅因为信息是公开的,并不意味着公众和政府官员及机构会为记者访问信息提供方便。大量的文书工作,以及昂贵的印刷费都已被用做拖垮执着地收集公共信息的记者们的种种战术。了解法律关于公共和私人的信息的规定只是第一步。

人员:私人场合与公众人物/公共生活与私人生活

记者通常认为人们是最好的信息来源,部分原因是在与人们的交谈中,可以发现新思维、新解释、新见解和(措辞、表情等)细微的差别。新闻受众希望得到答案,记者到消息人士那里寻找那些利用在线搜索不容易发现的答案。人处于新闻的中心,因此也处于新闻采集的中心。像美国总统这类的公众人物,往往因其言行而成为新闻人物。

要牢记的一个简单的经验法则是,任

何让自己处于公众当中的人都可以确定这是一个公众人物。任何民选的公职人员通常都被认为是公众人物。州长、市长、委员、学校董事会成员、分区专员、财务主管、警长以及立法机构、国会或议会的成员，都被认为是公众人物。接收和使用公共资金，在政府机构任职的人，可能会被认为是公众人物。州和联邦部门的领导，如国务卿或教育部长或国防部长、法官、警察长和消防长官，城市职员，以及为公共利益服务的人，会被认为是公众人物，尤其是在他们履行公共职责的时候。

那些把自己置于公众视线当中的人，如娱乐明星和体育明星，某些专家和商业领袖，也可以被认为是公众人物。已故苹果联合创始人史蒂夫·乔布斯会被认为是一位公众人物。他置身于公众视野，演讲、营销并讨论苹果产品，就像他在2010年iPad揭幕中所做的。然而，成为公众关注焦点的人物，比如犯罪受害者的家庭成员、灾难目击者或某个事件的参与者，人们可能不认为他们是公众人物。公众人物和普通人物之间的这种差异，会影响到记者应该如何对待一个人，以及使用其信息的种种法律后果。

公众人物，尤其是在政府工作中履行其职责而为公众服务的人，当记者去采集信息的时候，应该可以预期他们会向记者提供信息。然而，特别是在国家和州级层面的政府官员，会竭力控制信息的传递以及讯息的提供。记者有权提出问题并寻求答案，但是政府官员可以选择不回答。

记者会在多大程度上从公众人物那里得到答案，就道德实践而论，已经引起了越来越强烈的质疑。记者应该进入公众人物的电子邮件吗？或者，他们应该听语音录音吗？要关注官员们的微博帖子吗？可以在公众人物的家庭或办公室外面等候，以便在公众人物出现在公共区域的时候，如人行道和车道，向他们发问吗？这些问题涉及公众人物是否可以有私生活或他们部分的生活可以与公众分开。当记者和公众人物交好，以及不得不确定种种行动和对话是否应该置身于公共领域之外的时候，这种区分就会变得很棘手。

在第3章曾提到，2010年6月《滚石》杂志发表了麦克里斯特尔将军的诸多评论，进一步说明了这种两难境地。麦克里斯特尔在担任美国和北约驻阿富汗部队负责人时，该杂志发表了一些文章，其中包括麦克里斯特尔批评总统和其他高层官员以及他们对阿富汗的立场。这篇文章最终导致了麦克里斯特尔的辞职与退休。不过，有些记者质疑麦克里斯特尔坦率的评论违背了公开/非公开的协议，因为迈克尔·黑斯廷斯就冰岛火山旅游等问题，花了数天时间经常与将军在一起，有时候是在酒吧里。黑斯廷斯一直坚称，麦克里斯特尔知道所谈的一切都在被记录和被报道(Bast, 2010)。公共人物在社交媒体上向公众展示信息和图片，那么这就给人一种感觉，即一切都是公开的。对于记者而言，有关什么是可用的以及什么是法律和道德实践的禁区，仍然在研究和探讨之中。

记者们与公众人物打交道，必须决定哪些行为是可接受的时候，是道德在发挥作用而不是法律的种种限制。举个例子，众所周知美国总统约翰·肯尼迪多次举行私人会议并与记者交谈。诸如肯尼迪对婚姻不忠等问题并没有报道出来。那些被认为是总统的私人信息，与他的公开工作不相关。这些信息直到肯尼迪去世数年之后才公开。大约30年后的20世纪90年代，一套不同于肯尼迪时代的公共伦理，决定了总统比尔·克林顿对婚姻不忠的信息值得公开辩论，于是被记者们广泛地传播。2010年，为什么《国家询问报》(*National Enquirer*)关于前参议员约翰·爱德华兹与前助手的私生子的报道，是可接受的公众人物私生活的报道，成为了另一个里程碑。几乎所有这些案例中，都认为如果公众人物的私人行为，或者影响到了公共决策，或者有助于解释公共决策，那么报道的价值就超过了保持这些重要的私人信息的价值。

在涉及出版的信息和适用诽谤法的时候，是公共人物还是平民人物的辩论，就成为一个法律问题。你会发现在第12章中有更多阐述诽谤法的信息，作为新闻制作和传播中法律与伦理问题考察的一部分。

在法庭上持续了十几年的一个案例，说明了平民人物与公众人物问题的复杂性。当《亚特兰大宪法报》(*Atlanta Journal-Constitution*)报道说，在安全保障部门工作的理查德·朱厄尔是FBI调查1996年城市奥林匹克公园爆炸案的重点人物，朱厄尔后来状告报纸诽谤。此案还提出了侵犯隐私的问题，因为记者在朱厄尔家外停守数周，广泛报道了他作为一位执法人员过去的历史。当局后来无罪释放了爆炸案中的朱厄尔，并将另一名男子逮捕和定罪。虽然其他新闻机构与朱厄尔达成了庭外和解，避免了民事诉讼，但是《亚特兰大宪法报》拒绝这样做，并认为其最初1996年的报道是正确的、准确的。此案在法院历经多年，直至朱厄尔和报道爆炸案报道的关键记者死后数年。新闻卓越项目把此案列为研究案例，以此来学习和讨论由该案提出的问题(Osttow, 2003)。2012年1月9日佐治亚州最高法院最终裁定，维持驳回诽谤诉讼请求。

一般来说，诽谤涉及中伤、鉴定和公布。事实是防御诽谤最好的武器。对于公众人物而言，要证明存在诽谤，则有着额外的要求，需要表明记者有着实际的恶意行为且罔顾事实。然而，就新闻采集而言，记者在处理公共人物和平民人物时，在细节和准确性方面，要同样小心对待。

场所：公共会议与私下会晤

似乎很明显，业务服务于公众的政府机构应该在会议上讨论他们的决策和经营的业务，而会议需要向任何人公开，让每个人都能看到和听到。然而，以各州为基础而颁布的公开会议或阳光法案的目的是确保政府性公共机构工作的公开部分必须公开执行。

有些州的公开会议方面的法律提供很少的例外情况，如果有的话。例如，阿肯色州的法律规定，任何公共权力机构，包括州立大学董事会，几乎所有的业务都要公开。其他州，比如马萨诸塞州，对其公开会议和公开记录的法律，提供的是豁免权。马萨诸塞州立法机构没有要求该州满足阳光法案，规定州的新闻媒体有批评权。其他州，比如俄亥俄州，提供了一份免于公开会议要求的政府机构和准政府机构的名单，如国家医学委员会。

然而，大多数阳光法案平衡了公众的知情权与个人隐私的问题。在这种情况下，公共委员会可以举行秘密会议，闭门讨论人事管理和法律事务方面的问题。例如，俄亥俄州学校董事会可以与学校工会讨论劳动合同，招聘和解雇管理人员，包括管理者、歧视诉讼，并在秘密会议中开除个别学生。在阿肯色州，在秘密会议中讨论合同谈判和诉讼，会被视为违反了该州的阳光法案。大多数的阳光法案，允许秘密会议最终的决定和表决情况向公众公开，但是讨论过程不在公众视野之中(Reporter's Committee for Freedom of the Press, 2011)。

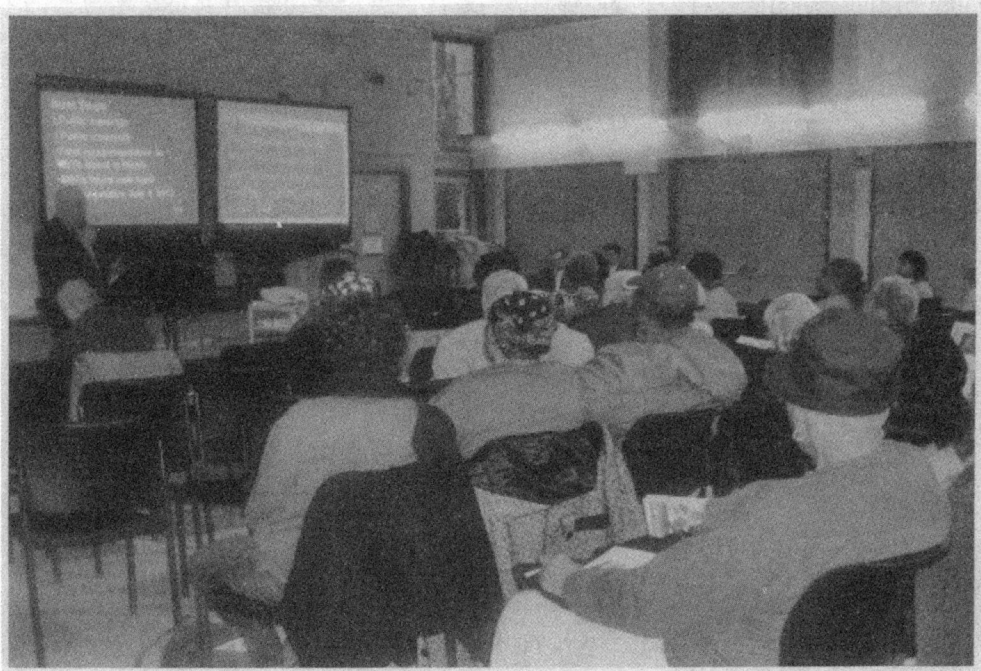

图5.1　记者与任何公众一样，拥有相同的权利参加公众会议或论坛，公众会议经常是一个很好的起点，更好地理解某个议题中涉及的关键人物以及关键立场

照片：亚历山大·贝尔雷斯。

公共董事会和立法机构也在一定的规则下运行，即要求其提前宣布会议日期以及会议持续的时长，还要发布拟讨论和表决的各种项目的议程。公共机构必须按时间要求执行这些会议，而且这些会议时间要能为公众复审。

法律和新闻集团经常提供有关信息自由和公开会议法律方面的详细的、及时的更新信息。各个州的律师协会，如马萨诸塞律师协会，共同创立了网站和出版物，阐述法律对新闻工作的影响以及法院和法律制度方面的知识。

专业新闻团体，如职业记者协会(Society of Professional Journalists)和新闻自由记者委员会(the Reporters' Committee for Freedom of the Press)也维持网站和种种刊物，为的是让记者与拥有的访问权限同步发展。

虽然阳光法案通常包括了大多数公共机关、事业单位，但是公共委员会通常很少受到公众或新闻监督。削减州议会的报告、联邦政府机构和地方政府的新闻的报道，可能会使公共机构对其业务公开和宣传的责任不那么熟悉。例如，2009年美国新闻学评论(American journalism Review)的一项调查显示，州议会记者的数量从2006年的524位，减少到2009年的333位(What We Found, 2009)。记者对公共机构的监督，被称为新闻自由的监督功能。公民自由的倡导者认为，如果公众不能通过新闻媒体审视公共实体是如何运作的，那么民主程序(democratic process)可能会被误用和滥用。

实践舆论监督作用的一个例子，包括2010年7月《洛杉矶时报》(Los Angeles Times)两名记者对于加利福尼亚贝尔地区少数官员和城市议员薪资过高的报道。记者无意中发现了信息，便追踪邻近的一个社区如何停止其全部城市服务工作，而把这些服务外包给加利福尼亚的贝尔(Seitz, 2010)。《洛杉矶时报》记者运用公共记录的法律，得到了加州贝尔地区官员的薪水文件记录。身边的涉及加利福尼亚州贝尔方面的报道内容很是缺乏，因为《洛杉矶时报》削减了员工，以及放弃对该地区数十个社区进行报道。包括贝尔地区，在其报道范围之内的社区连锁报纸的记者，均承认自己17年没有出席贝尔市议会的会议(Rainey, 2010)。《洛杉矶时报》的故事引起了公众对于贝尔地区官员工资的愤怒并努力实现更好的监督，《洛杉矶时报》也因公共服务领域的报道而获得了普利策奖。

公共机构或委员会成员出于各种原因，包括无知和善意，可能试图绕开阳光法案。例如，学校董事会成员可能希望就有关计划中的变革仅仅与家长进行公开对话，而责令记者离开会议室。但是这种"半公开的"会议是不合法的，因为记者代表着那些当时不能参会的家长。开展工作时，手持一本州公开会议法律可能有助于缓解这个问题(Massachusetts Bar Association, 2011)。

图5.2　从公共场合的多位发言者那里获取全名和联系信息，将他们的话语运用到报道中，会增加可信度

照片：亚历山大·贝尔雷斯。

虽然在报道公开会议时，记者们在报道说了什么的时候，如果所说的词汇是诽谤性的或不真实的，即被视为诽谤性的词汇，记者们被赋予了一些法律的回旋余地，不需负责任。记者能够宣称所谓的有资格或公正报道的特权。这意味着如果记者们称其报道准确地反映了公共官员在涉及公共会议在内的工作语境中的言行，即便官员们可以考虑提出诽谤，记者也不会面临法律制裁。例如，在一所学校的董事会会议上，如果负责人称董事会主席有税务欺骗行为，而记者在新闻报道中准确地将这一点描述出来了，那么对诽谤的任何

民事责任，记者都有一种有效的防御方式。如果某个警察局长告诉记者，有人因被指控涉嫌逃税而被捕了，记者可以准确地将这个信息报道出去，同样也是如此，唯一不同的是指控。

然而，这种公正报道特权近年来面临着法律上的挑战。例如，2008年新泽西州上诉法院发现，公正报道特权可用于报道法院判决，但并不适用于预审法律文件（pre-trial court filings），如口供或民事案件中对立双方提供的其他文件。如果没有公正的报道特权，若报纸把法庭文件中的信息公开出版，报纸要对这些信息的准确性负

责，如果该信息是不正确的，那么报纸则面临被起诉的风险。2010年，新泽西最高法院裁定一位记者或新闻机构［在该案中，《卑尔根县纪录》报的持有人北泽西传媒集团(North Jersey Media Group)］不能承担起诉文件中的责任，美国最高法院拒绝受理其2010年的上诉，这终结了对公正报道特权的挑战。当然，如果这样的主张有什么有效性的话，记者应该期待进一步的检验。

阳光法案还规定公开法庭诉讼。大多数州和市法院向公众和记者开放，所以从原告的起诉到审判，一切都是公开的。然而，虽然大多数立法机构的会议允许录制音频和视频，但是，法庭审理程序可能允许也可能不允许对法庭事务做电子记录。每个州都对法院的开放性和进入的问题制定了法律和种种操作规程。此外，州律师协会和新闻协会，以及第一修正案的支持者，能够提供可资效仿的指导方针。

在全国范围内，《联邦咨询委员会法》(Federal Advisory Committee Act)和《政府阳光法案》(*the Government in the Sunshine Act*)对立法、行政和司法程序的开放性和接近权进行管理。国会的所有会议及其委员的绝大多数会议都是公开的。联邦法院不允许电子记录。所以，电视新闻机构经常雇请设计师，为审判室的某些行为提供可视化呈现。不过，2010年秋天，负责监督联邦法院政策的组织，美国的司法会议决定，如果有一名联邦法官批准，

则可在少数场合允许内部录制一些民事诉讼。这次会议仍然禁止新闻媒体拍照或录像，但会议确实让联邦法庭向一些摄像机开放了。

场所：公共财产与私有财产

同样，作为一般规则，记者进入公共建筑一如接近公众一样，这意味着所有向公众开放的公共建筑领域，都要对记者开放。许多公共建筑，特别是在立法或董事会会议室中，记者会被安排在指定区域。可能是简单的邻近主会议台的一个座位表，或让电子媒体可用的扩声系统或用于摄像机和三脚架的平台。除非另有规定，否则记者拍照或录制视频或音频不受什么限制。他们可以站在公共建筑走廊，和人们交谈，与来来往往的政府职员保持联系。

与公众一样，记者也有权使用公共空间。站在公共人行道上的记者，可以跟人行道上的其他人交谈。记者可以拍摄自己周围正在发生的事情，可以拍摄人行道上的人们的视频或静态照片，或在人行道上可以看到的任何东西。

然而，记者在公共场所拍摄孩子们的照片，并把他们的话语作为引语用到报道当中的时候，记者可能会面临着道德层面的挑战。在公共场所的儿童的照片，可以突出那个公共场所。但在高度关注孩子安全的今天，取得家长或监护人的获准，使

用18岁以下孩子的信息，可能是最佳的做法。要得到学生的照片变得越来越困难，因为安全方面的问题，要拍摄视频或教室的照片，学校可能需要父母签署的许可书。有时不透露照片中孩子的身份被认为是可以接受的，比如拍摄孩子的背影。

记者在当地甜甜圈店做报道，记者站在店面外，拍摄商店的照片，与进出商店的人交谈，在其操作的合法公共空间中，进行新闻采集和报道，无须获得许可。然而，没有老板或经理的许可，记者不能走进甜甜圈店内开展新闻报道。未经许可，记者有可能被赶出来，还可能面临擅自进入的指控。那间商店虽然对公众开放，但是并不会视之为公共空间，而会视为私有财产。

设想一下当地的购物中心。购物中心绝对是一个公众可以聚集的空间，记者来到这里与人们交谈，反映"舆论"、人们的心声或者做一般的公众反应式的报道，似乎这是一个理想的场所。这也是一个人们的行为有新闻价值的地方，如举办请愿行动或慈善抽奖活动。但这是一个公共空间还是私有财产呢？这个问题的答案取决于你在哪里做现场报道。美国最高法院已经让各个州裁决言论自由是否适用于购物中心。有些州，如密歇根州和南卡罗来纳州等，法院裁决允许商场所有者有权控制进入，并不会将之视为违反言论自由/第一修正案的权利。科罗拉多州和加州则预防性地限制了所有者的此种权利。

图5.3 个体私营者可能禁止记者对他们的财产进行报道，虽然记者对公共场所活动的报道具有广泛的回旋余地，但是企业和私营业主可以告诉记者不要挡在门外，或要求离开那里
照片：亚历山大·贝尔雷斯。

通常要进入私有财产场所开展新闻工作，最佳的行动方案是寻求许可。经商店经理或商场管理官员同意后，可能就没有什么问题。例如，2010年7月，波士顿市中心的苹果专卖店经理允许学生记者在顾客试用店里陈列的产品的时候，对顾客试用情况进行录像，不过不允许学生采访顾客，所以学生记者在外面，对公共人行道上的顾客进行了采访。

然而，即便是站在公共人行道上，也可能会引起某些私有财产所有者试图禁止记者拍照或开展采访。波士顿当地一所大学的安全警察试图禁止记者拍摄一个据说有争议的生物危险品实验室场所。在这种情况下，记者应尽可能多地拍摄视频，在可能与保安人员发生肢体冲突之前就离开。甚至在公共场所拍照也可能有问题，由于日益加剧的担心恐怖主义威胁到安全问题，个别人曾被警方拘留，而且警方质疑其对公共建筑拍照的行为。有记者拍摄公众抗议也遭到了拘留，相机也被没收了。

2009年记者被指控侵入在西维吉尼亚州，试图报道对一家矿业公司山顶采矿的抗议。美国广播公司一位新闻制作人被逮捕，并被控以非法侵入2008年民主党在丹佛召开的全国代表大会，虽然后来终止了这些指控。有警察陪同的记者做随行纪实报道，即便记者们在警察跟随之时踏入私有财产空间，也可能面临犯罪指控。虽然警方在其工作和私人财产方面拥有法律权利，但是法院判决已经确定，警察的权利不会转移给与之一起随行的记者。如果记者不了解自己的权利以及所有者对访问私有财产的限制的话，那么可能面临擅自进入和隐私方面的诉讼。

公共记录

如果一个实体为公众工作，比如某个城市、州或联邦政府，保存业务方面的记录，会视这些记录为公开的。州和联邦的法律规定，某些个人和人事档案不是公开信息，但是一切税收、房地产、出生和死亡证明、结婚，离婚和诉讼(刑事和民事)都作为公共记录。许多这些记录如今在网上进行发布和更新，不过，数字化和互联网之前的旧记录的创建和保存，可能仍然以纸质形式存在于职员的办公室、图书馆等地方。

然而有时候，记者必须调用联邦《信息自由法》(*Freedom of Information Act*)或所在州的《信息自由法》，并向政府机构提交书面申请，要求获得所发布的公共信息。联邦机构通常会在20日内回应首次申请，但这并不一定意味着20日后会提供该信息，也不意味着提供所有信息，就像联邦和州政府机构会封锁要发布的信息或修订部分的印刷材料。联邦和州政府机构可能要求支付打印申请《信息自由法》的材料费用。路易斯安那州的一名记者指出，某项数据请求导致政府机构提出一笔15 000

美元的打印费用，不过经过一些协商和计算机程序讨论之后，记者及其报纸能够以最小费用获得材料的电子版(Burris, 2011)。《信息自由法》为任何人获取公共信息提供了权利，但是记者和新闻机构经常使用其更深层次的资源，来追求《信息自由法》的申请。

有些法律提供隐私保护，无论个体的公开身份是什么。与健康记录相关的《医疗保险可携性和责任法案》(Health Insurance Portability and Accountability Act)以及与教育信息有关的《家庭教育权利和隐私法》(Family Educational Rights and Privacy Act)这两部联邦法律，会处罚个人或机构未经允许就公开某些此类信息的行为。《医疗保险可携性和责任法案》禁止医疗信息的公开发布，而《家庭教育权利和隐私法》禁止未经许可发布学生的教育信息。例如，《家庭教育权利和隐私法》防止高校向家长公布学生的成绩和进度表信息，除非得到了学生的许可。

公共的或私人身份的信息、图片和视频等上传至脸谱网(Facebook)和视频网站(YouTube)等网站上后，记者是否可以将这些信息运用到他们的报道当中，仍悬而未决。脸谱网和视频网站允许用户限制访问其个人信息的页面。然而有调查显示，大多数人都没有设定许多限制。隐私权倡导者一直在推动用户提高能力，以控制再次使用脸谱网上的图片。新闻机构使用脸谱网上的照片，已经将脸谱网列为来源。无论这种归因是否降低了法律风险仍有待明确，不过这么做确实展示了承认其由来的一种努力。

在YouTube网站上，侵犯著作权造成了更大的法律冲突。大多数情况下，如果一个电视节目、广播录音(radio broadcast)或电影被上传到视频网站上了，版权拥有者可以让网站把它撤下来。有时候独家所有权，如超级碗或奥运会等体育赛事的报道，会让有关这些赛事的业余视频从网站上撤下，就像曾经出现的2008年北京奥运会开幕式的视频那样。不过，在一般情况下，发布自己活动的视频不会导致任何法律问题。美国大学的社交媒体中心订立了一份关于运用网上视频的公平协议，可以将之作为一个有用的样板。

客观地运用，坦率地获得

获取一则新闻报道的信息时，诚信可能是最好的策略，不过诚信可能是难度更大、时间更长也更具挑战的方式。人们可能不想和你说话，因为你是一名记者，所以利用互联网的匿名性可以让人们无拘束地说话，似乎是一个有用的工具。人们可能没有时间和你说话，所以挪用他们在网站所说的内容，或者采访中运用其他似乎更快、问题更少的方式。人们可能不会说一些在你看来是相关的或令人兴奋的信息，所以你在报道中混搭不相关的引语或音频片段，可能会令报道更有趣和更引人注目。欺骗、歪曲和剽窃只是记者在日常工作中要面对的少数不道德的捷径。

你可以找到许多记者因受诱惑运用这些捷径，而成为受害者的例子，在这个过程中牺牲的是记者自己的声誉和新闻机构的声誉。记者们在努力完成报道并快速发布力求第一的过程，采取了这些伦理捷径。社交媒体和互联网的便捷和速度，开辟了获取信息的新方法，但是前互联网时代报道的预防措施，依然适用于新媒体技术的使用。避免被指控盗用的最好的办法，是交代你的材料的出处。

欺骗和误导

1993年彼得·施泰纳在《纽约客》(The New Yorker)杂志发表的漫画中开玩笑说，"在互联网上，没人知道你是一条狗。"其描绘了在一台电脑键盘前的一只狗。互联网给许多人提供了匿名性以及承担多个角色的机会，但是记者不应将之用于收集可信任的信息来源。记者可以而且应该使用社交媒体来寻找评论和信息，但必须是合乎道德的，人们期望记者直言不讳地告诉所联系的人，即会把人们的评论和信息

"On the Internet, nobody knows you're a dog."

图5.4　《纽约客》漫画

用做新闻报道的一部分。

然而，欺骗和误导的道德之恶并不局限于社交媒体和新技术。对电话交谈偷偷录音，不仅被认为是欺骗，在许多州还被控犯有非法窃听罪。预先坦率说明采访并请求容许录音，可建立起信任。当你想美化可以相信的证明时也是如此。信息来源想知道内容将出现在什么地方，以及什么人对这项工作负责。出现在博客或推特上的一则报道仍然是一则新闻报道，受众期望报道保持职业道德标准。

记者还需要警惕歪曲自己身份试图欺骗他们的人。几十年来，人们带着悲伤的、不幸的故事以及炮制的种种发财方案到访新闻编辑部。互联网仅仅是骗子们或者那些想操纵新闻的人施展身手的最新场地。

如果越来越多的记者提高警惕的话，在第3章中第一次提到的由于记者未经核实雪莉·谢罗德的报道的悲剧，也许就永远不会成为反面教材。由卓越新闻计划(Project for Excellence in Journalism)根据报道的时间轴统计，7月19日，当"博客圈"(blogosphere)在线博客世界偶然获得，以及福克斯新闻网的比尔·奥雷利(Bill O'Reilly)提到后，这篇报道和视频片段开始在全国范围内招致恶名。然而，对谢罗德评论的视频剪辑完全是断章取义。视频片段引起了暴风般的批评并呼吁她辞职，而她确实辞职了。但是，进一步挖掘，包括看完她的整个讲话录音，显示谢罗德的言论实际上恰恰证明她努力地超越种族刻板印象(Jurkowitz, 2010)。然而，最初的报道出现48小时之久，并没有"核查出来"。

归因和来源

个人，尤其是在政府和政治领域的个人，向记者承诺是独家的或内部情报，也试图"玩弄"和操纵记者。以下是可以应用到采访情形之中的种种规则。信息来源可以分为以下三类。

1. 记录在册。信息来源所说的或提供的一切都可以应用到报道当中，记者会公布信息提供者的姓名。

2. 背景。可以使用信息来源提供的内容，但是不能直接点明信息提供者的姓名。

3. 不得报道。信息是让记者了解，但不能用于报道之中。

在与某个人的采访和对话中，记者应该更喜欢将获得的所有信息记录在案，并交代信息来源的姓名。在各种调查中，新闻受众发现没有交代来源或交代得模糊("消息人士说……")的材料，可信度不高。然而，记者经常在博客或推特帖子这种不太正式的报道中，向受众提供匿名的或不愿透露姓名的信息来源。

尽管公众对社交媒体信息来源的交代的需求可能不太强烈，但是记者使用社交媒体可能希望提供归因，并表明其信息来源，为的是提高他们的信誉，让受众信任他们的工作。有了推特这样的技术，记者部分的工作是"转发"，或者把别人的微博推送出去，过滤掉不值得信任的信息来源。2011年虽然推特为记者报道埃及抗议活动，导致总统穆巴拉克下台提供了宝贵的资源，很多记者，最著名的是全国公共广播电台(National Public Radio)的安迪·卡尔文(Andy Carvin)，他们明智地转发推特，以确保报道的准确性和及时性。因此，社交媒体中信源归属和识别，如同它们在传统媒体中一样紧密相连。

报纸的报道中，记者不仅要交代信息源的姓名，而且包括头衔、检验者，以显示信息源及其提供的信息的真实性。在帮助推特的关注者确定信息的可靠性时，相似的做法可能亦有用。

公共与私人：记者

正如互联网和数字技术使得记者在寻找信息和人员的时候更容易也更迅速，各种技术也让信息来源和公众在寻找信息和记者的时候更容易和更快捷。任何曾经用过谷歌搜索的人都知道，谷歌算法找到并确定相关信息的能力令人惊讶。作为一名记者，试图保持私人形象和公众人物形象的分开，越来越困难。即便在个人脸谱网页面或使用个人推特账户发布信息，都真实地反映专业记者及其所属的新闻机构。在21世纪的媒体环境中，记者的种种行为，一如他们监督的公众人物、政治家、

名人和政府官员一样，越来越多地处于公众的审视之下。因此，越来越多的新闻机构，如BBC和《洛杉矶时报》，甚至新闻行业协会，如广播电视数字新闻协会(Radio Television Digital News Association)一直致力于制定道德和行为规范，以引导记者使用社交媒体。虽然其中一些规范看起来很严格，不过这些规范表明了社交媒体中新闻道德不确定性的广泛性。

研究多家新闻机构的社交媒体指南，发现所有指南都呼吁记者提前声明他们是记者并告知人们，他们会将社交媒体用于专业的新闻工作。在一定范围内，作为保持沟通的一种手段，脸谱网的"好友"信源是可以接受的。广播电视数字新闻协会规范建议记者要能判断他们的政治家好友，尤其是记者报道的那些政治家好友。如果所发表的社论或评论很明确你喜欢所报道的脸谱网的好友，那么可能会伤害你所在的新闻机构一直努力给人公平的印象。

我们看一个案例：CNN资深编辑奥克塔维亚·纳斯尔(Octavia Nasr)用自己的CNN推特账户，报道了中东一位真主党人物的死亡，引起了对CNN可信度的质疑及其在中东报道中的偏见。她的推文内容是："听到·赛义德·穆罕默德·侯赛因法德拉拉去世很难过。我尊重的多位真主党巨头之一。"纳斯尔是本书作者的前同事，后来就CNN博客做了道歉，并指出，推特可能不是发表中东政治这类敏感问题

的最好场所。她和CNN在几天之内就分道扬镳了。

《美国新闻评论》(*American Journalism Review*)一则阐述社交网络伦理的报道，建议把老板也加为好友，老板能帮助维持专业界限(Podger, 2009)。但是就像纳斯尔的故事所表明的，一句简单的声明可能会引发公众的谴责风暴。

另一个棘手的领域涉及加入政治或激进组织或对这些组织做出贡献。有的记者可能希望加入这样的网站，部分地想监测并抢先报道他/她自己所在领域的信息。但是记者必须明白，如果记者因为同情某些群体的动机而支持他们，会使记者公开地面对对其偏见和利益冲突的指责。《洛杉矶时报》的指南提醒员工。"你的职业生涯和个人生活与网络世界交织在一起……在所有空间都应该坚持原则，就像一篇社论的工作人员一样，你有责任维护《洛杉矶时报》的'可信度'(Stanton, 2009)。"

记者将社交媒体作为一种专业工具使用，时间相对较短，所以精确的道德准则在某些方面尚处于起步阶段。"如何使用这些工具，使它们有益于新闻采集，我们几乎还没有发现。"达蒙·基索(Damon Kiesow)，2010—2011年波因特学院数字媒体的一位同行说。因此，在确定什么对新工具有效这个问题上，新闻业尚处于一个过渡期，他说，"一切都该服务于新闻、服务于新闻的核心价值观，不管什么实践和技术。"(Kiesow, 2011)

信任但要验证

每一天，每一则报道，记者们都面临着一个两难困境：对信息来源持有多少信任。网络和数字技术使信息、图像、断言和分析的获得更容易、更快捷。不过快速和便捷并不总是等于优质和可用。不管你是用报纸还是用iPad直接接触一个新闻事件或查看推特和网络相册上的最新八卦新闻和照片，记者的工具箱中最重要的工具是，以一种深深的怀疑和顽强的决心去核查信息源及其提供的信息。

两句话总结了记者的怀疑心态：

有疑问时，检查出来。

如果听起来好得令人难以置信，很可能要进行(核查)。

全国公共广播电台的安迪·卡尔文(Andy Carvin)在2011年所谓"阿拉伯之春"骚乱期间，他对推特帖子的管理，证明了社交媒体在新闻中的力量，他在对其怀疑后说了这样的话，"就像在其他形式的报道中一样，如果有什么不对，那么对它进行核查"。卡文在埃及和突尼斯有一群他了解的可信任的来源。他首次向这些人求助信息。他会询问"微博迷们"(微博的关注者/人们)

来验证他认为听起来不完全正确,但是可能正确的信息。

由于新闻机构鼓励民众每天提交新闻活动的视频或照片,欺骗者可能竭力欺骗记者来播放或发布虚假的影像。推特也给骗子开辟了恶作剧的机会,但是核查信息源是一个与骗子保持距离的好方法。例如,克雷格·西尔弗曼,是RegretTheError.com的创始人和编辑,在2011年在线新闻协会大会期间解释说,最好的验证工具之一是电话。通过电话,你可以核查出信息源及他们的故事。其他建议:用谷歌查看某个人。看看这个人是一个全新的推特用户还是已经存在一段时间了。

图5.5　全国公共广播电台的安迪·卡尔文,社交媒体编辑部资深战略家

《赫芬顿邮报》(*Huffington Post*)的曼迪·詹金斯(Mandy Jenkins)指出"大新闻事件让那些试图愚弄我们的人露出面目。"但是见证有新闻价值的事件的人若只有一幅图片,这是很罕见的。"一段视频或一幅照片的事实,意味着应该引起你的怀疑。"2011年9月,她在一次在线新闻协会介绍中说。

最佳方式是有在"当场"的人作为证人或者有可信任的来源。但有时候,匿名信息源发送视频或照片,诸如叙利亚暴力镇压骚乱的场景。那些视频很有新闻价值,但是网络战略家和媒体顾问凯特·加德纳(Kate Gardiner)指出,新闻机构的报道在使用这些资料之前，仍然需要对它们进行验证。她警告说，"你必须核查所有的信息。"嵌入在数字视频或照片中的元数据可以帮助提供一些验证，如拍摄时间。2011年夏天，加德纳正在半岛电视台英语频道工作，关于提高验证技术，她说听视频中讲的方言和寻找地标，可能提供验证视频的位置。她说，"你不能报道你认不出的地方"。

在24/7播送(每周7天每天24小时)突发新闻的时期，加德纳警告说，记者不应该为了速度而忽视准确性。由于互联网，"如果你错了，你会错得更快，错得更响亮。"她说。因此，加德纳指出，也许记者的最佳工具可能是"有一种健康的害怕犯错的心理。"

图5.6　凯特·加德纳，社交媒体顾问

小结

虽然记者可以运用新工具来开展新闻采访，但是有关公开地接近人员、信息和场所的基本法律原则，仍将继续发挥作用。记者的权利往往是公众权利的扩展，特别是在处理地方、州和联邦政府的事务中。然而，如今各种报道工具的快速和易用性，更凸显了亟需重新评估新闻报道中的一些伦理界限。

第6章

构建现场新闻报道

需要把写作和报道组合起来，提供最完整的新闻报道，这样的报道才是服务受众的最佳方式。扎实的、完整的采访报告，会让报道的写作更容易，因为记者可以为新闻报道选择最有趣的信息、最清晰的引语或同期声、最有启发性的细节和描述(通过视觉或文字)。优秀的报告给记者的新闻报道提供了更多的选择，从而能够吸引和保持受众。如果很难写出一则报道，这通常意味着记者没有收集到报道中需要的所有元素，可能没有包含对问题的解答、至关重要的细节或对事实的澄清。因此，记者无法将新闻报道的种种关键点联系起来。

简洁、集中的写作会为受众提供精炼的报道。写作让报道更易于接近、更好理解和更加难忘。写作把报道中的各种元素组织起来，并引导读者、听众和用户从一条信息转到另一条信息，这样他们就可以看到整个画面。虽然新闻写作可能非常具有表现力和创造性，但是表现力和创造性需要渠道来为读者或受众服务。写作可以很巧妙，不过如果不能告知受众信息，那么则毫无意义。

记者在写作中可以表达自己的心声，但这需要以受众为中心(见第1章)。可以在

一篇微博或推特帖子、在一个幻灯片、一段视频节目或一则印刷的报道中表达，所以可以是工具中立的。新闻写作应该受报道驱动，这意味着通过写作，将素材编织成一种叙事风格。新闻报道的写作还应体现出一种专业化感觉。当收听或阅读一则新闻报道时，受众应该可以辨别核实、准确性和公平性的道德标准。报道是如何写出来的，可以给受众提供这一信息来源的归属、各种支持性的例子、引语以及不同的观点。

有些写作规则适用于每一则现场的新闻报道，不管向受众发布新闻的方式如何，但有些规则更加特别适合于印刷、广播和在线发布。有些记者倾向于强调印刷、广播或网络报道的写作的差异，理由是写作无力驾驭各种形式。他们对某一种报道形式的写作造诣很深。

然而，如今的受众不会仅仅专门从一个地方，只用一种方式获取新闻。实践融合新闻要解决的是，当受众想要获得新闻的时候，在哪里让受众得到新闻。当今的记者需要清楚制作供阅读、耳听和/或观看的新闻报道的异同。最有效的是，记者需要把重点放在现场新闻写作，尤其是硬新闻报道的相似之处，而不是差异上。本章

将兼顾相似性与差异性两个方面，从相似之处开始，以确保一直围绕着如何实践融合新闻这个中心。

相似性

无论你是为报纸、杂志、网站、博客、播客、收音机、电视新闻报道，或日后命名的其他媒介制作新闻，写作出色的一则硬新闻报道遵循如下这些技巧模板。如果你学会了这个模板，无论新闻的发布形式如何，你基本上具有写出一则优质的硬新闻报道的能力。

开头有力。使用行为动词(也称为主动语态、不用被动语态)。不要总是用"有"。不要从问题、引语或介绍性的短语开始，因为这么做往往需要解释，而且会被视为是浪费受众的时间。赶紧切入正题——报道的重点。

简洁。考虑用几个子句构成的主谓宾结构的句子。从属的子句修饰句子的意义。句子中使用太多的从句，会搞乱新闻受众需求的关键信息。

> 要这么报道：在周一晚上重要的电视辩论中，共和党总统候选人攻击了奥巴马总统的经济表现，而不是其竞争对手。

> 不要那么报道：在新竞选季征战中，在传统的主要战场的新罕布什尔州的周一晚上的第一次电视辩论中，共和党总

统候选人，包括一些尚未正式宣布竞选活动的人士，抨击了奥巴马政府的政策及经济表现，他们认为在恢复就业方面，政策很不到位。

让受众尝试理解所有这些句子，会花费受众太多的时间和精力。

连接。引导受众从一个要点到下一要点，因此他们可以很容易地掌握信息是如何连接起来的。要做到这一点，从一个句子到下一个句子，确定需要回答或解释受众的什么问题。

与语调相匹配。写作的基调或感觉应该符合主题的基调：利比亚=严重；白宫的狗狗=轻松的；日本核辐射危机=危险、忧虑的；彩票赢家=令人惊讶。试图以幽默的或机灵的方式让受众了解一则严肃的报道，几乎永远是不正确的做法。语气要体现主题，这样可以使受众立即察觉到他们应该如何吸收信息。

举个例子，比较一下电视网新闻主播的语气和喜剧中心《每日秀》主持人乔恩·斯图尔特(Jon Stewart)的报道语气，对下面2011年5月2日奥萨马·本·拉登死讯的报道，事实上，5月2日斯图尔特在《每日秀》中报道该新闻时使用了抑制不住的兴奋语气。

> 我想我应该表达某种对于定向地杀死一个人的矛盾心理，可是，没有。我只想知道细节。当本·拉登意识到在头顶上的直升机不是为了更新交通和天气

情况时，他的表情是什么？

(To Kill a Mockingturd,, 2011)

电视报道，如哥伦比亚广播公司的新闻主播凯蒂·库里克(Katie Couric)和全国广播公司的布莱恩·威廉姆斯(Brian Williams)的语气更为慎重。他们呈现新闻的语调让报道的基调优先于他们的感受。下面是2011年5月2日布莱恩·威廉姆斯开始播报的语调：

奥萨马·本·拉登死了，他杀害了数千名无辜民众；以攻击的名义发起了让美国卷入其中的两场战争；这个人改变了我们在这个国家的生活方式；美国杀死了犯有全部这些罪状的人；特种部队执行了奥巴马总统的命令。

(NBC Nightly News, 2011)

只是事实。人们常说，"有疑问时，不用它。"这句话适用于任何形式的现场新闻。观众信任记者在将信息传递给他们之前对信息的核实。不要把你可能仍然有疑问的信息包括进去。使用你从多个信息源核查后得到的信息，或者是你自己观察得到的第一手信息。

注明信息来源。来源提供了可信性并提高了可靠性。每一则现场新闻报道都引用来源，以支持事实和信息，不过信息来源所放的位置取决于不同的形式。将信息来源的归属调整成适合新闻的格式是很容易的；当信息源不确定的时候，则很难交代其归属。人们和文献为报道中的关键点提供了支持证据。

例如，在总统宣布本·拉登死亡的消息之前，推特和其他网站上的数条讯息曾表示，有报道称拉登已被打死。但奥巴马政府内部来源告知一些新闻机构，在消息公开之前，总统必须确认本·拉登的死亡(Murphy, 2011)。

KISS：保持简单、朴素。要做到这一点，风格应是对话性的，而不是随意的。以似乎与受众交谈的方式写作，而不是试图给受众留下你有广泛的词汇量或洞察力这样的印象。使用具有包容性的单词和短语，让你的报道向更广泛的受众开放。

应该转述俚语或专业语言，使现场新闻可以为不同的受众领会。过于非正式地使用俚语会让某些人拒绝这样的基调；记者希望新闻能尽可能多地到达受众。

句子中使用分号也可能让受众难以理解，因此要考虑只有在很罕见的情况下才使用分号。通常可以将用一个分号的句子，转化为两个简单的句子。在许多情况下，最好重写。

这些写作指南适用于很多最基本的硬新闻。学生记者可能会发现这些指导原则的限制性。然而，这些模板并非旨在挫败或限制新闻写作。相反，它们代表着经过检验而可靠的写作实践。

首先，开头要强有力。记住，你的报道，无论是平面的、网络的或广播的，都要争夺受众的注意力。所以，你的第一句话，即导语，可能是你在人们忙碌的生活中突破的唯一机会。虽然你希望强有力，但是你不想通过炒作你的报道来吓唬或震撼受众，而对他们产生误导。你也不希望在触及新闻报道要点，即真正的新闻之前，闲聊一通。

例如，打开马萨诸塞州沃特敦学校委员会投票表决教师合同的会议室，描述会场的现场气氛，是这则新闻报道开篇的一种方式。但是，为什么这样做？受众能从现场描述中得到什么信息？这能如何帮助受众理解正在发生什么事情吗？用描述作为报道导语，新闻撰稿人坦率地告诉受众，会议现场的信息是最重要的。不过，投票，即学校委员会的决定，真的是最有新闻价值的信息。描述可能不错，但是考虑到记者永远要面对时间和空间的限制，开头告知受众新闻是关于什么的，是最好的方法吗？许多人会认为不是这样。

在提供会议的背景和基调时，场景的描述可能是有用的。在之后的报道中，这些信息可能是有用的，如果是平面媒体的报道，更是如此。如果该报道是用于广播、音频或视频，那么现场将有助于提供语境或基调，因此描述就没有必要。

导语的类型

摘要性导语。通过回答5个W中的几个W，发布最有趣、最相关、最具有新闻价值的信息。硬新闻在突发新闻报道中是最常用的，微博的最新消息中也经常使用。

轶事性导语。提供一个简短的叙述(趣闻性的)，这个轶事能说明新闻的主要问题。轶事性导语在特稿报道如人物形象和趋势性报道中效果较好，因为其给新闻带来了人性化层面的内容。

伞状导语。概述新闻条目中包括的几个要点或场所。把来自不同地点的信息编织成一则报道，如密西西比河洪水的泛滥，或一则报道有几个方面，比如一则关于各方反应的报道，在这样的报道中，用伞状的导语效果较好。

场景设置性导语。描述现场或形势，为新闻报道设置了舞台或语境。在特稿报道以及语境影响其新闻价值的报道中，使用这种导语效果较好。

延迟性导语。导语中略去了具体的人或事件，因为相比于所发生的事情，姓名不那么重要。其常用于犯罪性报道中。

更新的导语。对持续性新闻事件提供一个更直接的倾向性解释(spin)。想想平面媒体中"次日"(second-day)各种报道的导语。

想想哪一种导语能吸引你的注意力：

第一种：数十名身着 T 恤的教师挤在一个房间内，沃特敦学校委员会成员缩着身子围成半圆形，手中握着一些纸张，有一位观众坐在一堆纸上，准备跳起来解释每一个词汇和动作。委员会不仅面对着一个拥挤的房间，而且从测试评估报告到与教师们集体谈判提出的协议，要面对的议程内容多且棘手。

第二种：在合同谈判表决中，沃特敦学校委员会以 4:3 的结果扑灭了教师们的小幅加薪的希望。反对劳资协议的委员表示，在此刻经济艰难时期，即便是适度地加薪，他们也无法支持。

来看看另一则关于南方龙卷风的报道。虽然导语中也可以用描述，但这不一定是最有力的开头方式。最好的强有力的开头方式，是把基本的、最有效的信息拆开。使用主动语态(在第一种导语中，选择动作动词"席卷")，撰稿人没有使用超过必须的多余的词汇浪费受众的时间，就让他们获得了新闻的要点。再次，作为一个忙碌的、有多重任务要处理、面对很多干扰的人，请注意第一种导语和第二种导语的区别，以及你会喜欢哪一种导语。

第一种：星期三，一系列几十次的龙卷风，席卷了密西西比州、亚拉巴马州、乔治亚州和田纳西州，据称这些龙卷风造成了近 300 人死亡。

第二种：星期三，席卷密西西比州、亚拉巴马州、乔治亚州和田纳西州的几十次龙卷风，估计造成 300 人丧生。美国国家气象局估计，在过去 24 小时内，大约有 300 个龙卷风先后着陆。

注意，强有力的导语也是简洁的导语。报纸导语的一个经验性规则要求不超过 25 个字。广播新闻有另一个规则，要求导语应该不超过七八秒钟，以便主持人不必换气就可播完句子。导语中的从句越多，让观众停止关注并转身离开的机会越大。多个从句往往表示记者企图把大量的信息塞到一句导语当中。这也可能意味着记者没有能力做出关于什么是必要的和有新闻价值的决定。最后，所有这些完美的信息，不一定能帮助受众理解背景。看看这两个导语：

第一种：奥萨马·本·拉登是美国军事和反恐专家长达十年的搜索目标。据报道，他已经被杀死。美国总统巴拉克·奥巴马昨晚在一档特别的电视节目中宣布，数月来巴基斯坦北部一直在直升机和特种部队监视下，在高度戒备的群体攻击下，拉登被杀死。

第二种：巴拉克·奥巴马总统昨晚宣布，美国特种部队在巴基斯坦北部，基地组织头目奥萨马·本·拉登的藏身之处，将他杀死。

第二种导语强有力且简洁。导语中没

有包含的信息可以在报道的其他地方补充，但是所缺的信息并没有减损这一新闻的影响。通过引用"基地组织头目"提供了一些背景，而没有用细节淹没了受众。

有效的现场新闻写作的另一个属性是要与受众相联系。一旦你在导语中为受众提供最重要的和有趣的新闻，你需要考虑应对下一个合乎逻辑的，受众可能想要回答的问题。问题可能是：新闻是如何发生的？这意味着什么？

记者可能拥有报道的所有内容或元素，但记者必须以合乎逻辑的叙事方式，把这些内容组合在一起，以便与受众的联系显而易见。报道按时间顺序的讲述是一种方法，以时间轴进行联系，不过这往往是一种低效的或乏味的组织报道的方式。回答观众的种种问题，并在给出答案和新闻报道的叙事流之间形成联系。如果没有联系，报道的叙述对受众的用处不大。

下面这个例子就没有与受众相联系：

第一种：巴拉克·奥巴马总统昨晚宣布，特种作战部队在巴基斯坦北部，基地组织头目奥萨马·本·拉登的一个藏身之处，杀死了他。自三月份以来，总统与他的顾问多次会晤，讨论可行的方案。数百人聚集在白宫外，欢呼本·拉登死亡的新闻。

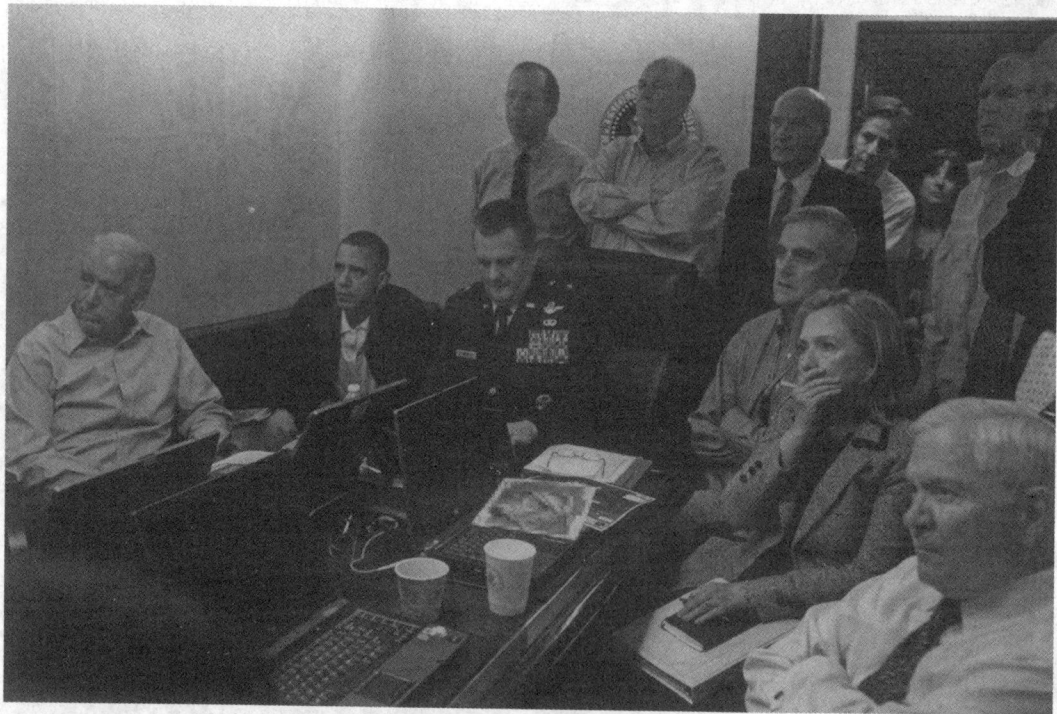

图6.1　2011年5月1日，杀死奥萨马·本·拉登给记者提供了重大突发新闻情况，也给记者提供了一个机会去探索执行行动的决策情况，这张白宫时事观察室的照片中，总统和政府官员观看行动，是使命紧张的标志性的证明

照片：Getty Images。

三句话,简洁明了,除了都与本拉登的死有关之外,彼此没有相互联系。其提供了新闻和背景,但它们似乎没有任何共同之处。如果要让联系很明显,那么考虑下面这个导语:

> 第二种:巴拉克·奥巴马总统昨晚宣布,美国特种部队在巴基斯坦北部,在基地组织头目奥萨马·本·拉登的藏身之处,杀死了他。本拉登是2001年9月11日袭击事件背后的主谋,在美军的攻击中被击中头部。总统说,随着本拉登的死亡,"正义得到了伸张"。

在第二种导语中,第二个句子回答下一个逻辑问题:"本·拉登是如何死的?"(头部中枪)不过还提供了一点儿背景:拉登在2001年袭击中的作用。第三句,援引总统的话回答了下一个问题,"这意味着什么?"第三个句子,通过引用总统的话语,加强了这则信息的来源而增加了可信度。

这些强烈、简洁的导语都使用事实和信息源,来传输最有用和令人着迷的信息。为了制作出最好的报道,来源和事实说明了报道所做的工作,需要从必要的、相关的人员那里得到正确的信息。来源和事实提醒受众信息是从哪里来的,还告诉受众为什么应该相信这则报道。

最后,每个导语都应强烈和简洁,并且通过把该新闻与目标对象联系起来,保持报道的简单和易于关注。在有关学校委员会的报道中,其没有使用金融术语。龙卷风的报道没有使用气象术语。本·拉登死亡的报道没有拘泥于军事或间谍活动的术语。开头用一个清晰、直接的导语,为每一则报道设定了叙事基调,而这种基调可以服务于各种报道,无论平面媒体的、网络的、移动设备还是广播节目。报道的其余部分也需要践行这些建议,以确保报道不会失去受众。

差异性

虽然认为"一则新闻报道就是一则新闻报道",不管受众是如何得到的,这种观念有其用处。阅读新闻的人,与听新闻或观看新闻的人,有不同的习惯和偏好。考虑听众阅听硬新闻的时间、个人对报道的兴趣或对报道主题的了解,以及不同媒介的差异等,能够很好地把新闻传递给受众,在新闻撰稿和制作新闻报道最佳方式决策中,这些都发挥着重要的作用。

举个例子,新闻可以短到三四秒,即阅读一个标题或一条推特;可以是一两句就能听完的仅为10或15秒的广播报道;还可以是在线的或报纸上的,得花几分钟才能阅读完的报道。在马萨诸塞州沃特敦上学的学生家长,可能希望了解有关学校委员会会议的一切信息,而沃特敦的大学生可能对这次会议没有什么兴趣。在全国曲棍球联赛季后赛中,一段视频剪辑显示了守门员的偏差。在展示比赛是如何结束的报道中,相比于详细的文字描述,视频片段提供的效果会更好一些。时间、兴趣和形式的优势，会影响到稿件写作的某些方面。

为不同媒体撰稿时，要注意以下这些关键的差异。

动词时态。推特、广播和电视强调新闻的立即发布。这些形式的稿件强调此刻的新闻，所以依赖于现在时态。报纸和杂志，即平面新闻，是在事实之后发布的。印刷媒体一般使用过去时态。

> **文字。**美国总统奥巴马反对将美国特种部队手里的星期日的照片公布出去，以作为本·拉登死亡的证明。
>
> **广播。**奥巴马总统拒绝发布奥萨马·本·拉登死亡的照片。

归属。印刷新闻往往在信息之后交代其归属，因为受众首先应该看到信息，然后他们可能了解谁为此负责。因为印刷新闻有更多的空间，以及具有专一性和准确描述的传统，来源归属的头衔或职位要求措辞确切。

> **文字。**在周日突袭行动中，美国特种部队击毙了基地组织策划恐怖袭击的奥萨马·本·拉登，总统巴拉克·奥巴马在深夜电视讲话中说。
>
> **广播。**奥巴马总统说，美国特种部队杀死了基地组织头目奥萨马·本·拉登。

在广播中，受众听到的是现场的或实时的报道，所以在信息之前就交代了信息归属。信息归属首先将播放信息的声音和评论员的声音区分开来。以归属开始，应该清楚信息来源，而不是新闻播报员在提供评论、解释、信息。为了节省时间，广播中经常省略掉确切的头衔，但是会加以压缩，以保证受众明白为什么这个来源是相关的。举个例子，一则文字报道会使用全名和头衔，如拉斯维加斯警方凶杀案中尉路易斯·罗伯茨或治安法官威廉·詹森。广播报道可能只说拉斯维加斯警方或拉斯维加斯法官。

在线报道归属的位置往往取决于该网站是连接到一个平面媒体机构还是广播媒体机构，以及用于报道的时间或空间的多少。为了节省时间，归属常常首先出现。不过，由于在线新闻网站的新闻是用文字呈现的，通常会提供全名和头衔。此外，链接到信息源的在线传记，经常给受众提供机会，以进一步探究信息源的专业性。

无论发布的形式(印刷的、广播的还是网络的)如何，为了任何后续问题或信息的收集，人们期望记者收集所有信息源的姓名和头衔以及联系方式(电话号码和/或电子邮件地址)，且都拼写无误。

细节和描述。应该明智地使用细节和描述，启发受众对新闻事件的理解，虽然缺乏相关事实，但不能伪装。现场新闻报道的形式——无论是用于眼看的文字还是用于耳听的文字——都确定了现场新闻报道的细节和描述的用词数量。

广播和网上图像和音频的使用，都可以使描述较少。这是因为音频和视频可以向受众展示正在发生什么事，在哪里发生的，以及它是如何发生的。平面媒体常常依赖于文字描述提供这些信息。

例如，文字报道可能需要解释，某个社区在龙卷风袭击一周后情况如何。电视报道可以用视频展示该社区的情况。视频可能包括一系列的受灾镜头(空中镜头刚刚展示的成堆的垃圾，而那里曾经是房屋矗立的位置)，推土机推动残根断木以及水泥废渣的镜头，个人整理家园瓦砾的镜头。但是文字报道为受众提供这样一幅画面，需要使用数个句子。

为印刷媒体和网络媒体制作的报道，因为给予报道的空间更为充裕，所以可以提供新闻事件更详细的观点和信息。通常报纸的一篇现场新闻事件的报道，可以达到400到500个字，而广播新闻报道可能差不多25秒，相当于5到6个句子。广播记者的节目可能90秒到两分钟左右。网站上的一则报道，可能满屏是文字、照片、视频、链接和音频，受众想要更详细地了解此报道，这些元素给了受众各种选择。

不管发布报道的形式如何，似乎是这样，文字报道在提供更多的细节和细微差别方面，机会更多一些，不过，报道需要捕捉的细节和细微的差别必须是完整的。广播新闻报道的稿件中需要细节和细微差别，以便更好地告知受众正在呈现的信息。虽然影像和音频可以捕捉现场感，但是广播新闻讲述者仍然必须报道，搜集的所有信息能够帮助受众了解音频和视频的背景。

例如，要呈现附近被龙卷风夷为平地的那个社区的视频，记者还需要知道有多少人住在该地区，他们是谁(即家庭，退休人员，刚结婚的年轻夫妇，新移民等)以及他们在邻里建立的社区(新成立的、焕发生机、历史情况，等等)。记者需要了解在这附近的人们，对这个他们称之为家的地方的看法。这种类型的报道，让受众对该地区的损失理解更为深入，远胜于房屋被毁的影像效果。这有助于将灾难及其影响联系起来。驱动这则报道的，是讲述一个解释了其影响的故事。这有助于建构叙事，打通故事讲述的技艺。

引语与同期声。虽然每一则新闻报道都需要听到来源，或者通过文字报道中的直接引语或者是广播报道中的同期声，报道的形式在呈现关键性的引语/同期声的数量上存在一些差异。报纸的一则报道可能从不同的两到三个人那里引用三两句引语，报道中也可以有多达6到9个引语，还可能包括部分直接引用，即一些引号中的原话，但不是一个完整的句子。广播节目中，一则90秒的报道可能最多用2到4个同期声，在30秒到40秒的报道中，少则1到2个同期声。部分引语(即没有表达一个完整的思想或句子的一小段话)并不适用于广播报道。部分引语或编辑的同期声，会给人这样的印象，即记者有意地编辑出这些内容。受众听起来觉得不正确，所以已经不常用了。然而，广播报道也可以使用声音来为报道设定基调，让受众有身临其境之感。

2011年5月1日，教皇约翰·保罗二世宣福礼仪式(在罗马天主教堂中，该仪式表明是圣徒的一个重要步骤)，展示了把引语和同期声以及细节的描述，组合在一起的不同的方法。

广播。CNN记者吉姆·比特曼(Jim Bittermann)将仪式制成一个两分半钟的节目，用了两段同期声(其一来自人群中的某个人，其二来自教皇本笃十六世)。他的报道从仪式的自然声音开始(Bittermann, 2011)。哥伦比亚广播公司的艾伦·皮泽易(Allen Pizzey)的两分钟报道，也用了两段同期声(一段取自人群中的某个人，一段取自红衣主教解释宣福礼步骤)(Pizzey, 2011)。CNN和CBS都是仅仅在仪式开始几小时就报道了。这两则报道都用了梵蒂冈人群的镜头，在这些镜头中，电视观众可以看到和听到大约150万人出席了仪式。

印刷媒体。5月2日《纽约时报》的第2版的这则报道用了1 101个字，引用了教皇本笃十六世的两句话，引用了人群中某位牧师的两句话，另两句引语出自人群中的另一位天主教徒，还有两句引自梵蒂冈地区纪念品商店业主，总共有8个引语(Donadio, 2011)。5月2日《洛杉矶时报》宣福礼的报道有1 019字，其中包括6个引语：

部分地引用了教皇本笃十六世的两句话(不完整的句子)和引自在梵蒂冈参加仪式的朝圣者的四句话(Chu, 2011)。发表在多家报纸上的美联社(Associated Press)的报道，引用了教皇本笃、梵蒂冈清教徒和来自波兰(教皇约翰·保罗二世的故乡)和其他地方天主教徒的话(Winfield, 2011)。

印刷媒体报道包含了更多的各种政治领导人出席宣福礼的细节，以及对人群的描述，如解释大量的正在挥舞着红白色波兰国旗的人。电视报道没有提供政治领导人的细节，也没有任何描述人群的内容(除了说这是自2005年教皇约翰·保罗二世葬礼以来，在圣彼得广场上最大的活动了)。电视报道中的视频对政要和朝圣者都进行了描述，尤其是那些在平面媒体报道中来自波兰的人员的细节。

平面报道和广播报道都引述了教皇本笃十六世的话。电视和报纸上的报道都含有人群中的人们对教皇约翰·保罗二世钦佩的意见，但平面报道提供了更为微妙的受众的反应，而这些反应折射出被引用的个体之间的细微差别。广播报道包含的引语(即同期声)最能代表参与宣福仪式的朝圣者的情感和思想；使用多个引语以反映各种朝圣者的心理是不可行的，因为媒介有时间限制。不过，报纸和电视的报道都提供了来自人群的评论。然而，发布的形式或媒介，在决定使用这些评论的时候，要求略有不同。

相似但有不同

教皇约翰·保罗二世宣福礼报道的例子表明，无论发布的形式如何，电视和纸媒记者都会收集和选择类似的信息在报道中加以突出，并寻找归属类似的信息源。无论是纸媒、广播还是网络，这则现场新闻都关注教皇约翰·保罗二世被评为圣徒，以及这个行为对天主教徒意味着什么。记者提供了参与仪式的人们对教皇约翰·保罗二世的意见，以及那些目睹这场仪式的人们的信息。其中包括成为一位罗马天主教圣徒的过程信息。他们还提到，约翰·保罗二世任期内爆发的神父性虐待丑闻，给推动已故教皇圣徒身份的一些担心。

因此，那些错过了电视上、脸谱网和推特报道仪式的人，可以收看或阅读电视和报纸的报道。这些没有关注现场报道的受众可以获得回顾性的报道。现场新闻报道是不同的，但是其重点、元素和组织可能是相似的。要思考建构报道时，现场新闻报道采取的路径相似但又有差别的地方。

导语和导语长度。无论发布的形式是什么，所有现场新闻的导语都应该简短扼要。导语(不管是平面的、网络的、移动的)应包括与新闻价值相关的信息，但是不能把所有具有新闻价值的信息都塞进导语中。轶事型导语可能不适合简洁和快速的

要求，这是受众在绝大多数现场新闻报道中寻求的。现场新闻报道的导语写作应简单而直截了当，这种导语适合任何新闻发布的形式。一句话导语，在网络或广播报道中最常看到，在纸媒报道中同样有用。然而，纸媒报道的导语可以不止一个句子。在大多数硬新闻中，摘要性导语用于首先交代最具有新闻价值的信息，然后补充细节和支持性信息。在许多情况下，建构现场报道应遵循以下三步计划：

第一步，导语(强调重点/最具有新闻价值的信息)；

第二步，对支持性信息详细阐述；

第三步，说明或解释的引语/同期声。

在广播中，每一步相当于一个句子，而在文字报道中，可能每一步都是一个段落(这可能等于一个句子或多个句子)。这则报道会以新的细节、更多的支持或详细阐述和其他引语或同期声继续下去。引语或同期声可以用于提供支持和解释，因此步骤2和步骤3可以组合成一个句子。报道不必包括直接引语或同期声(如果是文字报道的，请参阅下面的相关内容)，但可以改述一句引语或同期声，目的是提供带有解释性的信息归属。

看看任何新闻通讯(newswire)报道，一家报纸的头版或以现场新闻报道开始的电视或电台的新闻节目，都可以发现以这三步模板所做的报道。快速浏览一下2011年5月10日周二上午新闻的构成，发现微软(软件公司)收购网络电话公司(Skype)是按照这

三个步骤设置的。作为在网上(文字)宣布的交易,新闻的导语是收购,紧随其后的是两句话解释为什么这是一笔巨额交易,然后是一句引语(来自微软的一位官员,或来自一位投资分析师),关于收购意味着什么或者为什么会收购。电视商业报道会在导语后转到现场采访和支持信息,以充实报道。意料之中的是,新闻发布会的报道提供了更多的微软首席执行官史蒂夫·鲍尔默就收购所说的话语和同期声。

报道类型

记者已经给不同类型的报道制定了不同的术语。下面列出的是报道类型及其意味着什么。

摘要或简介。纸媒或网上对新闻事件的报道仅有几个段落。有时与其他类似的小故事编成一列清单,犯罪报道经常这么做。

要点或列表。文字报道,简要地逐条列出要点、议题和行动,节省时间和空间,允许快速核查信息。

完整节目。一个单独的完全由记者播出的广播报道,可能包括几段同期声,结束的时候以记者的名字、电视台/电台场所终结报道。电视节目中的视频内容不只是记者的叙述。

问和答。(纸媒或网络上出现的)文字报道,把一场采访转变成一系列经过严格编辑的问题,紧随其后的是已编辑的回答。对名人或新闻人物的采访,经常采取这种报道方式。

播读。简短的广播报道,通常在25秒以内,没有同期声。

侧栏。与一则主要新闻报道相关的简短的纸媒或网络报道,侧栏是从主要报道中分离出来的,目的是提供不同于主要报道的角度。

环绕。一段音频/电台报道,其中(叙述的)脚本"围绕"着同期声。在电视中,称之为录音带。

旁白。电视台的报道,其中视频运行时主播播读。播读者配合视频。文字与图片必须一致。

旁白/镜头。有视频的电视报道,并且至少有一段同期声。

下面就来看看如何将前面提到的沃特敦学校委员会的报道(见第4章),建构成一篇文字报道和一篇广播报道。

文字

摘要性导语

沃特敦学校委员会昨晚投票反对批准提出的集体谈判协议,沃特敦教师不再等待任何加薪。学校委员以4∶3表决结果否决了这份协议，协议的一项内容是明年大多数教师工资上涨1.5%。

支持

大多数委员同意拒绝沃特敦镇委员斯蒂芬·科贝特提出的这项协议。科贝特说，过去几年中，为了保持学区学校的资金充足，已经显著地削减了这个城市其他部门的资金。但是，"这些选项都不存在了，"他补充说，"我们不能继续蚕食城市的其他领域。"

引语/解释/背景

几位委员在宣布他们投票反对这个协议时，指出今后几年，该学区可能每年要裁员8到16名教师。投了反对票的学校委员会成员马克·西德里斯说："沃特敦教师的流失荒废了孩子们的教育。"他和其他反对者呼吁教师继续与学校委员会代表谈判，以达成更为公平的薪资分配。

沃特敦教育工作者协会和学校委员会代表在1月25日达成合同协议之前，已经就合同谈判了18个月。教师工会批准了协议，但是必须得到学校委员会的批准，这份合同才开始生效。

数十名教师工会成员，身穿红色T恤支持协议，挤在委员会会议室展示他们呼吁批准集体谈判的协议。教师工会成员、沃特敦高中教师乔安娜·霍尼格劝告学校委员会要小心预算选择，她认为，将可自由支配的资金花在技术设备的更新换代而不是用于教学岗位上"不是一个明智的选择"。

总结

在表决后，学校委员会主席安东尼·保利洛表示，将尽一切努力重新启动谈判，同时指出在经济困难时期，他们在续约谈判期间所面临的困境。"我们希望保存你们的工作，"他说，"但是我们希望公平地付出报酬。"

广播稿(:25播报员/无镜头)

摘要性导语

沃特敦教师又回到谈判桌，因为学校委员会拒绝了此前提出的合同协议。

支持

那份协议提出教师明年加薪1.5%。

引语/解释

反对这项协议的学校委员会成员说，这座城市正面临预算赤字，无力承担任何加薪。

他们还担心，这笔加薪将导致2012年和2013年教师裁员而损害学生的教育。

总结

教师工会的负责人警告说，拒绝该协议，沃特敦可能继续流失优质教师，好教师会转向薪水更高的学校系统。

注意两则报道都遵循了三个步骤：

(1) 导语；

(2) 支持；

(3) 解释。

它们都提供了一个总结。广播稿的时间限制(25秒)省略了过多的细节和描述，而这些在文字报道中得到了详细阐述。广播报道总结并综合了各位委员的意见。文字报道可以提供更多人员部分的引语和评论。文字报道还提到了教师挤在会议室，而广播播报员没有提到。注意广播报道为了节省时间，没有提到具体的姓名。这两篇报道都含有教师代表的观点。

这三步安排只是纸媒、广播和在线新闻经常采用稿件组织不同方式之中的一个例子。

报道组织。多年来，人们运用某些形状和图表来帮助说明各种报道的组织方式。金字塔、圆形、沙漏、积木，甚至圣诞树，都用来描述新闻报道可以如何组合在一起。许多现场新闻的硬新闻报道，特别是在纸媒中，往往采用倒金字塔结构，顶部是最有新闻价值的信息，而结尾的信息则不太重要。如果报纸用于该报道的空间不足，可以从报道的底部删起。在线新闻报道也遵循类似的格式，只是信息组织全部从最具有新闻价值开始到新闻价值较弱。阅读一篇文字报道时，这种类型很清楚，文字的末尾表示报道的结束。

广播报道必须采用不同于倒金字塔的方式。因为人们是收听而不是阅读报道，广播和电视的报道需要一个总结性的结尾，这样受众就能清楚报道已经结束了。倒金字塔通常不适合广播报道，因为受众无法听明白一则报道如何结束以及另一则报道的开始。有可能是还没有听觉线索的时候，报道已经结束了，所以广播新闻报道是用文字提示报道的结束。记者广播完毕（"我是某某在某地为您报道"），在节目包中是常见的总结性方式，但是在撰写广播新闻稿时还没有合成，受众需要其他线索。

结束一则报道方法包括告诉受众接下来是什么。犯罪嫌疑人被捕的一则报道的结尾，可能是何时进入法庭或者警察仍然在努力寻找什么证据。一则灾难报道结尾的信息是，更多的帮助何时会上路。会议报道的结尾可能包括的信息是，将采取什么行动实现会议上投票表决的计划。

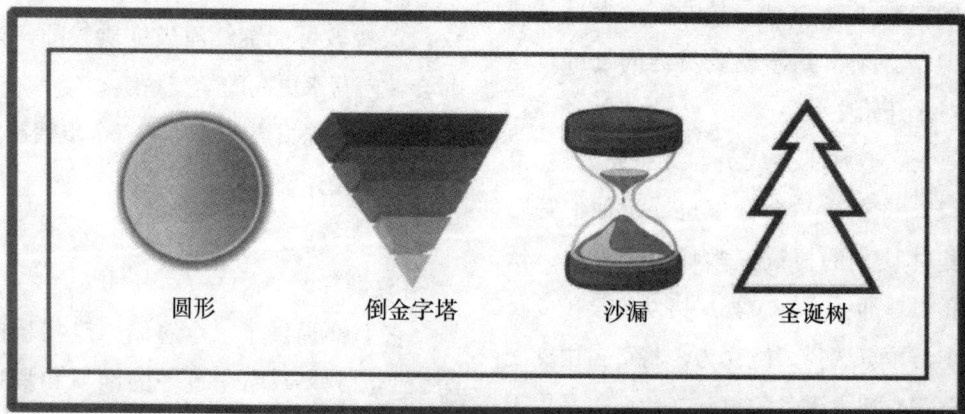

圆形　　　　倒金字塔　　　　沙漏　　　　圣诞树

图6.2　不同形状，从圆形、倒金字塔、沙漏甚至圣诞树，都被用来帮助说明新闻报道可以采用的组织方式

如今，许多纸媒和在线报道也提供一个总结性的句子或段落。结尾可能是概述报道态度的一句引语，或者是下个步骤的一些信息片段，也可能是关注中的有待解决的一个问题。不过，总结性的句、段确实应该是收拢性的报道或结束报道，不应该留给观众更多的悬而未决的问题。结论应该来自信息和来源，不应该涉及记者或撰稿人认为这意味着什么。

另一种结束报道的方法是使用能够让报道再次回到导语中提及的报道的主要焦点。可以把这种方式看作是一篇循环结构的报道。一份新的统计报告表明，50多岁中产阶级男性长期失业率居于高位，考虑一下这则新闻的报道。简单的一条新闻报道，可以从引自统计数据的摘要性导语开始，然后提供更多的支持信息，这些信息来源于报告、劳工官员和失业办公室人员的评论。

报道使用循环结构，可以有更多的人的因素，如以52岁乔的经历开始，他在中层人力资源管理工作岗位上遭解雇之后，三年来一直在寻找工作。然后报道过渡到解释乔是新统计数据表明的越来越多的长期失业者中的一位代表。接着报道提供来自报告和专家们的支持和解释性信息。结尾之处形成一个完整的圆形，再次回到乔，结束句可能是乔在寻找下一个工作。把循环结构视作用特写镜头开头以阐述和设立重点。

几十年来，《华尔街日报》(Wall Street Journal)重要新闻专题报道都遵循这种结构，所以这也被称为《华尔街日报》公式。再次强调一下，这种报道可能从一个人或一种场景开始，说明文章的焦点。然后，报道用一个过渡段，称为"核心"段落，概论报道焦点的段落。文章在核心段落中给出报道关键点的更多的支持性和解释性信息。

注意，这种循环结构真的不适合学校委员会表决教师合同会议的现场新闻报道。对于演讲的现场新闻报道也不适用，除非演讲揭示了非常人性化的一面或者是特别启发人的部分，就像一部传记或一本书的作者，讲述了非常个性化的故事。在报道一个对受众没有太多情感吸引力的话题时，循环结构最有效，不过，将个人情境用于引入生活方面的信息时，这种操作方法更有趣、相关性更强。这个时候，社交媒体可以帮助记者找到这样的个体，以协助提供人们面临着的似乎是枯燥的话题。

第三种报道的结构看起来就像一个沙漏。这种报道可以从摘要性的导语开始，然后紧接一个倒金字塔结构。在中间部分，使用过渡段落或"核心段落"，这个部分转向一种更具叙述性的形式，以时间为顺序完成报道。

奥萨马·本·拉登之死的报道可以遵循这一结构。报道可以从他的死亡开始，然后转向美国特种部队如何执行行动方面信息的叙述。2011年5月，关于亚拉巴马州塔斯卡卢萨龙卷风的报道，可以效仿这个结构，从龙卷风造成的死亡和破坏开始，然后转向解释这些龙卷风如何穿过小镇。以时间顺序组织报道，内容可以包括那些在家中经历了龙卷风的人们的引语或同期声。

在构思更有深度且更长的一则报道叙事时，圣诞树结构的灵活性更强。这种报道可能从反映一个人经历的轶事性导语开始，然后扩展出去，以提供背景或个人故事何以涉及一个更大的问题，或者转折关头。然后，在重新扩展范围之前，焦点再次缩小，反映个人故事中的一个转折点，而这个转折点可以解释一种重要情境。

这些只是思考如何建立现场新闻报道的一些方法，但这些方法代表的是核心的、可靠的方法。牢记这些方法在撰写供阅读的(用于纸媒的或网络的文字报道)与供收听(广播)的报道之间的异同。如何开始新闻报道，组织其内容，然后将之建构成简单的新闻报道的写作模板，经证明这些基本知识非常有效。虽然很简单，但它们确实很管用。

新闻报道这些写作技巧反映了提供受众欲知、应知的信息，是最佳的方式。应该调整现场新闻报道的写作，以满足受众的期望，同时既满足讲好故事又符合职业道德水准。受众对大多数现场新闻报道的期望往往是短而快。来自新闻事件现场的新闻直播(微博或现场广播)，受众期望更直接。因此，写作目的必须是提供最新消息，摘要性导语经常是呈现现场最新消息的最佳方式。

现场新闻事件结束之时，记者的任务就转移到提供更多综合性和背景性信息。从告诉受众正在发生什么事，到告诉他们曾经发生了什么事，以及这意味着什么。可参考体育新闻从比赛进行期间的实况报道，比赛结束后就转变了一则简讯。如今，记者撰写的任何新闻事件，都必须做出同样的转变。

在本书后面章节，我们会研究受众对于调查性报道、分析性报道、人物报道(intimate profiles)、特稿性报道，其期望如何再次改变(见第10章)。这里概述的一些报道结构，符合前述新闻报道类型要求的基调和广度。

突发新闻及做好联系

在报道期间，将收集到的信息联系起来，可能是记者要做的最重要的，也是最困难的工作。虽然报道涉及收集所有信息，但是为受众撰写或制作新闻，会把这些信息碎片连接成一幅简单而有凝聚力的画面。记者有很多用于收集信息的工具。在事情发生期间，记者进行报道的时候，这些工具会越来越多地用于突发新闻进展期间的报道。

然而，所有新闻机构都未能赢得

2011年普利策的奖突发新闻奖，可能表明当今的记者在使用新的传播工具有效地简述一个有凝聚力的突发新闻方面，仍有很长的路要走。波因特学院院长、新闻学研究和教育集团总裁卡伦·邓拉普(Karen Dunlap)写到，是时候重新审视讲故事的技巧了，尤其是这些技巧事关即时新闻报道的时候。"我们处在一个比特和字节的社会。难道那么多的新闻不能组成一个有凝聚力的报道？"(Dunlap, 2011)。她指出，2010年普利策突发新闻奖获得者《西雅图时报》(Seattle Times)，提供了如何"清楚地更新并维持中心叙事"的一种学习方式(Dunlap, 2011)。

中心叙事需要将在任何特定的时间发送给新闻受众的信息之间，形成联系。不能指望受众把这些信息碎片组合在一起。受众不仅可以从记者那里获得部分信息，而且可以从那些恰好在新闻发生时的任何人那里获得信息。邓拉普建议记者，需要讲述完整的故事，在背景中每一次补充报道的更新，都应该包括核心事实(Dunlap, 2011)。

有些新闻机构已经开发出一个系统，在这种系统中，编辑变成了"重写"的人，把记者发自现场的信息碎片整理之后发布给新闻受众，无论是发布到网站还是通过推特发布。例如，2011年4月13日，《拉斯维加斯太阳报》记者杰基·瓦利在报道现场，打电话给负责对其信息进行再加工的在线编辑，将一名警官造成的枪击案的突发新闻期间的信息更新后公布出去。

2011年5月1日，美国总统巴拉克·奥巴马宣布奥萨马·本·拉登死亡之前的早期报道中，电视主播耍弄信息花絮并提供了现场报道。波因特学院的吉尔·盖斯勒，专攻编辑部管理，列举了处理新信息的能力，即对输入的大量的数据进行排序、组织、优先和保留的能力，是任何人尤其是电视主播处理突发新闻时的一项基本技能(Geisler, 2011)。

2010—2011年度波因特数字媒体研究同事达蒙·基索指出，现在可用于突发新闻的报道工具，给编辑部决策或如他所说的"编辑部优先分派"，即对来自记者的信息流向受众的优先顺序进行确定，造成了不同的挑战。"读者期待照片、视频和文字，如果我们不这样做，会有人那么做。"他说(Kiesow, 2011)。基索说，在新闻采集中，记者不再是垄断的，尤其是突发新闻。当我们不能及时地、合乎风尚地报道，几乎在我们获得错误信息的同时，我们也就会丧失在受众中的信誉。

对于处理突发新闻和新闻机构如何将连续不断的新信息连接起来，他提出了一些建议。他指出，第一个在突发新闻现场的记者应配备智能手机用以拍照，收集一些初始信息，然后在3到5分钟之内把这些照片和信息发送出去。第一个记者将为网络和移动发布提供新闻。这个人应该使用最快捷的技术把新闻发布出去。

　　然后另一个带着相机，拍摄视频和静态图片的人可能到达现场，开始收集能够为新闻受众提供现场感的影像。可以依赖第二个人接管影像和数字新闻任务。如此，可以允许第一个记者关注收集新信息和制作较长报道所需的细节。他说，"关键是，每个人都应该做好其他人的工作"以提供细节和背景(Kiesow, 2011)。

　　基索认为，技术正在许多方面给报道加速，但仍然服务于新闻和新闻的核心价值。记者还要收集、理解和沟通。他指出，"如果我们不能设法吸引"受众，所有这些都不重要(Kiesow, 2011)。这意味着要进行联系，在日常报道和突发新闻中都要这么做。

小结

　　在建构现场新闻报道时，实践融合新闻的记者应该意识到在纸媒、网络和广播中交代信息归属、引语和报道长度之间的一些文体差异。然而，无论什么媒介，新闻写作都需要简洁，反映出适当的基调，还要有助于受众在关注和理解信息之间形成联系。

第7章

运用文字、图片和声音捕捉语境和基调

每一则新闻报道，不管用于报道的时间或空间的容量怎么样，都呈现出记者做出了无数的决定。记者不得不决定报道什么，与谁交谈，要问什么问题，要用什么报道工具，新闻价值是什么，需要理解什么，应该包括什么或者可以略去什么。列出的这些，仅仅是到目前为止，融合新闻实务已经讨论过的一些问题。所有这些决定旨在确保记者组合到新闻报道中的内容，对受众具有告知、启发，有时甚或有娱乐的作用。

要提高受众对新闻的理解和鉴别力，记者还应该确定报道的基调和背景。选择合适的基调和最好的语境，可以让报道具有焦点和清晰性。提供基调和语境，目的是为新闻提供含义与意谓，无论是报道谋杀嫌疑人被逮捕的简短突发新闻，还是冗长的分析甲基苯丙胺对一个社区的影响。提供了新闻报道的含义与意谓，基调和语境就能为受众脑海中的新闻增值。

基调和语境使记者的工作从仅仅向受众传输或者讲述收集到的新闻信息，转向给受众展示信息的意义。在报道一则突发新闻期间，仅仅讲述事实，可能是所有记者在一个非常有限的时间框架内必须提供的内容。但是，一旦该事件的主要行为完成，如演讲、新闻发布会或公众集会结束或抗议游行集会散去后，记者预期要做的工作比仅仅呈现零零碎碎的信息要多得多。基调和语境有助于把产生于某个新闻事件的信息联系起来。

记者运用其观察能力捕捉基调和语境。在报道某个对象或行为时，无论是学校董事会投票决定一份合同，还是是否推出一座新的纪念碑以纪念伊拉克和阿富汗战争的退伍军人，个人如何行为以及其他人对行为做出的反应，都为新闻提供了一种基调和语境。新闻制造者(newsmakers)说了什么以及他们如何说的，也都显示了基调和语境。基调和语境可以表示冲突、一致或紧张。它们可以展示态度、情感和行动。记者必须留意新闻事件本身呈现出来的基调和背景，以确保他们了解所发生的事情，以及他们在新闻报道中需要如何收集和传播这些基调和背景。

报道的类型有助于基调的确定。关于龙卷风后努力重建教堂的报道的基调，应该不同于在龙卷风中，一位母亲为了保护其十几岁的女儿而死亡的报道基调。教堂重建的报道可能需要充满希望的一种基调，而关于母亲的报道应该反映出勇气和牺牲的基调。

不同的新闻媒体在呈现新闻时，也提供一种不同的基调。以报纸为例，《洛杉矶时报》和《华盛顿邮报》提供的是一种更权威但有时是超然的基调，相比于这两份报纸，《纽约邮报》(the New York Post)或《波士顿先驱报》(the Boston Herald)这种城市小报的基调，应更为宽松也更具对抗性。报道和标题中采用的字眼，提升了新闻媒体的基调。这些报纸的网站，可能需要采用不同的更符合在线受众的基调，在线受众中，有的是快速浏览、扫描最新的消息，有的是为了深入了解细节。这些网站可能有记者开设的博客，以提供更多关于新闻报道的基调和背景，由于印刷版面空间所限，记者的博客可以让记者拓展报道的深度。

周刊类的新闻杂志，如《新闻周刊》(Newsweek)等，为了保持与新闻受众的相关性，基调已经发生了变化。2010年《新闻周刊》试验了新闻文章的写作方法。在2011年年中，结合《每日野兽》(The Daily Beast)的网络作品，该杂志再次改变了方法，经常以更好玩的方式呈现新闻片段。相比于电视名人新闻节目，如《今夜娱乐》(Entertainment Tonight)，熟悉《人物》和《我们》(Us)的观众都知道，这些报道名人新闻的杂志，在话题方面提供的基调也不相同。TMZ.com网站上对待名人新闻的态度，可能被视为是一种玩世不恭。

记者应该使用任何可用的工具来捕获基调和背景。静止图像和视频可以给受众那一刻的情绪，并与动作(action)相联系。

这样一来，就可以显示出语气和语境，但在某些领域，有时是不允许拍摄的，或者无法处于能够获得最佳视觉影像和最佳视角位置。有时候，只有音频。音频也可以给受众提供与新闻相关的一些情绪和感觉。自然声音可以提供一种场所感和即时性。最后，记者首先搜集到笔记中的词汇，可以描述"感觉"或气氛以及新闻事件的外观。

记者们运用各种各样的工具来传播语气和语境。重点是描述或词汇的选择，尤其是动词的选择，可以为新闻报道设定一种基调和语境。多幅静态图片和视频，可以向新闻受众展示新闻的场所感以及未经过滤的情感，给予受众一种见证了新闻的基调和语境的感觉。提供环境或新闻事件的自然声音的音频，比如游行抗议的口号，或参与游行或者领导这一活动的人们的同期声，把新闻受众置于现场，也提供了基调和语境。通过解释新闻事件中所呈现的数据及其联系，图形可以有助于提供背景。基调和语境是新闻报道中的附加层(additional layers)。

在提供基调和语境的各种细微差别方面，有些工具的效果要优于其他工具。通过网上或移动技术提供新闻的多媒体，为记者使用多种元素，如音频和视频剪辑，在展示新闻报道的基调和语境方面，开辟了更多的机会。因此，在决定使用音视频和图形，从而以最佳的途径传递新闻时，了解音频、视频、图片和简单的图形如何能够提供基调和语境，就是关键之部分。

广播基调的呈现，不仅在于词汇的选择，而且在于播报者言说这些词汇的方式，这让基调呈现出更多微妙的差异。例如，乔恩·斯图尔特(Jon Stewart)在喜剧中心《每日秀》中采用的语气，明显不同于沃尔夫·布利泽(Wolf Blitzer)在CNN的《时事观察室》(*The Situation Room*)中所用的语气。斯图尔特选择的词汇以及他言说这些词汇的方式，旨在挖苦或讽刺，即好笑。布利泽的话语及其言说的方式，旨在传递权威的、中立的这种不同的语气，所以有时候言说显得很急迫。呈现信息的音频，即听起来如何，可以聚焦和澄清所说的意思。

静态图片也可以聚焦和澄清所提供的新闻场所的背景或者新闻报道的情感基调。静态画面拍摄到新闻事件的某个时刻，如2011年5月1日，在猎杀本·拉登期间(见第6章)，白宫战情室(White House Situation Room)的情况以及照片是如何构图(frame)的，即在照片中如何设定拍摄对象，提供了语气和语境。报道的基调和语境反映了报道期间编辑们的诸多决定。构图、视角、角度和焦点，影响基调和语境。呈现或制作中的决定，比如编辑选择视频、音频和组织方式以及照片在页面中放置的位置，也决定着新闻报道的基调和语境。

然而，文字报道在解释语境的时候，可以提供更多的细微差别，因为文字报道可以引用更多不同的观点和解释。总统就有关阿拉伯世界与美国的政策一次讲话，能够提供例子和观点，这些例子和观点表明了社会和文化态度在阐述全球多元文化政策方面的差异。可以通过选择词汇及其呈现方式，或者选择呈现词汇的节奏而改变基调。考虑一则犯罪报道的基调。引用该社区人们对犯罪行为反应的话语，传递出的是愤怒的基调。如果说明这种犯罪行为在社区中是如何地罕见，那么提供的则是背景。

在多媒体方面，文字提供了又一层的基调和语境。影像和音频可以提供基调和语境的附加层。记者决定多媒体报道中不同元素的呈现及其有效地引出新闻报道的不同层面时，给予受众的选择更多，参与这一新闻的机会也更多。

本章将探索通过文字、音频、视频及图形，给基本的现场新闻报道提供不同层次的基调和语境。探讨记者们应该如何思考，将不同的工具运用于新闻事件的报道，然后如何将它们整合到新闻的制作当中。在使用这些工具时，记者仍然必须决定，工具如何服务于受众和服务于报道。这些工具可以而且应该用于更好地向受众(以受众为中心的思维)告知新闻，向受众传递(报道驱动的思维)最佳的新闻。

图形

饼图、柱状图或地图可以用软件(如Excel或Google Docs)制作，仅仅需要插入一些信息，这些软件简化了创建新闻报道图形的工作。想要使用每一种可以运用的报道工具的记者，需要把图形视为新闻工具箱的一部分。可以采用数字列表的图形，并将之组织起来用于说明变化和关系，而这些变化和关系在文字报道中看起来似乎很复杂，还可能易于混淆。例如，考虑一下某个镇的预算饼图，图形展现了所在镇的资金支出百分比。饼图可以将重要的新闻信息，以一种比单用文字更简单、更快速的方式介绍出来。图形也可以显示联系。例如，设想一幅地图，显示了龙卷风从单个风暴形成的地点到降落的过程。图形可以说明一个典型性事件之前出现的行动的历史。例如，想想用时间表展示基地组织在本·拉登领导下实施的恐怖袭击活动。任何报道都为图形提供了一个从字面意义上解释需要传达信息的机会。虽然重要的新闻或项目报告中通常都会涉及图形，但是对于基本的现场新闻报道而言，图形同样具有巨大的报道价值，从法庭犯罪新闻到立法会会议的报道，莫不如此。

地图图形。在缅因州与新罕布什尔州边境附近的树林里，发现了一名失踪男童的尸体，这样一则犯罪报道，为图形如何能比文字更好地说明故事，提供了一个很好的例子。2011年5月14日周六，发现了男孩的尸体，警察用电脑生成了那个男孩的照片。然后他们公布了男孩所穿的鞋子的图片。报纸、网站和电视台在报道中都使用了那幅图片。

接着，5月18日，警方开始在新罕布什尔州、马萨诸塞州和得克萨斯州发布信息。男孩被认定是来自得克萨斯州的欧文。有人发现位于马萨诸塞州休息站的一辆卡车，与缅因州警方描述的信息很吻合，而这辆车就是那位男孩母亲驾驶的，于是偶然地发现了孩子的母亲。酒店记录显示，母亲和男孩曾在新罕布什尔州的汽车旅馆呆过，警察报告称，他们认为男孩就殒命于这个地方。现在考虑用地图显示这4个州的联系，以说明调查和报道的路径。

虽然文字报道可以很容易逐步地、一个州一个州地描述男孩死亡的各个部分的信息，但是地图图形可以提供更快捷、更简单的方法，来了解报道的细节。这是以受众为中心的报道，因为其目的是简单地告知受众相关的细节；这也是报道驱动的，在传递报道信息时，相比于单纯的文字描述，这样的报道方法使用的工具更好。报道采用了多种元素，因为其有一个焦点(犯罪线索)、事实、信息源(警察)和清晰度，通过展示不同位置的视觉联系(在地图上用点标出)而提供了背景。

多亏谷歌(Google)地图这类的应用程序，记者可以把在不同的地点发生的行为有机地组合在一起，然后形成一幅地图。一幅密西西比河地图，标明接近洪水阶段的地方，可以为居住在下游洪灾地区的居民提供其家园是否会受到影响的意见。地图展示大英帝国威廉王子和凯特·米德尔顿举行婚礼的关键位置，提供了举办婚礼行为的某种现场感。在所谓的"阿拉伯之春"期间,当反政府示威者在中东和北非几个不同的国家抗议的时候,《纽约时报》把这些地区的地图放在一起,突显出发生抗议的国家,每日予以更新。地图配以快速更新的各种抗议活动简报。在上述每一种情况中,新闻受众能够快速地收集到更多地在视觉上吸引人的新闻事件(洪水、抗议、王室婚礼)的信息。

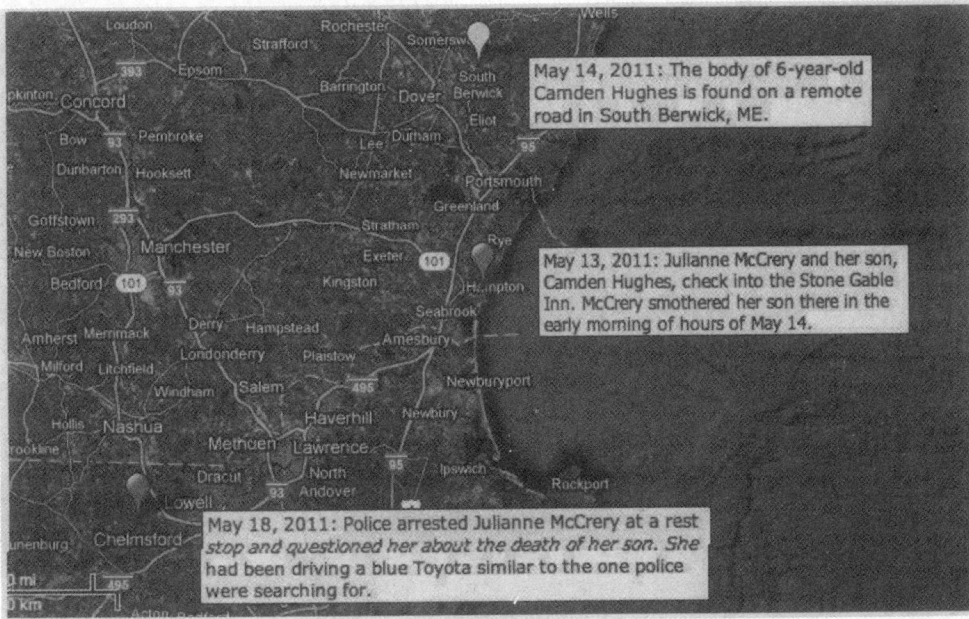

May 14, 2011: The body of 6-year-old Camden Hughes is found on a remote road in South Berwick, ME.

May 13, 2011: Julianne McCrery and her son, Camden Hughes, check into the Stone Gable Inn. McCrery smothered her son there in the early morning of hours of May 14.

May 18, 2011: Police arrested Julianne McCrery at a rest stop and questioned her about the death of her son. She had been driving a blue Toyota similar to the one police were searching for.

图7.1 在6岁小男孩失踪的例子中,谷歌地图很容易强调后来发现孩子被谋杀的关键地方,这代表了记者报道的另一种途径

图片:亚历山大·贝尔雷斯。

饼图和条形图。图形可以显示,而不是仅仅向新闻受众谈论信息背景组成部分之间的联系。饼图显示构成整体的部分,因此学校预算的饼图需要各个部分(教师工资、行政成本、建筑维护、教学材料,等等)支出的信息,然后将这些信息组合在一起,以展示整个学区的预算分配情况。

条形图还可以显示关系和变化。例如,看一下大学新生的专业,显示不同年份选择最多的专业是哪些。看看新生专业的首选情况,可能显示出哪些专业看涨,哪些专业可能在走低。在经济困难时期,这些模式可能导致决定是扩大还是减少这些专业课程。条形图可以快速、直观地显示出特定专业的兴趣及其受欢迎的程度。

作为一种报道的图形。有时一幅图形可以取代一则报道。例如,每个星期,《波士顿环球报》(*Boston Globe*)在其周刊中会为郊区部分(称为"西部""北部",等等)设计一个条形图,对波士顿郊区近24种不同对象做比较。有一周做的是单户住

宅的平均价格，条形图表明了郊区最贵的或最便宜的住宅。高中毕业期间，该报设计了一个条形图，展示每个城镇高中的毕业生有意向就读四年大学的百分比情况。虽然图表没有配发报道，富有进取心的记者可以运用这些数字，制作出新闻专题报道，说明就特定社区而言，这些数字意味着什么。采访学校官员和即将毕业的大四学生，可能对计划入读大学的条形图中的数字，提供额外的基调和背景。房地产经纪人、买家和卖家以及社区官员可能为房价的报道增添一些信息。

《今日美国》(USA Today)集中并出版日常信息图形，命名为"今日美国快照"，分别出现在该报头版的4个部分："新闻/首页"、"金钱"、"生活"和"从星期一到星期五的体育"。有时候，图形与读者调查相关。在线查看图形，可看到显示美国森林年龄的条形图、关于美国货运运输商的饼图，显示其他国家和美国核能生产对比情况的条形图(USA Today Snapshots, 2011)。

数家新闻机构和政府机构，如希尔斯伯勒县、佛罗里达州，警长办公室会从阿德里安·霍洛瓦季(Adrian Holovaty)中抽取一页，霍洛瓦季是Chicagocrime.org的创建者，他第一次将来自于警方的基本犯罪报道放在谷歌地图中，因此，任何人都可以查看发生在不同社区的各种类型的犯罪报道：从故意毁坏到袭击和谋杀。数个地方新闻网站，如佛罗里达坦帕的tbo.com，根据其提供的地图搜索，可找到加油站最佳的汽油价格。这些图形具有互动性，还为智能手机的使用进行了设计。这些图形扩展了新闻机构与其服务的社区之间的相关性。

图文。最后，报纸、电视和网站也使用一些所谓的"折叠的大张插页"(pullouts)，包括部分引语或完整的引语，并用较大的字体将这些话语制作成图像，放在网络上或报纸页面或作为全屏图片(是图形"填满"整个电视屏幕而不是视频)。这种类型的图形的理念是强调特定的短语或引语。这是一种图文类型。在电视中，运用引语图形，可能是突出书面报道中的一个关键要点或结论，或者是新闻制造者的书面声明的文字，还可能是遇到书面声明的音频不能用的情况。

图文的另一种类型是要点列表，旨在用快速的版式突出关键信息。(第2章列举了什么是有新闻价值的，就是要点列表的图文的一个例子。)前十名或者前五名列表(如《福布斯》(Forbes)杂志最富有的美国人或畅销汽车的列表)是图文的另一个例子。在印刷版或在线版中，用图形传递关键信息时，解释要点列表或等级的总结性的报道，包括来自评价者、新闻官员和消费者的评论，可以给新闻受众提供更多的信息。电视中的要点或列表图形，常常强化观众从新闻文字稿中听到的信息。

在报道中使用图形的记者要知道，保持简单是最佳的方法。简单原则(KISS)是新闻图形和新闻写作的很好的经验法则。前三条或五条信息合适的时候，就不要试图把10条信息都塞进去。回想你听完幻灯片演示后，你欣赏的、图片清晰的或设计简单的信息部分有多少。你在图形中塞进的信息越多，图形的形状就越小，而图形越小，阅读就越团难。如果图形设计是以受众为中心的，那么图形中需要的是最相关的、很容易就能发现的信息。在电视中，长长的列表和要点不太有效，因为这种做法违背了媒介的最佳使用原则，电视提供快速信息和视觉信息时效果最好。

新闻图片也遵循其他新闻报道的相同的规则，应该清楚地确认和交代信息的来源，应该对事实实行双重核查或验证，应该对信息加以组织，以便让新闻受众很容易地得出信息之间的联系。新闻图形通常会在印刷精美的图形上列出其来源。图形中的信息应该与报道的文字信息或电视文字稿中的信息一致，这样就不会产生混乱。

声 音

声音能够为报道提供单独用词语或文字提供不了的一个维度。声音可以向受众传播正在发生的新闻。声音可以传递出人们言说词汇或说话者声音语气的情感。声音有助于受众感觉到是怎么回事，还可以为受众提供额外的语境和细节，特别是只能在网上获得完整的采访的时候。如果记者使用的声音是一致的，并且和报道重点有联系，符合受众需要的话，那么记者使用的声音可以让受众更好地理解新闻报道。

多亏了互联网，记者可以把种类多样的、方式多样的声音用于报道的讲述。然而，可以靠的声音形式——通过广播和电视新闻节目和新闻报道——向新闻受众传播信息时，保持了一贯的有效性。在收集声音、用声音制作新闻方面，广播新闻为学习和了解声音在新闻告知中的好处提供了充足的机会。

纵观20世纪的绝大部分时间，受众会在一天的某个特定时间收听或收看新闻广播(newscast)，以便发现什么是当天新闻事件中最重要的、最相关的，即有新闻价值的事件。多年来，广播记者以这样的方式撰写和制作新闻广播，即在报道讲述过程中，充分利用声音可以提供情感和即时性的优势。新闻文字稿的写作重点是听得清楚，这样新闻受众无须费力就可以跟得上。应选择出现在新闻事件中最能引人注目的引语或最具有戏剧性的行为的声音，用到新闻报道之中，这样受众就可能有一种身临其境的感觉。声音给报道讲述提供了另一层基调。

互联网已经为每一位记者打开了声音应用之门，而不仅仅是那些在电波中广播新闻的人。使用互联网，记者可以整合一个播客(一种可下载的音频文件)，而这播客中可能包括采访、一段音频报道、某位记者的评论、新闻分析，甚至是一则完整的新闻广播。该播客(上传到网络或手机网站)让新闻受众方便地决定何时何地收听记者制作的内容。

记者也可以使用采访中的声音片段，点缀和嵌入到网络版本的文字报道之中，让受众有机会听到比文字报道更详细的评论。通过这种方式，声音给所提供的新闻和信息增添了更多的语境和背景。

在音频幻灯片中，声音也可以与图片一起使用。在视频节目包和新闻报道中，声音扮演着关键角色，提供可信度、场所感以及情绪和基调。好的声音给新闻报道提供了一笔宝贵的财富，但是如果受众听不清楚所说的是什么，或者声音很嘈杂，干扰受众对报道要点的注意的话，那么就会搞砸一段音频或视频。

互联网给广播记者展示作品提供了新的机遇。广播新闻通过电台和电视台现场直播。当天的新闻可能稍后再次播出，就像24小时新闻网那样，但通常不会以同样的方式再次播出。广播新闻充分利用电视和电台的即时性优势。一旦广播新闻报道播出，即使受众发现报道有趣或有见地，他们也没有机会返回再听或再看一遍。有了互联网，广播记者可以利用互联网的优势，把音频报道放到网上，让新闻到达受众。

对于任何新闻，选择将声音放到互联网上的时候，记者必须确定声音的运用是否会让受众获益。仅仅因为记者记录了声音并不意味着声音值得使用。让听众过度费力地去确定音频中所说的内容是什么的时候，这样的声音是无用的，因为声音让受众分心了而不是帮助他们理解新闻，但是如果声音听起来超越了文字报道，给受众一种额外的洞察力，那么就丰富了向受众提供的新闻。

采访高中足球比赛总冠军优秀球员的音频，可能在纸媒或广播报道中迅速地提炼一到两句引语。但是，如果采访提供了深入了解当天促使球员拼搏的原因或对其朋友或家人意味着什么，然后使用较为广泛的音频，就给受众了解和探索更多的关于该运动员以及其独特的比赛经历的机会。

音频报道。音频报道可以采用以下三种形式：

- 音频节目包(audio package)——结合了记者叙述、自然的或周围的声音(如果适用的话)和同期声；
- 播音员播报音频(audio reader)——没有同期声叙述的一则新闻，或播音员或主持人播读作为新闻节目的一部分；
- 音频环绕(audio wrap-around)——作为新闻广播部分的一条新闻，将对于新闻对象的叙述以及一到两句的同期声结合在一起。

其中任何一种都可以对一个新闻事件的报道，进行简要而有效的总结。这三种类型的音频广播报道仍然是电台新闻的骨干,也是很好的写作和组织信息的模板,目的是让信息被听到而不是被读出来。播音员播读的稿件可以短至15秒,音频环绕式报道可能约30秒(取决于同期声的长度),而音频节目包可短至40到45秒,比如通过AP PrimeCuts播发的美联社日常的数条音频,不过音频也可以长达几分钟,如全国公共广播电台播出的一些报道。

为现场新闻事件编写一篇播音员播报稿或音频环绕稿,可以遵循第6章中介绍的"导语—支持材料—总结"这类结构大纲。音频节目包可以按照类似的安排,为了更适合在网络上或电波中播出,也可以做出一些变化。

构架和编写一则音频报道时,应该从一小段同期声开始。同期声通常是广播记者报道节目的基石。记者选择同期声并围绕同期声建构叙事。音频报道可以仅用一到两段同期声,所以同期声必须具备声音的最佳属性:给报道增加可信度,体现基调和/或情绪。同期声必须是明显、简单和简洁的,可以解释行为或发生的新闻事件的重要性。如果太短,如3秒钟,可能表达不出一个完整的意思,因此有可能令受众困惑。如果同期声太长,如30秒,则会显得太过啰嗦,以至于受众难以跟得上。同期声应该强调报道的焦点。例如,米特·罗姆尼宣布竞选2012年共和党总统提名报道中的同期声,说的可能是他的广泛的从商经历:

> 创办和掌管公司23年,掉头投身奥运会,治理一个州,所有这些经历,都有助于塑造我是谁以及我是怎么领导的。
>
> (罗姆尼展开总统竞选,2011)

然而,如果罗姆尼宣布的重点是,他挑战巴拉克·奥巴马总统处理经济的方式,那么同期声谈论的则应该是奥巴马及经济方面的表现。

> 巴拉克·奥巴马 (Barack Obama) 已经失败了。他上台时,美国经济在衰退。他使情况变得更糟,而且他让糟糕的状况持续得更长。
>
> (罗姆尼展开总统竞选,2011)

或者:

> 在奥巴马总统领导下的政府,已经沦落到消耗我们经济的近40%。我们离自由市场经济已经千里之外了。

一旦选择了关键的同期声,记者可以写一则摘要性导语(见第6章),反映罗姆尼针对总统而表达的强硬话语。这种导语不会从节目包开始,但可以作为主持人引入节目包的内容。可能是下面这样:

> 米特·罗姆尼谴责了总统的经济处理能力,并承诺他会做得更好,从而正式启动其竞选共和党总统候选人的提名。

注意如何使用动词"谴责",通过采用罗姆尼的"奥巴马已经让美国失败了"的强调性同期声,帮助建立一种基调。再如"攻击"或"批评"这些词汇，也可以用来集中报道的基调。然后，在电台新闻节目中，这个导语可以由主持人播读出来，或以文字形式呈现在网络音频剪辑节目包之前。

> 在早期民调中，这个男人被认为是共和党候选人领先人物。他正在努力消除第二次参加总统竞选时软弱无力的批评。罗姆尼抓紧一切时间攻击总统。

节目开始可以阐述和扩展导语中的信息，但是不能重复。节目导语之后，记者可以提供一段同期声，强调好战的语气。同期声之后，音频叙述可以继续罗姆尼谈到的他处理经济问题的立场。第二段同期声可以是罗姆尼说他会做得更好(引用导语中的"承诺做得更好")。这则报道结束部分的信息，可以用其他共和党候选人的信息或者2008年罗姆尼竞选共和党提名的背景性信息。

在将同期声组合成音频节目的时候，文字稿撰写者需要确保他/她在同期声出现之前，就已经分辨出那个在句子中讲话的人。像"罗姆尼说"这样不完整的句子，如果紧接着的是同期声，就很容易让受众分心而跟不上报道。

有时可以用一段同期声开启音频节目。例如，哥伦比亚广播公司记者南希·科德斯(Nancy Cordes)运用罗姆尼的同期声"我是米特·罗姆尼。我对美国深信不疑，我竞选美国总统"开始她关于罗姆尼宣告演讲以及在共和党提名竞选中的挑战的报道。哥伦比亚广播公司网站用一句简单的摘要性导语介绍了这则报道：

> 在新罕布什尔州的一个农场，罗姆尼宣布他参与2012年共和党总统候选人提名的意图，南希·科德斯的报道。

主持人引入或抛出科德斯在晚间新闻广播中的报道是：

> 上次他没有成功，现在米特·罗姆尼再次尝试竞选。商人及前马萨诸塞州州长正式开始他的第二次竞选共和党总统候选人提名……
>
> (罗姆尼宣布第二次争取共和党提名，2011)

自然的或周围环境声音也可以作为音频报道的一个很好的开端，因为声音会立即把听者置于行为的场景之中。举个例子，铝制棒球棒击打棒球发出砰的声响，报道中可以提供相关运动及球员的良好的场景环境。北约部队炮击利比亚目标的报道，通常以接二连三的轰炸声音开始。对龙卷风过后的重建工作的报道，会从使用电锯和锤子的声音开始。

乔纳森·柯恩在其著作《声音报道，全国公共广播电台音频新闻与制作指南》(Sound Reporting, The NPR Guide to Audio Journalism and Production)鼓励记者以像视觉记者收集影像那样的方式收集声音："记者需要在不同距离、在各种背景中录制声音。"(Kern, 2008)设想在一场马拉松比赛中，拍摄广角"镜头"反映人们为选手欢呼，然后用特写镜头反映家庭为自家儿女欢呼的情况。

自然声音也可以起到结束或总结新闻报道的作用。就像音乐的尾部，最后一节往往将早前的主题汇集在一起，在音频报道中，自然声音可以起到类似的总结作用。关于灾后重建的报道中包含的声音或表明交通拥堵的报道中汽车喇叭的嘟嘟声，可以在报道结束之时强化报道的基调，向受众告别并提醒其注意报道的对象或重点。

音频片段。另一种运用音频较好的方式是，在网页音频文件报道中插入增加语气或背景，可以是简短的、经过编辑的采访、演讲及新闻事件的同期声，也可以是未删节的新闻事件的呈现。例如，有些新闻机构，如MSNBC(微软全国广播公司)、CNN(美国有线电视新闻网)和CBS(哥伦比亚广播公司)关于罗姆尼或里克·桑托勒姆宣布竞选共和党总统候选人提名的报道，就是较长的专题性报道(3到4分钟)。相比于电视节目包，音频片段让听众听到更多的有关演讲的背景。现在一些新闻机构，会将取自采访中的视频片段(被采访对象头部，俗称为"讲话者的头部特写"镜头)编入自家网站中多媒体部分，这些视频片段往往是从新闻报道的话题中分离出来的。虽然这些是视频，但是其主要特征是音频，是同期声。这些扩展的音频剪辑让受众有机会得到更多的受访者或演说者所讨论话题的背景。

音频幻灯片。音频幻灯片结合了静态图片、同期声、自然声音和旁白声音等视觉报道讲述手段。有时候，如果同期声可以提供解释、细节和背景，那么单用同期声和自然声音可能就足以讲述这则报道。

把音频幻灯片组合到一起，首先是形成一则报道，然后再增添与报道相关的图片。幻灯片文字稿可以如一个音频包那样组合到一起，开头有力且围绕着信息、富有表现力的同期声而建构。不过，音频中添加画面的报道，需要在文字稿中将词汇与画面相联系。撰写文字稿时，脑海中必须有画面。举个例子，2011年6月13日，共和党总统候选人辩论的音频幻灯片，可能有人群反应的内容。这意味着记者应该收集观众反应的声音，人群与人群反应的画面，也是将画面与声音相联系的最佳方式。

叙述者声音。在播客、音频包和音频幻灯片中，记者准确地提供报道的声音。记者呈现确定报道基调和语境的叙述者声音的方式，几乎与词汇及音频同期声差不多。这时候，写作教师忠告声响起："大声朗读"以看看报道是否传达了意义。稿子写得太烂，再用单调的声音播读这则报道，无异于告诉受众：报道平淡、枯燥又无趣。

讲述新闻报道时，记者选择的动词和细节突出了需要强调的信息。需要正确地拼读姓名和术语，否则叙述者/记者表达出的是马虎、漠不关心的口气。在文字稿中做出标记，标明在哪里换气或轻微地停顿以及强调什么词汇，然后多次大声地朗读文字稿，会更好地呈现语气和背景。正如歌手要更好地唱出一首歌得依靠多练习一样，真正的记者在提供新闻报道时亦是如此。而且，正如音乐有不同的强度(或激昂或柔和)，不同的调速、拍子(快、慢、平坦)或节奏(暂停和停止)，这些类似的元素，也有助于一则新闻报道的叙述。

音乐。因为改变基调和语境的音乐(节拍、节奏和强度)元素也适用于音频报道的讲述，添加音乐似乎是给报道增强基调和背景的最简单的办法。电影运用音乐帮助观众获得基调和语境，不过记者需要谨慎使用音乐，因为音乐有可能会掩盖报道的缺陷，还可能带来版权和其他法律/伦理问题，对受众而言，更有可能标志着欺骗和不真实性。

在新闻现场采集的音乐，是很好的增强报道的一种方法，因为这是自然的或周围的声音。不过，使用音乐讲述故事的新闻报道，不同的新闻机构有不同的方法和策略。许多机构不鼓励这么做。

全国新闻摄影师协会(NPPA)举行的月度比赛，强调了良好的音频幻灯片、多媒体项目和视频。一般来说，绝大多数不使用音乐，但是会依赖同期声和自然声音，为报道提供基调和背景。要将音乐用于新闻故事讲述，如果音乐不是在新闻采集中

获得的，音乐的使用必须"非常谨慎且要富有技巧。"

在音频报道、幻灯片或者播客中增加音乐的记者需要确保，他们有权利使用音乐，或者是得到了版权方许可后才使用的。如果报道是关于音乐家及其音乐的，在网络上或电台中播出他们的音乐，得到他们的许可或确认，是避免法律问题的最佳途径。在新闻讲述中，使用受版权保护的材料(见第12章)时，了解合理使用原则的局限性，有助于确定所需的和许可的音乐。

照 片

在谈论静态照片的时候，虽然我们可能都知道"一图胜千言"的说法已经到了泛滥不堪的地步，但是这句话说的是一个基本事实。很简单，相比于言语，图片更能够说明、描述和阐明一个场景、一个人物或一种行动。一幅静态照片可以包含整个故事，或者补充和完善一则文字报道。在记忆关键历史事件时，照片可以作为一个标准(touchstone)，如乔·罗森塔尔拍摄的士兵们在硫磺岛举起美国国旗的标志性照片，或2001年9月11日世界贸易中心双子塔浓烟滚滚的照片。照片也可以为基本的新闻报道提供一种基调和语境，完善文字报道的视角，瞬间凝固的一种情感。2011年1月，牵涉到国会女议员嘉贝丽·吉福兹的亚利桑那州图森乱枪扫射事件，身着天

使翅膀女孩的图片(见第2章),是令人动情的照片中的一个例子。

像声音一样,照片可以独立讲述新闻故事或与其他元素一起增强新闻的故事性。一如声音和文字,要拍摄和制作好的新闻照片,依赖于事实和艺术的结合。但是艺术并不能取代准确性。虽然现在图像处理(Photoshop)提供了无数的机会去巧妙地处理摄影图片,但是这样做违反了新闻摄影与新闻受众之间业已建立的图片是真正在现场拍摄的这种信任感。"我们是值得信赖的来源。"丹佛邮报(Denver Post)摄影助理总编辑蒂姆·拉斯穆森说。他还补充说,"摆拍或粉饰一幅图像使之不真实的摄影师将被解雇。"(Rasmussen, 2010)全国新闻摄影师协会的道德规范明确地表示:记者"不能以任何方式巧妙地处理图像或添加或改变声音而误导观看者或歪曲报道对象"。这意味着记者必须保持照片的内容和背景(NPPA Code of Ethics, 2007)。通过保持背景和内容,摄影记者增强了他/她本人及其组织的可信度。

拉斯穆森还说,一位好的摄影记者要想成为记者和故事讲述者,必须尽可能以最真实的方式来操作。这意味着要对新闻事件相关的背景知识和主题感兴趣,要提前知道事件中所涉及的关键人物,新闻受众希望知道的可能的行动以及重要的结果是什么。因此,记者可以而且应该拍摄的远不只是朋友们在脸谱网上贴出的摆拍快照式的照片。

有时候计划的和表演式(staged)的新闻事件,要想避免老套的拍摄手法,甚至对资深的摄影记者都可能是一种挑战。遵循一些基本规则进行照片构图,提前思考照片在新闻报道中能起什么作用,会有助于拍摄到具有新闻价值的快照。

构图。你使用的相机越灵活(相比于智能手机或傻瓜相机的数码单反相机镜头),会让你有更多的机会去增强新闻图片的艺术性。不过,出色的技术无法挽救糟糕的取景(framed)、糟糕的情境以及失焦图像。智能手机或自动对焦相机可能是你唯一的影像采集设备,但是良好的构图,摄影的基本原则,可以拍摄到切实可行的新闻照片。良好的构图来自于为了影像而练就形成的出色的"眼光"。

为了与受众的交流效果达到最好,一幅画就像一个故事,需要一个焦点。重点或一幅图像的焦点可以是一个人,比如正在发言的某个人。焦点可以是一个动作,比如挑战并完成马拉松比赛的参与者的脚步或正在燃烧的房子。还可以是对正在发生之事的反应,比如在街头路边观看阅兵游行的孩子们的表情。照片焦点中对象的位置,也有助于受众理解其重要性。

你在照片中如何设置焦点,有助于告诉受众这一对象的重要性。画框之内所有视觉元素都会影响对图像的总体的观感。数量、位置、大小、形状、颜色和灯光这些视觉元素,都对照片的焦点有强调作用。

图7.2　焦点是讲述影像故事的关键。在这张照片中，步行离开卡特里娜飓风造成的漩涡的这个男人是焦点

图片：Karena Cawthon，感谢《彭萨科拉新闻杂志》(*Pensacola News Journal*)。

一个镜头中的元素的数量，即镜头是否看上去"正被占用"(busy)，可能产生焦点方面的问题。镜头中是不是能看到很多东西？如果是这样，镜头中可能有太多的"对象"而导致受众注意力的分散。观众的视线会在不同内容上跳来跳去，而不是集中关注一个对象，没有停留在任何一个对象上。焦点的大小或尺寸也可以降低其重要性。如果看起来很小，你就是在提醒观众，这个对象不是很重要。

让拍摄对象更突出的一种方法是接近拍摄的对象，让拍摄对象充满整个画面。不要使用镜头接近，而是用你的脚让身体靠近拍摄的对象。通过接近和增加拍摄对象的大小，可以消除有可能干扰关注焦点的多余的视觉元素。

曾在《纽约时报》、《费城问询报》(*Philadelphia Inquirer*)、《彭萨科拉新闻杂志》(*Pensacola News Journal*)出版过作品的摄影师和摄影记者克瑞娜·卡森(Karena Cawthon)，建议记者关注背景、打光和焦点，从而"把对象隔离开来以便拍得干净"。她说传统的摄影规则仍然适用(Cawthon, 2011)。

另一种传统和基本的摄影方法是三分法，这种方法能够洞察拍摄对象的最佳位置。考虑把照片水平、垂直各做三等分而在照片中画一个井字形。把摄影对象放在线条交叉的4个点上或者沿着4个点放置拍摄对象，那么对象在照片中就处于最佳观赏点。如果你记得这个规则，你就不会受诱惑而把拍摄对象放到照片最中间，拍摄对象处于正中心会减少其影响力。拍摄对象居中会让照片有对称感，但是观者会觉得缺点儿趣味性。

　　前景和背景的关系也在提醒受众重要性。使用明暗对比，帮助区分焦点。不要让拍摄对象渐渐融于背景之中；使用较亮的背景，以突出处于前景中暗处的拍摄对象，反之亦然。可以通过限制景深、延长或缩短受到关注的空间而强调拍摄对象。保持背景模糊而关注前景，即缩短景深，会把人们的注意力吸引到前景中的全部内容上。如果某些背景有助于观众理解拍摄对象，那么就延长景深。通过延长景深，你就在焦点中保持了更多的背景与前景。这有助于观众明白对象之间的关系。

　　拍摄新闻照片首先应该注意选择自然光。要迎光拍摄，不过要小心，因为这种情况下拍摄对象会眯着眼睛看相机。

　　画面中的其他一些视觉元素也可以帮助突出拍摄对象。线条，如地平线，可以"指出"焦点人物。照片中的地平线显示龙卷风对社区景观的破坏，可以"点出"可能是一堆废墟的焦点。在第2章中，水平线的街道，强调了背着天使翅膀站立着的小女孩。竖线可以提供一种力量。你也可以把类似的视觉元素分组而用一种模式显

图7.3　运用三分法安排拍摄对象的照片。在这张照片中，树木和工人都位于交叉点上
图片：Karena Cawthon。

图7.4　在这张照片中，暗处的背景有助于突出穿着浅色衣服的编织篮子的这个焦点，篮子的形状也像一个目标，把视线集中在编织者及其工作上

图片：Karena Cawthon。

示，如观看美国海军蓝天使(Blue Angels)表演队飞行表演，彼此挨着站立的4个人。利用他们在同一组照片中的相似性和邻近性而确立意义。

角度。就像只有一个信息来源的报道一样，只用单一角度拍摄受众感兴趣的新闻事件的照片，难以充分地拍摄到必要的信息。站在人群中拍摄的照片只显示了一种观点，但是从讲台上拍一张照片可以提供另一种视角。有时，不同于常规拍摄，而是从上方或下方拍摄(称为俯拍或仰拍)，可以提供更加引人注目的内容。

随着动作一起移动，或在其前面拍摄，也可以提供一种不同的角度。拍摄时改变视角，你也就给予了受众一种变化了的视角。肯尼思·科布勒(Kenneth Kobre)

在其《新闻摄影，专业人员的方法》(*Photojournalism, the Professionals' Approach*)中指出，避免从众新闻的最佳方法和仅仅成为众多传递相似老照片的方法之一，就是"避免扎堆(the pack)并发现另一个拍摄角度"(Kobre, 2004)。为了实现这个目标，要思考拍摄反应以及动作，并从不同角度准确地拍摄。

全景、中景、近景。拍摄不同类型的镜头——全景、中景、特写——也会为新闻事件提供不同的角度和观点。

广角镜头应该确立场景，往往是所拍新闻事件照片中首先拍摄的类型。报道现场新闻时，比如火灾，广角镜头应该表现出什么东西在燃烧。广角镜头提供了信息和背景。其记录了正在发生的事情。它"允许观众自己在现场中确定位置"。(Kobre, 2004)

在现场新闻报道中，中景镜头让观众与行动更接近，不过提供的仍然是一种中立的观点。例如，如果一个房子着火了，中景镜头拍摄的可能是从某个窗口冒出来的火苗。如果报道演讲，中景镜头可能拍摄的是演说家的头和肩膀。

特写镜头的目的是让观众非常接近行动或参与行动的人。特写镜头应该揭示情

图7.5 海军蓝色天使表演队的这张照片，就利用了水平线和垂直线的交叉点
图片：《彭萨科拉新闻杂志》(*Pensacola News Journal*)。

感、人性化的一面,不过目的是帮助观众了解人员伤亡情况或新闻事件的影响。因此,火灾报道可能涉及一名消防员、旁观者或者家里着火的某人。报道纪念阵亡将士的游行,特写镜头可以是情绪饱满而汗涔涔的军乐队成员或头发花白敬礼的老兵。

有些新闻摄影著作建议到达新闻现场后,赶紧拍照以记载正在发生的事,而不是寻找理想的角度。然后,为了获得"此刻"的照片,应对行动及反应进行预期。为了避免摄像头的晃动,尽管建议最好使用三脚架,但是身体可能是有时间树立的唯一的"三脚架",所以为了避免相机的晃动,应该让举起的手臂接近身体。如果是这种情况,布伦达·威尔德曼(BrendaVeldtman)提供的一个诀窍是,在按下快门之前呼气(DCruze, 2010)。

视 频

像音频一样,在新闻报道中,视频既可以与文字一起使用,也可以单独作为一种新闻报道的形式,如电视新闻报道。采用视频的时候,如果记者依赖的是视频的优势,则效果最好。视频是运动的画面,即描绘动作的影像。视频不是静态的。视频应该涉及人们和行动。如果视频可以显示某事是如何发生的、在哪里发生的或某事是如何起作用的,那么视频就是讲述新闻故事的最佳方式。像所有的新闻报道一

样,视频需要涉及人物,以及他们是如何采取行动的,或他们是如何受到影响的。通过这种方式,视频为新闻报道提供了语境。

如果报道是关于总统竞选启动仪式的,最好使用视频显示宣布启动的时刻、候选人的斗志以及人们对候选人和竞选活动的反应。如果报道是关于曲棍球总冠军争夺赛的,视频应该展示攻入制胜一球后人们的反应,比如为得分球队欢呼的人们以及丢分一方人们皱眉的样子。关于车祸的报道可能不会有车辆相撞的实际视频,但可以从不同角度展示相撞的后果,以及与车祸有关的警察和紧急救援人员的行动。对着火的房子的报道,可以用视频显示正在燃烧的房子怎么样了,以及消防队员如何正在努力扑灭火情。如果视频能展示出行动及反应,效果最佳。

像静态图片一样,视频把受众带到了新闻现场,对新闻事件的报道服务于受众的眼睛和耳朵。这意味着从不同的角度和距离观看新闻事件,让受众感觉到现场及其发生的事情。即使一则报道似乎不具有太多的动作,比如演讲或会议的报道,说话可能是唯一的动作,视频依然可以展示某些方面的动作。举个例子,在第4章和第6章中提到的沃特敦学校委员会的会议,视频可以拍摄的行动包括展示团结的、穿着红色T恤一起走进会议室示威的教师。另一种可拍摄的动作可能是会议主席挥动着木槌维持秩序。视频剪辑特写木槌敲桌子的

镜头，就展示了动作。

演讲报道，视频同期声，俗称"传声头像"(talking heads)，就是将声音与头像放到一起。一段录像同期声使新闻受众通过读取说话人的面部表情，以及听闻他们的声音，有机会获得情感方面的额外信息。表情加上声音提供了与信息有关的深层次的基调。

就如YouTube证明的，任何人都可以拍摄视频并在线发布，但具有和利用好摄像的基本知识，将有助于你提高影像报道的水平，要高于非专业人士拍摄的作品及其贴出来的小猫的视频。静态摄影中对拍摄对象的取景以及留出上部(称为头上空间)和鼻前空间(Noseroom)方面的基本规则，也适用于视频拍摄。建议静态图像摄影师提前预测，然后捕捉某一时刻，这在视频拍摄中证明也同样有用。同样适用的还有需要思考，你希望在这则报道中出现的影像的焦点、元素和人物。

视频景框与静态照片稍微有点不同，由于观看设备，即视频监视器的架法，视频是水平的而不是垂直的。高清电视之前，取景框比是3∶4。想想一个高和宽是3英寸和4英寸的矩形，有点像一个正方形。现在，电视和显示器的宽高比是16∶9。因此，矩形范围宽广了很多。更宽广的景框意味着视频拍摄者需要知道，三分法在视频景框的宽度部分中，如何能提供更多的背景。这意味着电视影像制作者必须确保背景中没有会影响报道对象的元素。

三分法还可以帮助视频拍摄者找到视频焦点的"最有效点"。同样，用水平线和垂直线将视频景框三等分，就像一个井字网格，而"最有效点"就在线条交叉的地方。把拍摄对象置于那些交叉点上，那么对象就处于景框中最佳的空间，从而可以吸引观看者并能保持他们的注意力。

记住，摄像机拍摄动作或运动，摄像机本身应该很少出现动作或运动。摄像机应该是静止的，除非有令人信服的理由或动机，才能移动摄像机。在相机运动中，往往出现下面这三种类型的过度使用和误用情况。

- 摇摄——将相机从左到右或从右到左移动。
- 变焦摄影——从远景到近景或从近景到远景移动相机。
- 俯仰摄——从顶部到底部或从底部到顶部移动相机。

如果摄像机不得不跟随着行动而行动且出了摄像机的景框，那么摇摄和跟摄就是正确的。如果不得不运用摄像机的缩放功能，才能显示在前景中发生的事情与现场或背景中的关系，那么就可以进行缩放拍摄。如果物体即报道的焦点非常垂直，为了展示出高度而一点点地仰摄是合适的。一部"目的明确的"(motivated)相机会充分利用捕捉和跟摄行动的优点。如果让摄像机运动有很好的理由，那么就让它运动，首先从稳定拍摄开始，慢慢移动相机，然后用稳定摄影结束拍摄。不过运用摇摄、变焦摄影或俯仰摄影，则需要足够缓慢，以便让视频的焦点落在报道的对象上，而不是在相机的运动上。

预期某个行动意味着你可以在动作进入景框之前设置你的视频镜头，然后跟随动作，如同动作进入到镜头之中，直到动作移出景框。举个例子，设想在比赛终点线，考虑你在终点线那里怎样将摄像机架设朝着动作的左侧，这样，选手可以从右边"进入"景框，你可以一直跟着选手直到其穿过终点线。这个例子概述了目的明确的摇摄以及对行动的预期，从而最佳地捕捉正在发生的具有新闻价值的内容。

与静态图片一样，使用远景、中景、特写或近景镜头(tight shot)拍摄行动，让记者有机会从不同角度去拍摄。不过，虽然静态照片捕捉到了片刻，即将现实凝固，视频拍摄让记者可以从不同的层面描绘和再现现实，就像一个旁观者为了观看动作，可能会移动到不同的位置那样。

虽然静态照片会从单一角度捕获某个瞬间，视频给记者提供的机会是：把一个场景的不同角度和视点放在一起，让受众能够更加多样化地认识新闻。例如，如果你观看新闻网络上国会听证会的视频，你可能会看到一系列的从不同角度展示证词(testimony)的镜头。可能还有一个特大的广角镜头：坐在拥挤的旁听席、提供证词的全体陪审员和可能要作证的坐在桌边的三、四个人的广角镜头，在讲话的某个人的中景镜头，然后是在麦克风前那个人面部的特写镜头。如此可以显示正在质疑的全体陪审员的远景、中景、特写镜头。

达伦·迪拉克(Darren Durlach)在担任马里兰州巴尔的摩WBFF-TV摄像师时备受赞誉，现在他是《波士顿环球报》高级多媒体制作人，解释了他在新闻实验室(NewsLab)拍摄突发新闻视频时的一段视频，他在拍摄时脑海中就有了影像和声音的安排。"我做的第一件事是拍摄任何时刻、任何发出声音的东西。"然后他说在他脑海中不断重复一句话是确保获得报道中任何必要的内容："近景、中景、远景、行动镜头、反应镜头，抓拍到那个瞬间。"(Potter, 2009)

要确保拍摄了足够的远景、中景、特写镜头的视频，那么在拍摄每一种镜头时都要数到十，然后再尝试做出改变，这样你的视频量才够用。一旦收集到足够的视频，就编辑吧，把一系列的镜头放到一起，在这些镜头中，观众可以明白动作和报道的联系。

拍摄表现同一对象的远景、中景、近景的视频内容，可以组合到一个系列之中。另一种镜头系列可能是动作及反应，比如棒球本垒投手投出一个球，击球手击球取得本垒打和球迷们的欢呼声。这也说明行为的开始、中间和结束的一个系列。镜头系列中也可能包含与活动或行为相关的视频。举个例子，报道美国独立纪念日活动的镜头系列可能包括观看游行的人、欣赏户外音乐会的人、观看烟花的人。

迪拉克对拍摄中声音的评论，强调了明白仅影像本身并不能成为优秀的视频的重要性。在制作视频时，捕捉干净的可以理解的声音与画面一样重要。相对于摄像机的内置麦克风，确保采访的音频可以使用的第一步是，使用可以插入到摄像机的麦克风。依靠内置的麦克风捕捉周围的或自然的声音，并尝试去接近那个声音。使用线式麦克风捕捉采访的声音。如果你的受访者位置没有噪音和风的话，采访中内置的麦克风仍然可以提供良好的音频。

最后，要剪辑几分钟质量较好的视频，得计划投入数个小时的有价值的工作，从报道、拍摄到编辑和制作，尤其是在开始学习拍摄技巧的阶段。从新闻事件的视频中"抓取画面"(frame grabs)并将其转换为静态照片的能力，使得视频和照片的获得都变得更容易了。但是要想得心应手地操作摄录设备，关键是在其最佳的水平上应用它。使用三脚架保持相机稳定或至少练习使用身体支撑相机。在家里练习拍摄对象，这能让你明白在故事讲述中，什么是可行的，什么是不可行的。

拍摄新闻事件中好的照片和视频，需要练习和了解设备的优点和局限性。"你不能四处摸索，"摄影师克瑞娜·卡森说，"你的设备应该是你自己的一种延伸。"

体育报道中的融合实践

体育记者似乎一直在实践着融合新闻，远远早于其他的新闻同行。ESPN的广播和有线电视节目中，经常有很多为报纸、杂志或网站工作的体育记者们的分析和报道。不过，一方面融合新闻在全国体育报道中欣欣向荣，另一方面也使创新进展规模超越了本地化，特别是在高中体育报道方面。

网上对高中体育的报道中，已经拓展采用博客、推特和便携式摄像机现场报道球类运动。斯科特·巴尔博扎、布鲁斯·勒奇和汤姆·莱曼是波士顿地区三位体育记者，说明了这种新一波超本地化体育新闻的报道情况。他们在配备了笔记本电脑、柯达Zi8袖珍摄像机或Flip相机、记事本、智能手机和球队名册后，就提供高中体育的现场比赛情况和新闻专题，还不断更新，报道范围涉及足球、冰球和长曲棍球。

"很多需求被忽视了，"espnboston.com网的巴尔博扎说，"所以我们满足来自基层的需求。"例如，2011年男子曲棍球锦标赛期间，分区比赛的报道，纸媒可能只需200到400字。在网上，博客对每场比赛都进行了现场报道，而赛后报道中包含了视频采访、照片和其他集锦。

巴尔博扎说，高中球员很享受这样的报道，因为"这是他们闪耀的时刻"，对高中的运动员而言，赛后采访中带有一定的"炫酷因素"。巴尔博扎还说，这些采访剪辑在高中校友、朋友以及运动员家庭中也很受欢迎。

汤姆·莱曼说，赛况的纸媒报道和在线报道满足了不同的需求。报纸新闻受几百字的严格的空间限制，"你需要得到全部的5个要素(谁?什么事?在何时? 在哪里?为什么?)……而在线进行报道时，你可以采取不同的角度，而且可以有更多的解释。"莱曼说他使用摄像机拍摄采访以确保准确性，不过也在网上发布采访视频。他补充说，自己已经学会了决定何时该拿出相机拍摄照片或视频，何时依靠笔记本电脑收集事实和信息。

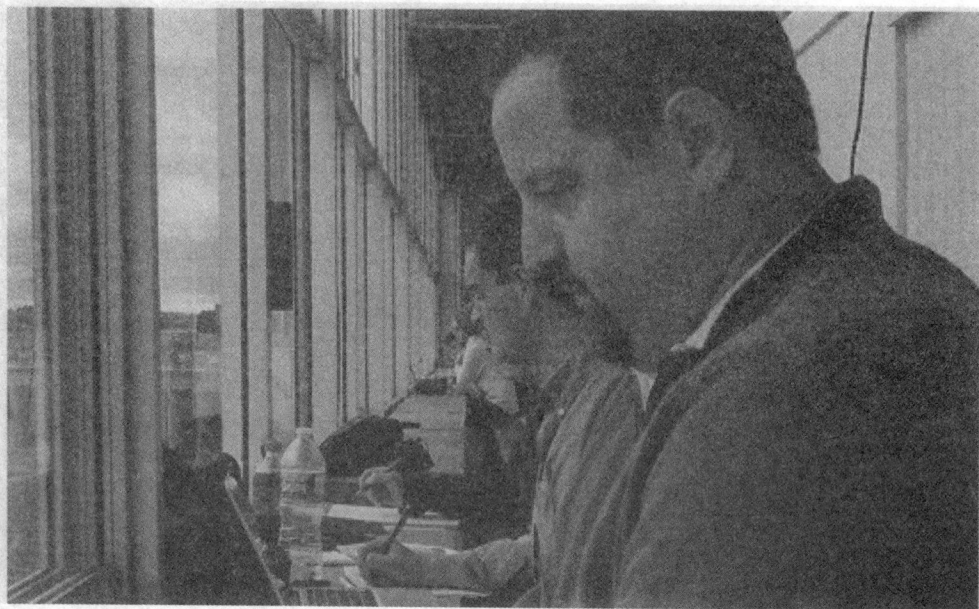

图7.6　在马萨诸塞州高中体育比赛报道中，体育记者布鲁斯·勒奇和汤姆·莱曼使用了多种工具，包括记事本、笔记本电脑、袖珍照相机

勒奇说，在一场高中比赛报道中，他为网络和社交媒体制作了视觉影像，同样地，他也为文字报道撰写了内容。首先，他研读参赛球队和球员的信息。他拍摄赛前视频、比赛中关键动作的视频，接着进行赛后采访。"你需要知道可能会发生什么，"他说，"在去那里之前，知道要寻找的是什么，在想要的东西出现的时候，你已经准备好要拍摄了。"

比赛之前，勒奇会拍摄一些人群镜头，或者围绕曲棍球场在该领域拍摄一些标志镜头，这些镜头用于视频中镜头系列之间的过渡。他还会一直拍摄在场地上跑来跑去的球队或进入比赛区域的队员。"头号关键是有能力在同一时间做多件事情。"勒奇说。有了这项运动和球队的背景知识，他说让他"对于比赛如何进行会有一种很好的感觉"。

巴尔博扎指出，他花了很多时间试错后，才能惬意地运用文字、影像和社交媒体进行体育报道。他说他总是在问："什么时候报道会采用完整的影像文本？在演唱会报道中，效果如何，可

以扩展到其他媒体吗？"

2011年马萨诸塞州州际(Inter)学校体育协会曲棍球锦标赛期间，巴尔博扎和勒奇都用博客对分区比赛做了现场报道，同时用记事本定期写下有关球员和关键比赛环节方面的信息。巴尔博扎有两台笔记本电脑，用其中一台下载第一个分区冠军的赛后采访，而在另一台电脑上进行实时博客报道(Live Blogging)。

图7.7　在高校曲棍球锦标赛报道中，斯科特·巴尔博扎使用两台笔记本电脑，一台进行实时博客报道，另一台用于下载和编辑视频

虽然巴尔博扎在用影像、文字和社交媒体报道时已经很得心应手了，他还是建议要避免战线拉得太长。首先，他说不要每隔几分钟就发送一条微博，而是要发送有新闻价值的、令人感兴趣的微博。其次，明白自己的局限并在比赛或活动之前就把物资问题解决了。他说

这意味着要备有额外的电池，还要注意电源线盒。最后，要明白推特涉及双向对话。"推特不仅仅是关于你的。"他说。巴尔博扎解释说，虽然报道一个州的高中曲棍球冠军赛，推特上关于某位球员叔叔的健康状况，改变了比赛报道的性质。莱曼还提供了另外两个秘诀：

了解报道对象的领域，比如所报道项目的游戏规则，以及了解你的设备。

勒奇表示，多亏有了推特，让他在网上或报纸上互动的新闻受众呈现爆炸式增长。他说，观众在推特上关注他报道的每一场曲棍球和冰球比赛。他运用推特进行链接并获得关于比赛的评论。他说，如今的体育报道"远不止带着一个本子和一支笔出现在比赛场地了"。

小结

照片、视频和音频可以让受众全方位地了解新闻，还能超越简单的文字层面所表达的情感。这些元素可以为报道及其语境提供一种感觉或基调。基调和语境是新闻故事讲述中的附加值。

第8章

日常报道的包装

新技术给记者们提供了经常在新闻发生之时，以更快、更短的方式发布新闻的种种片段的机会。这使得受众有机会在报道了这些新闻的同时就体验了新闻。不过，记者有能力且身负责任：为了新闻受众而把这些碎片化的新闻，组合成一种有凝聚力的叙述。多年来，报纸形成了在版面中最佳地呈现叙述的技术和风格的新闻文章。然后，当电台出现的时候，在电台工作的记者得出了讲述当天新闻这种适合电台媒介的有效的方式，称为广播简讯报道。电视记者和如今网上的记者也做了相同的事情。尽管我们生活在每天24小时/每周7天的世界，新闻运营仍然应该是记录当天重要的新闻事件。许多新闻消费者依然看重每日纪事(daily chronicle)的价值。

虽然记者一直重视收集信息，然后重新发布信息的能力，但是他们也需要将信息进行合成、连接并以受众可以理解的方式提供给受众。记者可以收集新信息并警醒人们，不过他们还可以筛选、整合信息，然后以人们能够明白和理解其重要性的方式将信息组合在一起。新闻简讯报道旨在对重要事件进行综合。

然而，制作关于新闻事件的单篇的、最终报道的思想，被批评为有点不合时宜，因为受众争先恐后地涌向推特、脸谱网和谷歌新闻等新闻聚合器以各种手段发送最新的信息，而放弃了报纸、新闻杂志和电视新闻这些理应播发各种简讯式报道或文章。批评部分地集中在日常报道的简讯，已经成为公式化的，并且是记者们认为最重要的而不是受众所能找到的最重要的内容。"我们需要运用专业知识——没有偏见或世界观——来帮助受众找到行进的起点，而这些起点是围绕着对受众而言重要的内容"(Marsh, 2009)。要做到这一点，记者需要确保他们的报道包括了各种专家的观点。在很多时候，报道的风格不是问题的根源，而是未能使之适应满足新闻受众的新闻需求。

简讯式报道仍然是服务新闻受众的一种重要手段，但是关于新闻报道或文章命运的争论(参见"报道已死，报道永存")强调了实践融合新闻的必要性，以便牢记以受众为中心、报道驱动、工具中立及专业性。现在我们清楚一则报道中可以采用什么样的静态照片、音频、视频和图形，把它们组合到印刷版的一篇新闻文章、一个音频包、在线展示的文字和图片、音频幻灯片或视频简讯报道中，从而具有更好的机会去帮助受众了解新闻报道的不同方面，也给受众机会去确定新闻是如何同他们有关。如今，在不同的媒体中，都比以往任何时候更加容易收集到报道素材，记者必须更加善于把这些素材组合到各种新闻报道之中。

报道已死，报道永存

新闻文章或新闻合成报道服务了一代又一代的记者及其受众，但是推特作为一种即时新闻报道和发布工具的兴起，引起了2011年5月底和6月初对其前途的大量的争论(在推特、脸谱网和博客中)。纽约城市大学的新闻学教授和多产的博客和"推特人"杰夫·贾维斯(Jeff Jarvis)，他在其buzzmachine.com的博客中认为，"文章不是新闻的目标，而是作为这个过程中价值增值的奢侈品或一种副产品"而引发了激烈讨论(Jarvis, 2011)。他引用了埃及"阿拉伯之春"骚乱期间推特报道工作以及《纽约时报》布莱恩·史特勒(Brian Stelter)在密苏里州乔普林做的关于龙卷风是如何快速刮起的、最新的、目击者式的报道，在数字新闻时代，这样的报道可能是一种更好地呈现很多、但并非新闻的全部的方式。贾维斯说，"文章很漂亮，但不再是每个新闻事件的必须品。"(Jarvis, 2011)

在贾维斯帖子的随后的评论中，很多人同意他言论的前提：文章不再是发布新闻的唯一形式，但是新闻文章仍然是一种有用的和可取的形式。"知道是怎么回事和了解正在发生的事情之间有着很大的差别，"一位评论者在帖子中补充指出，记者将成为"信息洪流部分的指引"。新闻文章或报道帮助提供那些指引。科技博客网络——GigaOM网的马修·英格拉姆(Matthew Ingram)在其回应的帖子中指出，推特者的帖子不会取代新闻文章。相反，他认为记者需要为首先发出的推特信息提供背景和意义(Ingram, 2011)。

其中，南卡罗来纳大学融合新闻学教授道格·费舍尔(Doug Fisher)指出，当前短而快的新闻以及有深度且相互联系的新闻的勃兴，重新让编辑部的老观念得以复苏，编辑部把现场报道的(现在经常通过推特和社交媒体)碎片化信息，为那些需要这些信息的人组合成有凝聚力的报道。他指出，人们需要报道是为了理解事件。"与其说新闻是最初的消息，"他写到，"不如说是以任何方式让它具有意义。(费舍尔，2011)"这可能指的是日常总结性的文章或合成报道。

Sulia是挑选和收集内行的新闻和信息(来自网络和社交媒体)以满足

客户兴趣的一家公司，其首席执行官乔纳森·格里克(Jonathan Glick)指出，"新闻和分析正在分开"(Glick, 2011)。他写到，移动技术正在产生这种分离。新闻会走一条道路，进入到可扫描(scannable)的更新洪流之中，对于撰稿人而言，分析则走向一种新的长篇业务模式(Glick, 2011)。

2009年，英国新闻教育家和前英国广播公司(BBC)编辑凯文·马什(Kevin Marsh)在"新闻业的未来"研讨会上表示，每天严格遵循新闻文章或合成性的新闻报道，对于移动和数字技术世界而言，限制性太多了。报道应该回归到有用上来，并为挖掘新信息的记者所用。我们需要习惯的理念是，没有什么是最终的版本(Marsh, 2009)。

不过，记者也可能需要习惯这种理念，即他们要能够制作各种形式的新闻而满足多种多样的新闻受众的需求。担任加利福尼亚州奥克兰的记者和媒体顾问的艾米·嘉伦(Amy Gahran)指出，传统新闻文章的风格似乎是低效的，因为这些文章"费工，而且它们涉及大量的无用之物"，幸亏有时间和空间的限制。她提倡记者打破"报道"思维，努力更加经常性地将新闻受众与更好的语境相联系(Gahran, 2011)。

这场关于新闻文章风格的辩论强调，不同需求的利基新闻受众存在不同的消费行为和偏好。newsbound.com网的创始人乔希·卡尔文(Josh Kalven)写到，newsbound.com是一个数字新闻服务网，旨在"让新闻慢下来并跟上技术发展速度"。他补充到，"现在可以以多种不同的风格为消费者服务。"

新闻文章是一种可靠的形式，不过以受众为中心的、工具中立的和报道驱动的，即融合新闻实践，可以采用不同形式混合的方式。

从某种意义上说，融合记者必须扩展其包装新闻的概念，并且不要把"包装"一词看成是负面的内涵，即只是"销售"新闻的一种方式。几个世纪以来，包装新闻以吸引受众的注意力一直是新闻的一部分，从城镇叫卖的小贩到黑体字标题和新闻部分，到"突发新闻"的主题音乐。包装新闻将之组织成吸引并告知受众的方式一直是新闻史的一部分。日常印刷的新闻报道、系列性的报道、电台简讯、电视记者合成报道和新闻杂志(印刷版的和广播的)的报道都是这种方式的代表，即以吸引和告知为目的而将新闻组合在一起。数字和网络技术放开了更多的新闻讲述的方法。记者有机会使用多种形式的媒介和多种风格的报道包装形式。

本章将研究多种媒体形式的新闻报道，在报纸、广播、电视和网络中，把各种形式组合到报道中可以取得很好的效果。印刷文章虽然属于技术含量低的方法，但是却富有深度地提供了细微的差别和观点。广播合成报道表明解说、声音和音频文件可以协同起作用。视频合成报道将解说、语音、声音、图形和视觉/图像转入到一个有凝聚力的报道之中。在提供一则报道时，音频幻灯片会将一系列静止图像、声音、语音，有时候还包括解说汇集到一起。

如今，技术允许对所有这些形式进行组合，实践融合新闻的记者在快速地提供以受众为中心、报道驱动的和专业性的新闻时，需要比以往更多地协调所拥有的素材。仅仅因为某个记者能够把各种多媒体元素组合在一起，并不意味着每一则报道他/她都应该这么做。不过，清楚可以向受众发送不同的报道元素以及诸种合成手段，可以帮助记者确定采用最好的方式展示这一新闻。就如新闻学教授和博客作者阿尔弗雷德·埃米达(Alfred Hermida)指出的，在线媒体的组合，应该提供的是"互补的而不是多余的"信息(Hermida, 2008)。了解每一种媒介形式在报道中的优点，融合记者可以更好地提供用多媒体展示的新闻。

印刷的或文字报道

在城市和小镇官员及环保人士在州议会的集会和听证会上，马萨诸塞州议员被敦促对已达30年的《瓶子法》(Bottle Bill)进行更新，该法案对瓶装水和其他非碳酸饮料每瓶都收取5分钱押金。然而，杂货店代表坚持认为，拟议的更新不会省钱或者有利于环境。

支持扩大瓶装水、茶饮料、运动饮料和果汁押金的人士说，目前80%收了押金的瓶子都得到了回收，不过，只有不到30%的瓶子没有回收。他们指出，Mass INC.最近的一次民意测验发现，77%的人支持扩大《瓶子法案》。大约200个城市和城镇已通过决议，呼吁扩大《瓶子法案》。

市政府官员之一，萨勒姆市长苏珊·德里斯科尔(Susan Driscoll)在州议院集会上说，扩大《瓶子法案》意味着扩大回收，他还补充道，"回收意味着更少的垃圾，更多的资金用于小城市和城镇以及公园的清洁。"

《瓶子法案》立法的主要提案人——州代表爱丽丝·K.沃尔夫(Alice K. Wolf)，告诉电信委员会、公用事业和能源局，她提出的法案"代表着真正地帮助我们的社区和我们的环境，因为法案意味着削减垃圾捡拾的成本，减少垃圾，而且能促进当地回收中心的发展"。

然而，反对《瓶子法案》扩张的人士估计，每年运营成本相当于5 800万美元，这是杂货商和食品零售商负担不起的成本。马萨诸塞州食品协会主席克里斯托弗·弗林(Christopher Flynn)说，《瓶子法案》提议的各种不同类型的瓶子，会在反向回收自动售货机方面产生一片混乱，这是食品零售商不得不清理和支付的一个烂摊子。

弗林告诉立法委员会，鼓励更多的蓝色便利回收柜子以及在公共场所放置更多的回收箱，会比增加瓶子押金更有效。"事实是，《瓶子法案》成本太高，而所起的作用太小，我们有另一个系统，"他说，"我们不需要贿赂人们做正确的事情。"他谈及押金计划时说。"我们需要教育人们，并为他们提供所需要的工具。"

环境保护部门在缅因州、新罕布什尔州、纽约州和康涅狄格州关于瓶子回收情况的初步调查结果，质疑了扩大押金计划是不明智的和代价高昂的做法的结论。

环境保护部专员肯尼斯·凯米尔(Kenneth Kimmell)作证说，调查发现，无须提高运营成本，反向自动售货机可以处理大多数不到3升的瓶子。凯米尔补充说，扩大瓶子法案将每年为城镇节省垃圾回收成本至少达600万美元。"押金证明是可行的，"他说，"已经被证明增加了回收率以及公共场所的垃圾有所减少。"

然而，研究回收工作的北桥环境管理顾问凯文·戴特利(Kevin Dietly)说，调查信息可能具有欺骗性。"押金制度造假横行，扩大押金制度造假同样横行。"他说。他也主张，增加路边回收箱可能是一种更好的选择。

瓶子法案的支持者都在拭目以待2012年投票倡议在立法机关中是否会通过扩大《瓶子法案》。在过去十年中，多个《瓶子法案》的措施都未能获得通过。

印刷文章

最好的每日新闻合成报道结合了很好的报告(信息、引语、来源)、良好的思维(组织、背景、决策)和出色的写作(条理、基调)。在一个多世纪的新闻工作中，日常的报纸报道把信息来源、背景和基调一起放到500个左右词汇的篇幅之中，是一种代表性的模板。这种组织结构允许受众选择自己希望的节奏关注报道的内容。读者可以快速扫描或回头再重新审视要点。

如前所述，在印刷报道中可以提供更多的细微差别，因为它可以包括出自多个来源的引语，还有观点异同方面更多的细节。它允许更多的分析和更文学化的叙事。在这些方面，印刷文章的作者/生产者可以自己发挥，并以一种创造性的表达方式撰写一则新闻报道。

然而，印刷报道的作者需要同诱惑作战，这种诱惑就是太过陷入写作和叙述以至于忘记了新闻报道的主要目标：最佳地告知受众。例如，报纸上关于网球比赛的一则报道，开头几个段落都在描述比赛的紧张感，但从来没有提到谁赢了，直到第八段向下，显示出作者认为每个人都知道谁赢了，或者不认为报道谁赢了，对于受众而言是非常重要的信息。虽然报道中记者展示了以故事驱动的思维，但是她没有想到自己的受众。

文字报道还可以含有描述和场景设定，但在这么做的时候，两者都应有所限制。将受众置于现场的时候，声音、照片和视频往往效果更好，这些材料能够给受众提供更加身临其境的感觉：发生了什么事情以及人们的感受如何。报纸或杂志可以提供一则报道的文字和图片，只不过受限于分配给这则报道的空间。相同报道的网络版本不太受空间限制，允许有更多的照片和媒介形式。

关键是不要把新闻故事的讲述限制为只用一种形式，而是要了解如何把其他媒体运用起来。在选择媒介时，记者应该思考传达信息和告知受众的最佳方式。

虽然其他媒体在提供特定类型的信息时可以优于文字，但是文字或印刷的报道是最容易放在一起的，在制作日常的新闻报道中，这也是一种很有价值的"退路"(fallback position)。如果采访录音的音频质量很糟糕，或者拍的照片有点模糊或没有对焦，或者如果你拍摄的视频太暗了，只要你好好地记了笔记，你仍然可以制作出一篇文字报道。仅仅因为你收集了照片、视频和音频，并不意味着为了受众，你必须把它们都运用到一篇新闻报道中去。如果照片、视频或音频没有增加或提高人们对报道的认识和参与感，那么记者有权决定不使用这些素材。

然而，通过提供细节和语境，文字可以随时增加或完善网络上呈现的一段视频、音频或照片。这就是为什么照片标题和文字介绍效果这么好的原因。无论是与影像一起还是或单独使用，在把新闻传递给受众的时候，文字的或印刷的日常新闻综合性报道，一直作为一种标准且风格多样的形式而存在。

虽然我们把印刷文章作为探究日常综合性报道起步，在第2章中提到一则报道的8个元素，在第4章和第6章提到了一则新闻报道基本的组织大纲，仍然是综合性新闻报道的核心。无论所撰写的是为印刷、电台、电视或网络所用，即便是动笔之前，都要牢记以下4点建议。

这则报道是为了讲述故事的。为了清楚你要写的报道，确保你有背景知识并收集了足够的信息。

• 确认关键人物、观点和来源。确保你从必要的人们那里收集到了信息，为的是保证报道的公平和准确。

- 确认所说的最有趣的、富有洞察力的或有意义的信息。这些应该确定为引语/同期声。
- 确定什么是有新闻价值的。报道要聚焦于有新闻价值的信息。

为了了解报纸的典型综合性文章把新闻事件组合一起的感觉，检查前面有关州众议院听证会和集会中提出要求扩大马萨诸塞瓶装水和运动饮料瓶子押金计划的《瓶子法案》的报道。该报道可作为如何把内容组织成一篇报纸报道的例子。注意来源要有全面详细的名称和头衔，使用部分的和完整的引语，如归属的放置。

音频节目

显而易见的是，如果记者收集了有趣的引语/同期声和自然声音，同时可以将所发生的事情构成新闻，了解人们对该新闻的反应及如何解释它，那么一则音频简讯报道或电视简讯报道效果最好。通过将收集到的元素进行组合，记者可以在稿件中注入最能吸引和告知受众的基调和语境。

在制作一则音频报道时，记者必须发挥音频的优势。他们必须专注于声音能够传达给受众而其他媒介传达不了的内容。最重要的是，声音可以将听者带入报道之中，给予受众新闻正在发生的场所感；还可以向听者提供真正的人的声音，所以音频增加了真实感和现实感。如第7章中所述，声音可以给新闻提供基调和情感。

有些报道似乎纯由音频构成。考虑一下包括音乐或独特的声音的任何报道。单纯的文字和图片都不能捕捉到耳朵所听到的东西。虽然视频可以捕捉音频的体验，但是受众对视频要求的不仅仅是好的声音，他们还期望视觉方面的体验。然而，有时一则电台的报道，因为其缺乏视觉效果，反而可以为报道提供一种互动感，因为这样的报道不是向受众展示画面，而是让听众自己在头脑中想象画面。这就解释了为什么有些人宁愿通过收音机收听棒球比赛，而不是在电视上观看比赛。音频报道可以给人更多的交谈的印象，而交谈可以让听众自己有解释的余地。音频可以将听众吸引到报道之中。

当视觉元素有限或缺乏活力时，音频报道也可以在新闻故事讲述中发挥作用。设想一次拼字比赛，其中的视觉效果可以重复出现：一位参赛者孤零零地站在麦克风前，听到一个单词，然后把它拼写出来。出色的摄像师已经学会制作拼字比赛的视觉报道：充分地从广角、中景、近景拍摄有限的行动。但是，大部分拼字比赛的戏剧性就在于声音，所以充分地利用声音应该是这种新闻报道的主要手段。是声音而不是视觉，提供了捕捉人物和戏剧性的最佳机会。

有了音频，"少即是多"的概念真正发挥了作用。制作一则音频报道，需要选择最好的同期声、最清晰的信息和最简单的描述，因为新闻报道叙述者有且只有一次机会去俘获和告知受众。如果某事是令人困惑的、复杂的或混乱的，那么听众往往不能或不愿回去重听音频报道。听众也不会想听重复性信息或没有多大意义的连续的同期声。同期声将人们带入新闻报道，但很少有听众会坚持收听围绕一方连续不断的片面的谈话。作为全国公共广播电台音频节目报道，如果报道的信息能打动、告知同时还能吸引到听众的话，听众就会收听时长超过3分钟的较长的报道。

甚至看似常规的新闻报道，如2011年7月关于国家债务上限的断断续续谈判内容，可以组合到一则音频简讯报道中，既能够迷住听众，又能够启发他们，同时还能推进报道，提供最新的见解。

例如，星期五赤字削减计划会谈破裂后，2011年7月22日当天下午晚些时候，美国总统巴拉克·奥巴马和众议院议长约翰·博纳(John Boehner)都在仓促召开的新闻发布会上发表了意见。在两次新闻发布会期间，通过推特、互联网、电视和电台的实时报道，为受众提供了即时的信息。音频报道中"他说/他说"的连续指责可以很容易地表明哪一方应该为出现的越来越多的阻碍负责，包括谈判如何破裂及其带来的影响，其可以为传声头像(talking heads)的报道增加神韵和语境。

艰难的犯罪报道，如拍摄2011年7月22日在挪威发生的大屠杀，还可以捕捉代表了幸存者和遇难者家属痛苦的语调。因为音频报道可以在不构成侵害性的情况下

图 8.1　2011年8月，众议院议长约翰·博纳和美国总统奥巴马就预算赤字谈判问题，交换了尖锐的意见，为音频报道提供了大量的素材

照片：Getty Images。

给受众一种悲剧感，所以没有利用视觉影像。即使摄像记者尽力确保呈现的图形图像仅作为解释恐怖情形程度的一种手段，摄像机提供的视觉效果有时还是会出现侵害性。

在编写一则音频简讯报道时，记者需要选择最佳的同期声来解释这则报道以及最好的声音来传递基调和语境。当国会和白宫未能就国家的债务上限达成一致行动，几乎导致政府关门，与最后期限越来越近之时，政客们都突出了他们的措辞和严厉性。同期声应该反映这种语气。

2011年7月22日，许多记者选择了奥巴马总统这一小段话作为当天简讯的报道："我多次被置于祭坛之上。我认为共和党要问自己的一个问题是：'他们能答应什么事呢？'"这句声明是2011年7月23日全国公共广播电台星期六周末版(Weekend Edition)简讯报道中的导语性引语，这也是音频简讯报道其中一例。

2011年7月22日，在评论谈判破裂时，众议院议长约翰·博纳的同期声指出，"谈判期间，白宫移动了目标线"，"与白宫打交道就像对付一碗吉露果子冻。"这些话语也反映了未能达成共识出现的挫折之感。

这些言语提供了建立新闻报道基调所需的材料。记者从发布会中收集了奥巴马和博纳关于谈判中的提议以及否决提议的详细信息。然后，记者寻求不带有政治家的修辞和吹嘘而又能够为此新闻提供语境

和信息的专家的见解：对于普通美国人而言，所有这一切意味着什么。关键的同期声为音频报道提供了材料。

在这则报道中，自然的声音将观众带到了新闻中没有的现场感，因为不允许记者参与所有的讨论。声音可以带给一则新闻报道无法运用的"你在那里"的因素。然而，记者为受众撰写新闻报道的脚本或叙述，承担着决定报道基调的至关重要的作用。记者可以传达同期声中不满的言论或采取更多措施的意思。在其音频报道中，全国公共广播电台的斯科特·霍斯利(Scott Horsley)从不偏不倚的解释开始："奥巴马总统一直在私下与众议院议长约翰·博纳时断时续地探讨减少政府长期赤字的措施。谈判起起伏伏……"他的报道透露了基调，同时列举了在谈判桌上业已讨论的内容。关于同期声、自然的声音和叙述语气的选择，同样适用于组建一篇可能反映社区"生活片段"的专题报道。例如，关于一个无家可归的男人在一家咖啡店演奏钢琴的报道，可能探讨音乐如何为这个人以及那些光顾咖啡店的人们的生活增色的。这则报道应该有以下要素：

- 男人弹钢琴的声音(足够清晰以至于任何人都能够确定正在弹奏的曲子)；
- 那个男人谈论他演奏的曲子以及这对于他意味着什么的同期声；
- 咖啡店的老板或经理谈论的音乐对于生意的影响以及为什么允许那个男人在店里弹琴的同期声；

- 顾客谈论演奏的音乐的同期声;
- 人们欣赏音乐的音频;
- 关于咖啡店生意的自然声音的(叮当响的杯子、勺子搅拌声、咖啡机的声音)音频;
- 流浪汉生活的街头的音频。

有了这些元素,记者需要确定这则报道的重点,即他/她认为听过这则报道后,受众应该记住的内容。自然或环境声把受众带入到了咖啡馆场景之中。同期声增强了报道的真实性和情感/戏剧性。记者的叙述需要带领受众从一个要点转到下一个要点,运用自然声音和同期声来突出或强调叙述中提供的信息。

为了了解如何将新闻事件的音频简讯报道素材如何组合一起,可以参看马萨诸塞州计划扩大《瓶子法案》,即要求瓶装水和运动饮料瓶交付押金,对州议会的听证会和集会做的广播简讯报道的稿件。

广播或音频报道

主持人导语:

对所有饮料的塑料瓶都要收取押金的扩大《瓶子法案》的支持者和反对者,在州议院前集会,都竭力证明自己是正确的。支持者认为,环境以及经济利益两方面都需要对时长30年之久的法律做更新,而反对者们特别是食品零售商认为,法案扩展不仅代价高昂而且也没有必要。珍妮特·柯罗茨报道。

简讯报道从此处开始

——自然声简讯报道/插入反向自动售货机嘎吱声——

(记者声轨/叙述)

每年马萨诸塞州全部瓶子中,收了5分钱押金的瓶子,大约有80%得到了回收。但是当说到水、运动饮料、茶和其他非碳酸饮料的塑料瓶时,根据环境保护的部门报告,只有30%~40%得到了回收。支持对《瓶子法案》做出更新的萨勒姆市长金伯利·德里斯科尔说,现在是时候改变这种状况了。

——简讯——声轨:09秒

"我认为这非常简单。回收意味着垃圾更少了,可以为小城市和城镇提供的资金更多了,公园也会更干净了。"

(记者声轨/叙述)

塞勒姆市德里斯科尔镇,是马萨诸塞州近200个城市中支持扩展《瓶子法案》立法的城市之一。要求所有瓶装水和其他非碳酸饮料容器每瓶都要交5分钱押金,还要建立一个清洁环境的基金。

国家环境保护主管肯·凯米尔告诉立法者,扩大押金将每年为城镇节省至少600万美元。

这笔节省费用来自于马萨诸塞州无须每年清理的估计多达150万个各种饮

料瓶子，不过这些瓶子很少得到回收。

——简讯——声轨：07秒

"已经证明押金起作用了。已经证明押金提高了回收率，公共场所垃圾也减少了。"

(记者声轨/叙述)

但麻省食品协会的克里斯托弗·弗林说，要求水和运动饮料瓶的押金根本不是答案所在。他说，大多数社区路边垃圾箱的使用，可以达到效果。

——简讯——声轨：05秒

"事实是，《瓶子法案》的成本太高了，而效果又太小。"

——自然声简讯报道/回收箱嘎吱声——

(声轨)

是否将这些反向自动售货机用于回收更多的瓶子的决定，将会由一个联合立法委员会做出。是否应该推进瓶子法案的决定必须通过大会最终的表决。

WEBJ电台珍妮特·柯罗茨发自州议会的报道

音频幻灯片

在线音频幻灯片已经成为新闻报道中最有趣的新形式之一。音频幻灯片把自然声和同期声与一系列静止图像结合起来。如果做得好，这种形式不仅仅将音频和静止图像混搭在一起。

前BBC制作人兼鸭兔(duckrabbit)数字和广播制作公司联合创始人本杰明·切斯特顿(Benjamin Chesterton)说，音频/照片组合给受众一个机会，思考把"伟大的音频纪录片和伟大的静态图像"组合到一起(Marsh, 2010)。音频记录和良好的静态画面，允许受众稍停并思量报道。音频幻灯片会让观众有所思考。鲁本·斯特恩(Reuben Stern)在密苏里大学撰写实践融合新闻的文章中指出，音频幻灯片"可以仅仅提取一个事件或故事中的关键时刻，然

后呈现事件的每一个瞬间。"静态照片捕捉或凝结讲述的瞬间，而声音"向受众传输图片中描述的时间和地点"(Stern, n.d.)。

依靠音频的强度(把受众置于现场，呈现语气和语境)和静止图像(及时捕捉那一刻精彩的瞬间感觉)的优势，音频幻灯片需要充分利用在线平台报道新闻的优势。不过，音频幻灯片需要声音和照片两个元素强化报道的讲述。伟大的图片无法克服糟糕的音频(内容或声音质量)，伟大的音频也弥补不了糟糕的视觉效果。音频必须与图像联系起来，解释和推动报道。

乔·魏斯(Joe Weiss)创造了被众多媒体用于制作幻灯片的应用工具——有声幻灯(Soundslides)，其在接受Poynter.org采访时表示，在制作幻灯片时，新闻摄影和音频新闻都不是最重要的。"总的来说，高于一切的最重要的事情，是最终你的报道以

及在计算机这一头的你与计算机那一头的人们交流的效果如何"(Walters, 2007)。

与最好地展示了行动和运动效果的视频不同，因为从一幅图像移动到下一幅图像的过程，幻灯片让每个图像停止片刻，足以让受众审视、思考和记住每一个片刻。然而，像视频一样，音频幻灯片要求记者叙述报道的情节，考虑图像的顺序或序列、图像播放的速度与节奏，考虑图像传递的受众体验。在这个意义上，音频幻灯片就作为视频简讯报道中，一种可靠地介绍复杂程度更高的分层设色文字、画面和声音要求的手段。

可能会出现音频幻灯片更适合于呈现新闻专题报道，而不是直截了当的新闻事件的报道，因为它可以让受众去思考。一个新闻事件的报道，通常旨在告诉受众发生了什么以及是如何发生的。然而，每年奖励最佳新闻视频和摄影的全国新闻摄影师协会，接受音频幻灯片是"清晰地讲述一个故事"的消息、专题、体育和自然灾害的条目……这里的重点是音频可以为伟大的消息、体育和专题照片报道提供额外的细节"(The Best of Photojournalism, 2011)。

音频幻灯片旨在洞察人们及他们所做的事情。音频幻灯片要求通过出色的采访和报告得到一则有趣的音频报道，以及通过有趣而好看的视觉效果获得一份引人注目的影像报道。有人引用前Boston.com编辑大卫·比尔德(David Beard)的说法，一个伟大的幻灯片具备以下三种要素：出色的图像、独特的声音和节奏(Tompkins, 2009)。

音频幻灯片形式的报道不一定适合每一个故事。虽然这一章给出了讲述同一故事时的不同的简讯形式，但是用音频幻灯片报道马萨诸塞州努力扩大瓶子法案这个故事，就不太适合，原因有以下几点。

(1) 缺乏强有力的视觉效果。如果静态图片抓拍到了关键时刻人们的反应和情绪，那么音频幻灯片的影像效果最好。立法听证会提供了发表证词者的照片(如近20位立法者挤在一个麦克风周围展示他们的支持，或在麦克风前有各种各样的人)，立法者倾听证词和听证会现场的一个广角镜头。听证会前的一次集会再次特写麦克风前的演讲者，身后有支持立法标志的聚集的抗议者以及一个7英尺高的瓶子"吉祥物"的照片。也可以运用人们回收瓶子或者丢弃未回收的瓶子的照片。然而，照片能够提供的情感和见解这两个属性，在这个新闻事件的影像中，并不是那么显而易见。

(2) 缺乏令人信服的音频叙述。这个音频幻灯片中的同期声，来自立法听证会中涉及支持立法所用的事实和数据或反对立法的解释。虽然这些同期声重要且有用，但是缺乏会让人们信服的个人情绪。来自集会和垃圾回收压实工具的自然声音可以设置场景，但是自然声音是有限的。

图8.2 关于马萨诸塞州更改《瓶子法案》听证会前一天的抗议，捕捉优质的音频、视频以及静态照片，音频和影像可能是传播这场活动的新闻的最好的工具

照片：Jonathan Satriale。

图8.3 反对和支持改变马萨诸塞州《瓶子法案》的证词，提供不了各种形式的形象或动作，从这个角度而言，文字和音频可能是传播这个新闻事件的最好的工具

照片：Jonathan Satriale。

视频节目

电视记者制作综合性节目，已经发展成为让受众在相对较短的时间内消化新闻的最有效的方法之一。一个典型的视频节目持续的时长在90秒到3分钟之间，相比于阅读一篇印刷报道，需要的时间更少。虽然视频节目作为一种让受众快速而有效地获得新闻的方式，但是报道和制作视频节目，通常需要大量的协作、规划和组织，其要花费时间收集影像和信息，选择采集的所有素材，然后挑选并组织这些元素。然而，在组织和呈现新闻的方式中，电视节目包仍然扮演着一种重要的作用。

视频节目的优势在于其能够化繁为简，并让受众看到新闻的当事人以及构成新闻的行为，而使其成为新闻见证人。视频节目让受众看到发生了什么，不过在某种程度上，其突出了最重要、最相关、最有意思的部分。然而，视频报道经常受到的批评是未能展示神韵和微妙之处。很多时候，凸显的是最激烈的冲突，而不是那些更微妙的部分。总之，可以将视频节目看作提供的是非黑即白的新闻，鲜有呈现灰色之处。

记者制作视频节目时，要对采访、新闻发布会和新闻事件中的各种信息片段到最有新闻价值的信息之间进行筛选。不过，这为运动图像额外层增加了质地、基调和语境。而组合为获取新闻提供了一种高效的形式。

视频节目在展示新闻时，效果很好，不过将之用于那种不属于简单插图的解释性新闻时，则面临挑战。例如，2011年7月22日挪威爆炸和枪击事件之后，电视台报道表明警方在炸弹炸毁的大楼废墟中寻找线索，数百名警察参与了默哀仪式。视频可以呈现构成新闻的行动及其反应，让人们看到或者见证正在发生的事情一部分。

运用视频报道解释2011年7月断断续续、动摇不定的美国债务上限的谈判对金融市场的影响，则面临着严峻的挑战。这个报道中的行动不适合用视觉媒介进行展示。视频报道可以显示谈判以及专家概括其影响的同期声。镜头可能显示股市交易和华尔街来说明金融市场。视频旨在提供叙述和同期声中正在解释和讨论的内容的视觉形象。然而，如果预期视频在新闻报道中效果很好，视频节目中的视觉形象必须贯穿报道的整个过程。这些视觉形象必须与叙述(报道稿件)和同期声中所呈现的新闻相吻合。如果没有视觉形象，视频报道其实就是广播了。如果报道本身用视觉媒介展示效果不理想，那么另一种形式或媒介效果会更好。

以下是能够构成一个视频节目的种种元素。

- 视频或短片。短片这个术语是用于展示、显示、说明一则报道多个部分的镜头，涵盖了脚本中记者的叙述。学校董事会表决教师合同的短片可能包括(远、中、近)教学的镜头(在一个班级前、批改试卷、制定课程计划)、谈判的镜头、董事会讨论的镜头。

- 叙述或脚本。这是报道中将受众从一个关键点引导到下一个，把同期声和相关的新闻连接起来的部分。

- 同期声(录像带上的声音)。同期声可以对所发生之事进行解释、阐述，或提供具有启发性的种种评论。关于学校董事会表决教师合同的同期声，可能包括主管、学校董事会成员、教师工会领导人、个别教师、家长和/或学生的评论。

- 自然声音。新闻中周围的声音在视频中具有的好处，就如它在音频简讯报道中的一样。关键差别是不仅听到了这个声音，而且让人看到是什么发出了这个声音。如果教师们歌唱着抗议歌曲，同时行进到校董事会就教师们的合同进行开会投票的地方，视频捕捉到了这个形象，对于视频节目的受众而言，声音为其提供了那一瞬间"在场"的感觉。

- 图形。其可以显示数字、相关性、要点和位置的饼图、柱状图、地图或其他插图。这些图像让受众可以很容易地关注到形象的概况。通常图形中的信息是脚本中能够被听到的、向受众强调的部分信息。动画显示某事是如何发生的，而这件事又没有视频记录(例如，认为火灾是如何席卷建筑物或新的安定药物是如何起效的)，相比于文字，动画提供的细节和解释更简洁，相比于单独的音频，动画的方式更容易接收。

- 主持人谈论/报道引介。这通常是视频节目的导语。

- 记者的独自言说。记者在摄像机前向受众阐述信息，而这些信息又把关键要点或报道的总结联系起来。这还包括结束提示，即记者以自己的名字、所属新闻机构和位置结束报道，例如"我是NBC新闻台的马克·波特发自迈阿密的报道"。

大多数视频新闻总结性节目将叙述、同期声和最低限度的视频组合在一起。如第4章中所述，记者出去收集新闻信息之前，必须停下来想一想什么样的视觉效果可以用于说明这个报道。有时候，新闻事件本身就足够具备了一个视频节目能够制作出来的全部有趣的视觉材料。不过，通常的新闻报道可能需要提前思考有助于说明报道的视觉形象或短片。

例如，关于某个学校禁止垃圾食品的一则报道，应该显示被禁止的是什么类型的食品以及这些食品在学校是如何销售的(比如展示自动售货机)，而不仅仅展示学校官员在一个房间内禁止进行投票的时刻。关于规范验光师的一部新的法律的报道，视频应该显示验光师在做什么(检查眼睛和测量眼镜)。虽然关于验光师的法律的报道也可以展示立法行动，但是受众期待其他补充性的视觉材料，以及补充他们从脚本中听到的信息。

通常在视频节目中，图形作为一种有用的工具，提供了视觉元素，特别是在描述数字和统计数据的报道中，更是如此。例如，2001年7月26日，哥伦比亚广播公司(CBS)对于一项新的研究的新闻视频报道，这项研究显示美国白人、西班牙语美国人和非洲裔美国人之间的贫富差距不断扩大，短片展示了非洲裔美国人家庭和一个白人家庭家里的情况，还运用图形进一步说明，1995年美国白人的财富是黑人和西班牙裔人的7倍，到2011年则超过西班牙裔18倍、黑人20倍。这则报道还用一个条形图显示白人的平均财富远远超过了黑人和拉美裔美国人。据记者在脚本中的叙述，这种差距是因为黑人和拉美裔美国人的财富更多地被其房产所占据，而这部分财富在经济衰退中失去了价值。

记者们在摄像机前的独自言说也可以作为一种视觉元素。记者的独自言说可以作为视频报道或最后总结性报道之间的桥梁或者过渡。一个出色的视频节目应该突出刻画行动和说明所呈现的优质的视频新闻。视频节目中，记者在摄像机中越突出，则受众所能看到的说明这个报道的视觉材料就越少。

为了了解一个视频节目是如何将新闻事件的素材组合到一起的，请参看相应州议会的听证会和集会上提出计划扩大马萨诸塞州瓶子法案，这个法案要求瓶装水和运动饮料瓶缴纳押金。这则视频节目的脚本用两列展示，右边一列是脚本/叙述，左边一列是对视频和视觉元素的说明。

电视或视频脚本

主持人入画	主持人引入
	要求更新《瓶子法案》，即所有的塑料饮料瓶都要缴纳押金，这项法案的支持者和反对者在州众议院举行听证会，双方竭力证明自己是正确的。虽然支持者认为环境和经济收益需要对时长30年之久的法律做出改变，但是反对者们，尤其是食品零售商，认为这么做代价不菲且没有必要。珍妮特·柯罗茨的报道。
	自然声(反向自动售货机吱嘎声)
采用简讯/配音 简讯 全长：3秒 从使用自动反向售货机的一个人的头顶离开，使用配音，然后叙述继续	每年在马萨诸塞州，收了5美分押金的瓶子中，80%得到了回收。

镜头变化到塑料瓶装水的配音

但是说到塑料瓶装的水、运动饮料、茶和其他非碳酸饮料的塑料瓶，据环境保护部门的报告，仅有30%～40%得到了回收。

镜头变化到配音，俯拍周议会台阶前的集会
采用德里斯科尔在集会上说的话。
Trt：06秒

支持者更新《瓶子法案》者，就如萨勒姆市长金伯利·德里斯科尔说，是时候改变这种状况了。

SOT——trt：06秒

"我认为这很简单。回收意味着垃圾减少，用于小城镇和公园清洁的资金更多。"

——VO——

采用州议会集会/议员

在马萨诸塞州近200个直辖市中，塞勒姆的德里斯科尔小镇是支持扩大《瓶子法案》立法的城镇之一。

法案更新要求瓶装水和其他非碳酸饮料容器都要缴纳5美分押金以及创建一笔清洁环境基金。

镜头/配音报道变化到货架上的瓶装水

州环境保护主管肯·凯米尔(Ken Kimmell)告诉立法者，扩大押金的要求将每年为城镇节省至少600万美元。他说，据估计马萨诸塞州每年销售的瓶装水和运动饮料瓶达到150万，但是这些瓶子很少得到回收，节约的费用就是来自于这些瓶子清理量的减少。

镜头/配音报道变化到凯米尔州
听证会

采用凯米尔的声音trt：06秒

——SOT——trt：06秒

"已有证明保证金起作用了，回收率提高了，公共场所的垃圾减少了。"

——配音——

但是马萨诸塞州食品协会的克里斯托弗·弗林说，有益于环境的最好的方法是：增加路边的回收设施而不是押金费用的增加。

采用路边有待收集的蓝色垃圾箱

他说扩大使用蓝色垃圾箱的成本更小，消费者的麻烦也更少。

	录像带上的声音——trt：05秒
镜头/配音 变化到弗林州议会听证会	"事实是，《瓶子法案》的成本太高，而所起的作用又太小了。" 自然录制声音/回收粉碎声音 联合立法委员将会在后续工作之后做出是否将这些反向自动售货机用于回收瓶子的决定。
自然录制的人们运用反向自动售货机声音 全长3秒，配音继续(或者记者站在自动售货机前报道)	该委员会必需在秋季最终的会员大会投票中决定《瓶子法案》是否通过。 我是珍妮特·柯罗茨，在州议会做的WEBJ新闻报道。

多媒体报道

多媒体报道，在其最简单的定义上，使用多种媒介通过网络形式发布新闻。然而，制作一则多媒体报道的复杂性，包括无数次地选择媒介来讲述这个故事。一则多媒体报道可以包含文字、静态图片、采访的音频片段、视频片段(采访展示新闻事件)、视频包、音频包、音频幻灯片、信息图形(地图、走势图、要点图和曲线图)、动画(游戏和演示)，还有通过评论和社交网络的互动性的选择。从最广泛的意义上说，网络新闻报道中，任何不同媒体的组合都可以看成是多媒体新闻。

正如我们在第4章现场新闻的基本报道中了解到的，要确保有机会制作一则多媒体的新闻报道，就必须有所计划，然后收集多媒体报道中要用到的元素：信息来源、引语、视觉影像、背景、语境等。要对视频、照片、音频、多重来源、多个角度进行计划(是工具中立的、专业的和以受众为中心的)，但是由于报道新闻事件的理由(是报道驱动的、专业的和以受众为中心的)，要准备好放弃或限制媒介的多种选择。

然而，诱惑在于貌似传播的是在线信息实质上是媒介堆积(media dump)。不是记者对传播的新闻负责，而是把所有的决定权让给了受众。

公布了全部的信息，却没有整理最有新闻价值的内容并形象地予以呈现，而是让学习和了解新闻的受众自行确定媒介的最佳组合。虽然有些人可能有时间整理原始的信息和媒介(这就是为什么脸谱网如此迷人的原因),但是大多数新闻受众不喜欢这么做。在把多种媒介组合在一起形成多媒体报道时,记者需要决定哪些媒介元素组合到一起,是传播新闻和信息的最佳方式。正如记者要为新闻报道整理出什么是最有趣的、最相关的、最重要的和最具有新闻价值的信息一样,融合记者要整理出传播报道的最有效的形式。

为了有助于媒介选择的分类筛选,此处有一些问题需要回答:

- 我希望受众从报道中得到什么?什么是受众需要知道的和了解的(要以受众为中心的)?
- 我想传播什么?需要讲述报道的什么内容(报道驱动、专业性的)?
- 为了讲述这个报道,我收集到了什么,向受众传递最佳效果的信息的方式是什么(工具中立的、报道驱动的)?

仅仅因为你可以使用一种特定的多媒体元素来讲述自己的报道,并不意味着你应该使用它。这也许是学习和应用融合新闻中最重要的教训之一,但是最难的是在热度和激情中做新闻。记住每一种媒体元素的优势。如果你的报道和受众都不能领略到媒介元素所提供的优势,那么你就不应该使用那种媒介元素。

然而,就像在第4章中指出的,基本的现场新闻报道可以向简单的在线多媒体呈现提供大量的机会。大多数的新闻报道包括文字、照片和同期声片段(或者仅仅是音频,也可以是正在说着话的人的视频)。

要运用以下信息

- 文字提供基本信息:何人?何事?何时?何地?以及为何?
- 为报道提供基调和真实性的同期声片段。
- 捕捉新闻瞬间,或者展示在报道中说话的人或采取行动的照片。

不要用以下信息。

- 文字描述行为或场景。视觉元素向受众提供了更好的现场或动作之感。
- 文字呈现冗长的或东拉西扯的直接引语。改述或使用同期声片段。
- 如果照片不能展示行动或决策的关键时刻,如果照片中有很多对象以至于观众无法分辨照片中的关键之物,或者如果照片不能提供现场或新闻事件的一种感觉。
- 如果某个人的同期声被噪声淹没了,如果同期声重复了文字中提到过的信息或者同期声是东拉西扯的。

只是因为你喜欢自己巧妙的叙事或只言片语、角度奇怪的照片,或者你中意的奇怪的同期声,并不意味着受众也会喜欢。如果文字、照片或声音不能让人们对感兴趣的报道入迷,增强其对报道的理解,那么你应该斟酌,是否真的有必要使用那些素材。要确定这则报道的媒介元素使用的目的。如果对受众起不到什么作用,那么很可能在多媒体报道中,这些元素也不起作用。

文字	音频	照片	视频	幻灯片	饼图	条形图
语境	通过声音传达情绪	通过声音和存在传达情感	展示	展示	显示一个整体的多个部分	说明上升或下降的趋势
背景	场所感	捕捉瞬间	显示动作、行为	顺序	通过百分比比较各个部分	比较总体
分析	设定情绪、语气	人物感觉	场所感			
解释	人物的意义	场所的意义	人物的意义			
深度			体验			

图8.4　多媒体元素

将其他多媒体元素用于新闻报道时，同样也需要这种"严厉的爱"的决定。在细究瓶子法案的报道中，多媒体报道可能包括：

（1）介绍、总结和解释性的文字；

（2）视频片段中同期声，展示专家必须要讲的，瓶子法案扩展运用的程度和深度；

（3）照片，捕捉集会现场用以说明问题的照片；

（4）图形，就成本和立法的有效性而言，编制出相互对立的论据的数量。

小结

综合性报道是一种有用的记录关键新闻事件的方式。可以将其编写成适合一种特定的媒介，如印刷或广播，也可以将一些元素，如文字、音频和照片组合起来，以最好的方式帮助新闻受众了解自身世界中所发生的事情。

第9章

多媒体报道：如何帮助受众获得其须知和欲知的信息

多亏了互联网和网页，获得新闻不再意味着等待送到家门前的报纸，或者在傍晚收听联播网的新闻。想要新闻来找你，可以注册电子邮件新闻通知，也可以用脸谱网或推特账户建立移动应用程序。如果你不能在电视上观看喜爱的大学橄榄球队的比赛或者在电台中收听喜爱的球队比赛，那么ESPN移动服务可以每30秒为你更新一次。这曾经是受众寻求新闻的地方，普遍的态度是，"如果消息是重要的，ESPN移动就会找到我。"这种感悟概述了社交媒体向受众传播新闻的重要性。

然而，另一方面涉及记者帮助受众找到其可能想要或需要知道的新闻。这个过程并没有什么新鲜之处。从报童在街道上大声吆喝报纸的头条新闻，到电视制作为新闻广播创作极具诱惑性的片头，记者一直在努力让新闻获得注意力。然而，互联网的广泛性和移动接入的普及性，为寻找新闻带来了新的挑战。

用过谷歌搜索的人都知道，互联网可以将你埋葬在巨量的信息之中，迫使你在以千万计的网站、检索条数或文献中筛选信息，而这些网站、文献可能仅略略与你想要的东西相关。正如一些记忆研究者发现的，我们对互联网搜索的依赖已经影响了我们的记忆。不是依赖于我们对某些信息的记忆，而是我们懂得如何通过计算机文件，搜索引擎或在线聚合器找到那些信息(Cohen，2011)。所以今天记者要学习一些新的方法：向人们展示在哪里可以找到所需的新闻。

两个较难解释的术语——搜索引擎优化(SEO)和社交媒体优化(SMO)——就是这些新方法的核心。搜索引擎优化指的是用最佳的方式，通过搜索引擎发现的网上材料，所需要的材料位于谷歌搜索结果网页上显著的位置，而不是淹没在很少会查看的584个页面结果之中。社交媒体优化这个名词更新一些，不过其指的是脸谱网和推特等社交媒体可能传播了你感兴趣的新闻社区的互动。根据Storify.com的创始人之一泽维尔·达曼(Xavier Damman)的见解，社交媒体优化是确保内容的共享(Legrand，2011)。第三个术语是策展，或者说为新闻受众整理和组织信息，也被美誉为一种新的新闻方法。不过这三种方法都要求记者实践并不新鲜的技能：像受众那样去思维，这样你就可以最好地为其服务。

搜索引擎优化和社交媒体优化通过运

用"元数据"、数据或信息，这些数据和信息描述了在线的内容，而专注于受众驱动而制作的内容上，以便人们更容易找到激起其兴趣的新闻报道(无论是文字的、照片的，还是视频)。这通常意味着保持简单的写作风格，就像使用"下雨"而不是"降水"这样的词汇。不过，还包括标题和描述中的关键词这些方法，目的是帮助搜索引擎发现你的帖子或报道。

事实上，谷歌的谷歌大学(Google University)为搜索引擎优化提供了种类多样的信息。数百名网页专家已经把赚得数百万美元的企业放到一起，以概述搜索引擎优化策略。正如尼尔森收视率是电视新闻业务的一部分，搜索引擎优化也是制作网上新闻的一部分。事实上，《网络新闻评论》(Online Journalism Review)的罗伯特·奈尔斯(Robert Niles)认为，对于21世纪的记者而言，学习搜索引擎优化的重要性，最起码与美联社写作风格样本之于记者一样重要。"搜索引擎优化将关键内容提供给那些不是被现有的印刷品牌驱动的受众，其中包括年轻的读者以及传统出版物搜索区域之外的读者——这些人可能不知道去寻求一份报纸的网站，然而仍然会对其内容有兴趣。"奈尔斯写到(Niles，2010)。

一些记者认为，全神贯注于搜索引擎优化再次说明，企业担心新闻业务层面如何受干扰了。不过，网络营销和搜索引擎优化战略公司的敢言媒介(Outspoken Media)的丽莎·巴罗(Lisa Barone)曾在新闻业中工作过，她认为，"搜索优化并非毁了你作为一名出色记者的能力，而是给你提供了需要成为一名更出色的记者所需要的种种工具(Barone，2010)。"

恰如乔治·华盛顿大学的尼克·厄舍(Nikki Usher)为尼曼新闻实验室题的词，问题在于思维。

> 跟踪受众、为谷歌写作以及搜索引擎优化会以某种方式破坏新闻机构之保持观众新闻需求之外的判断能力。
>
> ……相反，实际上，对受众的需求更细心，可能是新闻机构保持新闻的相关性和活力来源而所能做得最好的事情。
>
> (Usher，2010a)

在另一篇文章中，厄舍联系了一些在线新闻结构的记者们，这些记者仅仅将搜索引擎优化看作是在这个时代从事新闻工作的一部分。"优质的内容和高层次的读者并不相互排斥：好的报道会被发现，而搜索引擎优化可以对其有所帮助(Usher，2010b)。"总之，新闻不是多么地关于我们、关于记者，而是真正地帮助读者、用户和浏览者。

互联网也带来需要重新适应信息的整理和连接，记者、编辑们业已开始起步。在日常综合性报道中，记者/策展人可以提供链接到以前的文章、网站和专家的著作，这些信息可以让新闻受众参考其他更详细的历史或者研究性的信息，比如理查德·金格拉斯的持续报道之理念(见第1章)。

"管理信息意味着消除噪音，核查事实和改善信息质量，并提供语境，这样会让新闻报道为你的社区增加新的意义。"比利时媒体集团Mediafin的罗兰·罗格朗(Roland Legrand)为PBS的MediaShift网站写到(Legrand，2011)。多年来，在报道被发表或播出之前，编辑们一直承担着审阅和改进报道的功能。只不过，由报纸或者新闻节目的编辑所做的老套的管理，在网络上需要呈现不同的面貌。倘若说现在每个人都可以成为记者，那么"记者的责任是：找到最好的内容并把它变成一则报道，还需添加更多的语境(Legrand，2011)。"因此，每一个记者既是编辑又是信息管理员。

为感兴趣的社区找到、组织最佳内容并提供语境，如今处于内容管理类型的中心位置。"内容管理"这个词，与艺术博物馆和艺术展览最相关。策划一次艺术展览意味着选择材料并将之组织起来，创建一种新的、不同的方式与所展览的艺术进行互动。艺术策展人提供解释和洞察力，与观众分享艺术。同样的思维和活动也适用于网络新闻和信息的受众。组织链接到文章、来源、评论和各种讨论，帮助人们浏览网上的新闻，更好地理解记者作为新闻管理员所呈现新闻的诸种方式。策展还可能包括提供定义和解释，使个人和社区能够在术语的辩论中分享意义和解释。

支持社交媒体优化和内容管理的人都认同，不是搜索引擎机器人，而是人再次回到形成新闻的各种连接、建立语境并提供相关性的中心位置。不过，社交媒体优化和策展也意味着，记者必须对新闻主题有兴趣且以专家的见解与社区进行互动。社交媒体优化和策展包括允许分享关于新闻主题信息的对话。

本章探讨了实践融合新闻的记者可以对其在线文章做些什么工作，才能让受众发现并分享新闻。搜索引擎优化、社交媒体优化和策展的一个关键方面，涉及超链接以及它们是如何经常未得到充分利用的。本章将着眼于标题、关键词、链接、写作和组织等基本任务，探讨的是如何能够提升多媒体网络新闻的"可搜索"和"共享性"。

搜索引擎优化

搜索引擎优化已被吹捧为互联网的必杀技(Holy Grail)。最好的搜索引擎优化意味着你的网站，在谷歌(搜索引擎)的第一次搜索引擎结果的页面(SERP)上，位于前三名结果中的第一位。这样的位置向搜索者提供了进入你的帖子或报道的最佳机会。研究发现，大多数人在用谷歌搜索时，在自然的或无广告的搜索结果中，很少有人进入前三位之后的搜索内容，你发现的搜索结果位于谷歌搜索结果页面的中心一列。企业、组织和个人也有机会购买搜索广告，这些广告位于谷歌SERP的右侧。

谷歌被很多人视为第一搜索引擎，2011年估计每天推出大约2.4亿条结果。所有互联网搜索中，大约60％是通过谷歌进行的。谷歌的"秘密武器"谷歌计算机使用的算法和公式完成的搜索不断更新。成千上万的网站和企业开发了自吹是实现最佳搜索引擎优化的最好方式。有些网站或企业还开发计谋来"游戏"系统，或者欺骗谷歌计算机，从而让自己的网站在SERP中排名更高。不过，对于已经开发成功的每一种计谋，谷歌也有让那些计谋无效的一些方法。其实，谷歌并不是唯一的搜索引擎工具，谷歌搜索提供的最佳结果，在其他搜索引擎结果中可能不同(如bing.com，ask.com等)。其结果是，搜索引擎优化不是一次性解决问题，不过，融合记者需要将这个过程看作是工具箱的一部分。

一些应对搜索引擎优化的可靠方式，不仅对搜索引擎优化是有用的工具，而且对于更清晰、更出色的新闻写作和呈现而言，也是很好的方法。马克·布里格斯(Mark Briggs)，在《新闻优化》(*Journalism Next*)中建议考虑搜索引擎优化时，记者应注意搜索引擎优化的两种受众：机器人和读者。无论撰写的是在线的标题、导语、帖子，还是报道，你既要吸引搜索引擎的"机器人"，还要吸引报道的读者(Briggs，2010)。

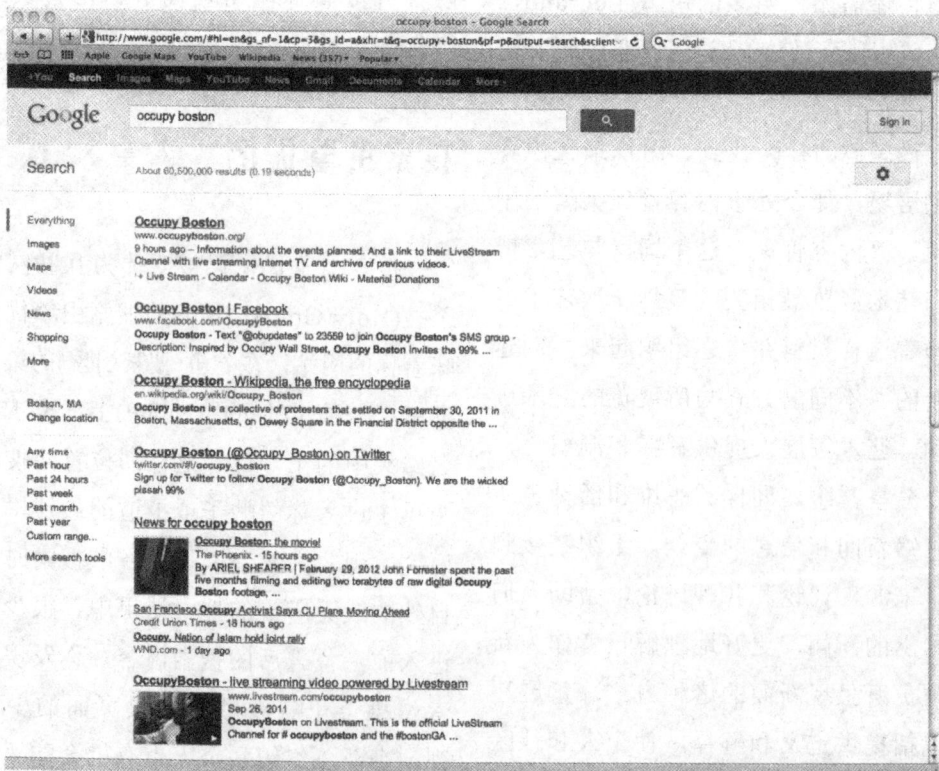

图9.1　搜索引擎优化的目的是通过搜索引擎，如谷歌或Bing.com搜索后，让报道有更大的可见性

有迹象表明，大量的机器人和读者在搜索中，关注以下4个方面信息：

- 标题(以及标题标记)；
- 关键词；
- 链接；
- 报道介绍、副标题、照片标题和新闻电头。

搜索引擎优化的目标是让你的新闻帖子、新闻网站或新闻报道，以最快速、最便捷的方式到达受众面前。理解标题、关键词、链接和报道结构和呈现，可以有助于增强而不是减损你的在线新闻报道。用搜索引擎优化来帮助人们找到其欲知和应知的新闻。搜索引擎优化和良好的新闻并不是相互排斥的，不过没有优质的新闻内容，搜索引擎优化还是会让受众失望的。

新闻提要和标题标签

经典的一则报纸标题写着"无上装酒吧内的无头尸体"。《纽约邮报》(The New York Post)的标题巧妙地传递着犯罪信息，街上行人经过报摊的时候看到这样的标题会不得不驻足，希望了解更多的内容。不过，这样的标题在网络搜索中起作用吗？是的，如果"无头"和/或"无上装"也被列为关键词的话。

"董事会同意加薪"或者"25届碗勺节开幕"如何呢？没有人会真的搜索"董事会"，所以搜索阿灵顿学校董事会或阿灵顿教师，不一定会找到得克萨斯州阿灵

顿学校的董事会表决同意为教师加薪3%这则报道。在波士顿的一些人可能知道碗勺节是什么(为期三天在市政厅广场吃冰淇淋的庆典)，倘若有人为此在炎热的夏天寻找冰淇淋就会无所适从。在这两个例子中，在标题中增加场所(阿灵顿，波士顿)将使其更具有可搜索性。附加的主题或新闻焦点也将有所帮助。想想什么词，标题中为"教师"加薪或者碗勺节中的"冰淇淋"一词，都会增加并有助于人们发现这些报道。在新闻标题中，添加新闻焦点或主题(教师或冰淇淋)不会减损标题，但将使其在搜索过程中更容易被找到。

因此，在为你的在线报道或帖子编写可搜索性标题时，请记住这三个名目：

- 地点；
- 新闻"钩"或主题；
- 众所周知的名字。

例如，一些报纸专栏作家和报纸的文字编辑认为，搜索引擎优化带来了标题写作的乐趣和双关语。展示一例：2010年，在脱口秀主持人杰·雷诺(Jay Leno)回到NBC的《今夜秀》(Tonight Show)之后，脱口秀主持人柯南·奥布莱恩(Conan O'Brien)拒绝回到晚间的深夜秀，关于奥布莱恩的这则报道，《华盛顿邮报》印刷版标题与其网络版标题相对。印刷版标题："晚到总比没到好"(Better never than late)。该报道的网络标题是："柯南奥布莱恩不会为杰·雷诺腾出空间而放弃'今夜秀'时间段"。邮报专栏作家吉恩·温加滕(Gene

Weingarten)抱怨这种变化"有点无聊但具有功利性"(Weingarten，2010)。但是有人在网上搜寻柯南·奥布莱恩、杰·雷诺或《今夜秀》不会发现标题为"晚到总比没到好"这则报道。两者之间有没有一个折中的标题？也许有网页的标题是这样："柯南奥布莱恩：在"今夜秀"时间段斗争中，晚到总比没到好"。虽然不完美，不过网页标题既"一语双关"，又利于搜索引擎优化。在标题中添加著名的姓名(柯南·奥布莱恩，杰·雷诺)和新闻钩子或主题(《今夜秀》)使之更加容易搜索。

撰写网页搜索引擎优化为导向的标题和印刷版的让读者驻足、阅读印刷版的出版物的标题时，争论说明了不同的目的感，以及不同类型的受众(机器人和读者)。在线出版物可能寻求两种受众：返回的新闻受众(订阅报纸的人)以及浏览者。"这不是为了获得大多数读者；而是事关获得'最好的'读者"，网上杂志《板岩》的大卫·普洛兹(David Plotz)说。如果你撰写了一个真正巧妙的标题，绝大多数喜欢《板岩》的读者会喜爱这个标题，他们认为，" '这个笑话这么吸引我'，"你会深化与读者的关系"(Wheeler，2011)。

还有一个选择，为在线文章撰写既能满足读者又能满足机器人的一个巧妙的标题，即撰写一个不同的、更面向搜索引擎优化的标题标签。

埃里克·乌尔肯(Eric Ulken)在波因特学院研讨会上(在线研讨会)指出，《纽约时报》和英国的《卫报》都采用了这种策略，使新闻标题可以通过搜索引擎找到报道，又可以让在线读者可以阅读到。例如，关于加州众议员达雷尔·伊萨(Darrell Issa)头版头条报道的标题是，"国会中的一位商人帮助自己的选区和自己"。报道中没有提及达雷尔·伊萨，不过标题标签重复了新闻标题，在网址中确实列出了伊萨：www.nytimes.com/2011/08/15/us/poli-tics/l jissa.html? ref= politics。

标题的确会促使人们浏览报纸的头版，甚至报纸的主页。不过，改变标题标签也会对那些试图找到更多关于这位国会议员信息的人们有用。因此，一种选择是写两个新闻标题：一个为了读者，另一个(即标题标签)为了机器人。

在线讨论撰写新闻标题期间，社交媒体分析师多米尼克·J.利滕(Dominic J. Litten)指出，清晰的标题不仅是搜索引擎优化的需要，也是"可以点击的"(clickability)的需要。他建议撰写三种标题：

(1) 巧妙的；

(2) 搜索引擎优化的；

(3) 社会共享的。

对于以上三种标题，利滕指出受众可能会处于任一种不同情形中：

(1) 普通订户或访客；

(2) 搜索引擎；

(3) 社交媒体社区。

在考虑社交媒体时，推特"标签"的

"可搜索性"最好地说明了受众是如何考虑传播和共享信息的。例如，2011年夏天，杰夫·贾维斯关于报道格式精美的帖子(见第8章)，由于记者在推特上可以很容易地进行评论并分享而赢得了吸引力。

不管你为在线新闻报道或帖子撰写一个标题还是三个标题，美国国家公共广播电台社论作品的主管马特·汤普森(2011年)列举了以下关于标题写作的秘诀。

(1) 准确。对于读者、浏览者或观看者来说，标题给人以期望的是一件事，但是报道传达的是另一件事，没有什么比这更糟糕的了。

(2) 严密，紧凑，没有不必要的词汇和复杂的措辞。记住KISS(保持简单)。

(3) "名称清晰，去除了模糊"。《纽约时报》对加州众议员达雷尔·伊萨的报道标题并没有提及他的名字，但是《洛杉矶时报》(*Los Angeles Times*)的标题就提到他了，因为洛杉矶的受众比纽约的受众更了解伊萨。

(4) 确保报道的语境。你可能知道碗勺节是什么，但是你的网络受众知道吗？

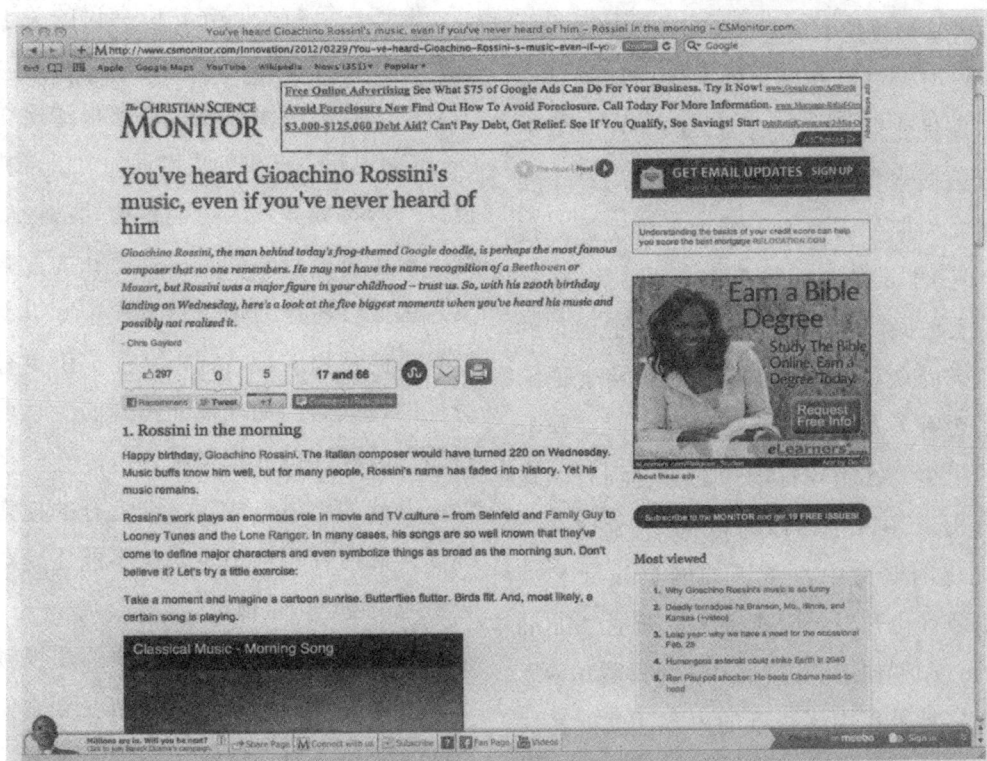

图9.2　标题标签有助于搜索引擎发现报道

关 键 词 与 标 签

每一种内容管理系统(CMS)，如博客系统(WordPress——软件名，译者注)、文档管理(Drupal)或活字(Movable Type)，都有一个模板框，允许你确认可供搜索引擎"机器人"使用的关键词，以便找到你的文章或报道。撰写可搜索的标题要考虑三个名目，这也应该是模板中确认关键词要考虑的，即：位置、名称、主题。如果美国总统巴拉克•奥巴马访问了爱荷华州的奥塔姆瓦，然后谈到了全民医保问题，那么"奥巴马""爱荷华州"和"医疗保健"应该在内容管理系统的关键词模板中列出来。

然而，已经开发出的关键词标签与搜索引擎优化的相关性有限，因为已经发现了欺骗搜索引擎机器人的"诡计"，主要的搜索引擎如谷歌努力减少各种诡计对搜索结果的影响。有些专家认为关键词标签浪费时间，但也有人认为，关键词有助于考虑受众和内容重点，而这最终会影响到是否有人发现在网上值得花费时间观看你的报道。在考虑标题中的关键词时，这也有用。2011年1月25日，在关于搜索引擎优化的博文中，英国的网页设计和搜索引擎优化开发员阿莱娜•切斯尼(Alaina Chesney)倡导使用关键词，认为只需20秒思考文字是否集中于正确的内容，就能将优质的信息提供给访问者(Chesney, 2011)。切斯尼补充说，不同的搜索引擎使用不同的算法，因此最有价值的信息在那些公式中这经常变化不定，因此，对于目前的一些搜索引擎来说，关键词标签可能并非完全无用，在将来可能就不是这种情况了。

波因特学院新闻大学(NewsU)关于网页标题写作的在线课程建议，在内容中找到关键词，以帮助确定可能想要在标题中包含的关键词。出版和新闻机构汤姆森路透社(Thomson Reuters)开发了一个程序，称之为OpenCalais，可以做到这一点。谷歌也有一个叫做Google AdWords的程序，是面向企业和营销网站来帮助识别有用的关键词。关键词工具可以帮助确定搜索词，而寻找新闻内容可能用到搜索词。

例如，第4章和第6章中探讨的关于沃特敦学校委员会否决教师合同的报道，为了有助于搜索引擎优化，在该报道提交给OpenCalais后，产生的关键词如"沃特敦学校""沃特敦教师"。但是要知道，最流行的术语可能检索到数以百万计的搜索结果，因此要考虑人们为了发现一则报道时最有可能使用的搜索词，从而提供更有针对性的搜索。例如，前面提到的关于奥巴马的"医疗保健"报道中，可能会产生数以百万计的结果，成为一个流行的搜索关键词，然而针对性不足，并不能让受众很轻易地发现这则报道。

关键词工具还有助于为照片和视频确定更好的标题，帮助搜索引擎找到它们。YouTube上名为"佛罗里达美丽夕阳"视频，无论对搜索引擎机器人还是在线新闻阅读者来说，都不会有多大用处。罗伯特·尼尔斯在为《网络新闻评论》所写的文章中，敦促记者"在YouTube和其他网络上发布视频，一定要在标题中使用强大的、流行的关键词"(Niles，2009)。这样的建议同样适用于照片的发布。

考虑一下第8章探讨的马萨诸塞州《瓶子法案》，将听证会证言视频怎么发布出去。很明显，在照片标题以及在标题标签中的关键词，设定为诸如"马萨诸塞州瓶子法案"和"瓶子押金"，将有助于搜索引擎为那些有兴趣观看支持和反对立法的人们都说了些什么，找到这些照片和视频。

最后，对关键字和搜索引擎优化最有力、最简洁的建议主要集中在记者为什么希望人们发现他们的报道：这样受众可以消化报道。搜索引擎优化是帮助人们从记者那里找到所需要的内容。考虑关键词以及最佳地运用关键词的方式，给记者提供了另一种工具，帮助受众获得新闻。

报道结构和呈现

你在网上如何构造和展示内容，也可以帮助搜索引擎优化。如果使用副标题(考虑段落标题或微型新闻标题)分解你的文稿，你就开放了更多的途径而让内容可以被搜索到，不仅是被搜索引擎，而且是被读者搜索到。

想想你自己在网上阅读文章的习惯。你可能浏览或略读网上的报道。如果发现了报道中的小标题，你可能会停下来并读

取特定部分。即便你没有阅读整个报道，还是被其中的一个页面吸引到了。你可能仅仅是经过一个大的段落"丛"，但是短小的段落块可能让你浏览、停下、阅读并停留在网上的报道中。

你自己的在线阅读习惯与其他人相比，并没有太大的区别，所以要帮助在报道内搜索以及搜索引擎优化，考虑使用小标题、图片和图形以及文字或要点列举，分解大的段落。

链接

你的报道在一个网站内部有链接，以及将其他网站链接到你的报道，也有助于搜索引擎优化。在网页内有更多的链接指向你的报道，应该有助于人们发现你的报道。无论是新闻聚合器、一篇参考性博文，还是脸谱网的推荐，外部网页链接到你的报道越多，越能帮助展示其相关性，这些会影响到搜索引擎优化。不过连接是双向的，从外部网站链接到你的帖子可以影响你与他人的联系。"谷歌把链接页面看作是'选票'。"马尔科姆·科尔斯(Malcolm Coles)写到。他是《哪一个？》(Which?)杂志及其网站的前任编辑。"链接越多，一般网页会做得越好。"科尔斯还指出，链接到你的报道的网站情况同样也有帮助(Coles，2011)。

相关链接，像关键词一样，涉及你与受众的相关性如何。在建立报纸网站的时

候，很多编辑不赞成在报道内使用超链接。他们担心用户会跟随着链接去了其他网站，再也不返回到报纸网站的主要报道了。然而，对于受众而言，链接是其有价值的工具。他们可以为话题的关键术语、背景提供定义，还可以为新闻报道中的人物提供历史信息，为新闻报道中包括的主题提供额外的来源与专家意见。

例如，关于马萨诸塞州《瓶子法案》立法的任何报道，都可以有一个链接很容易链接到州议会的网站和实际正在酝酿的法案：参议院法案01650。其还可能包括链接到赞成该法案的组织(如马萨诸塞州公共利益研究组织)、反对该法案的组织(如马萨诸塞州食品协会)和州环境保护部门所做的关于瓶子法案影响的报告。其也可以包括一个链接列表，可以链接到先前网站上的有关《瓶子法案》的新闻报道。

社交媒体优化

虽然搜索引擎优化仍然是一个商业术语，并且其本身就是数百亿美元的产业(在Amazon.com网上搜索有关搜索引擎优化的书，结果超过800多种)，但是推特、脸谱和社交媒体(Storify)的崛起，又把人们投入到了新闻的共享和排名的结合之中。事实上，一些网络专家坚持认为，社交媒体是新的搜索引擎，在我们通过互联网获得信息的方式中，社交媒体将取代谷歌。因此，尽管搜索引擎优化的受众是"机器人"和"读者"，而社交媒体优化的受众是读者和共享者。正如链接帮助搜索引擎优化一样，链接在社交媒体优化中也发挥着一种关键作用。

分享新闻并不新鲜：报纸或杂志上的文章常常会被剪下，并给周围的亲朋好友传阅或邮寄给他们。在20世纪下半叶，在邻里咖啡(或茶点)叙谈会(kaffeeklatch：家庭主妇们日间边喝咖啡边聊天的非正式聚会)的形象中，家庭主妇们会在许多社区分享现实中的文章、食谱和建议。企业会雇用剪报服务去搜索提到自己竞争对手的新闻以及与自身有关的新闻。在21世纪，社交媒体提供的就是这种服务。

社交媒体优化让记者开始创造能够共享的最佳内容，并与社区中对之最感兴趣的人共享。这很简单，意味着回答"谁在乎呢"这个问题。例如，报道马萨诸塞州高中曲棍球比赛的记者，社交媒体优化意味着使用推特连接到教练，并用推特或CoverItLive提供重要的比赛的现场报道，利用脸谱网获得曲棍球界正在发生之事的信息源和评论。罗兰·罗格朗负责比利时Mediafin出版商的新媒体，他在PBS博客Mediashift中写道，"对于每一个工具或策略，问问自己它怎么服务于社区，你能以何种方式适应它，并让它对社区有意义(Legrand，2011)。"罗格朗的社交媒体优化的经验性结论也适用于新闻，因此两者不一定是相互排斥的。

2006年，罗希特·巴尔加瓦(Rohit

Bhargava)创造了"社交媒体优化"这个词(2010)。2010年，他更新了社交媒体优化的5个规则，记者在将社交媒体优化作为一种额外的工具帮助受众的时候，这5个规则是有益的指导：

- 创建共享内容；
- 让共享容易；
- 奖励参与；
- 主动共享内容；
- 鼓励混搭。

对于记者而言，创建可共享的内容意味着采用会使人们希望去读、去看、去听的所有元素来制作新闻。为了易于共享，使用网站中可用的内容管理系统，将脸谱网、推特和站点摘要应用于报道。奖励参与，只要确认一个推特和评论就能搞定了。使用推特和/或脸谱网分享内容，并允许谈论你的报道，那么就达到了鼓励其他人"混搭"，或者让受众将他们的评论与你的报道自由地混合。

肯·多科特(Ken Doctor)是一位数字新闻行业分析师，他表示"社交网络是新的主页"(Doctor，2010)。人们引述其说法：脸谱和推特账户占了新闻网站转发流量的10%～40%(Lavrusik，2010)。随着世界范围内脸谱网的使用超过谷歌，社交媒体在发现和发布新闻中，似乎发挥着更大的作用。

最后，正如链接在搜索引擎优化中发挥的作用一样，链接也可以在社交媒体优化中提供帮助。你希望人们链接到你的报道，并相信报道能够为人们提供需要知道的内容。电视记者们正在使用社交媒体提醒受众注意有关报道并提供新闻电视台网站的链接，以便找到报道的视频。记者和新闻机构会在推特中发布帖子，提供链接到其新闻网站上的报道。佛罗里达州坦帕市福克斯13频道的记者安东尼·米勒(Anthony Miller)表示，尽管电视仍是主要的报道媒介，对于他而言，从推特、脸谱网和新闻网站的网页中获得更新的新闻，同样重要。社交媒体可以用最快的方式提醒受众注意最新的新闻，但是它也可以链接到可以提供更多细节、语境和解释的其他的报道。

策 展

在为受众策划或整理和组织相关信息时，链接也有用。就如《西雅图时报》的埃里克·乌尔肯(Eric Ulken)在2011年8月2日元数据研讨会上指出的，"我们都是新闻图书馆员。"元数据的结构部分提到的搜索引擎优化，在策划新闻信息中也不无道理。作为一名记者，核查了之前的报道，研究了常见的术语，发现了有用的定义，还发现了可核查的以及值得信赖的信息来源。然后你将之写到一篇新闻文章中，或为电台、电视台综合报道写一个脚本。不过现在，多亏了互联网和社交媒体的互动性，把这些信息组合到一起并将之与新闻受众和社区分享，是非常容易的。

此外，社区可以反馈这样的策划是否有用。社交媒体和社交媒体工具，如Storify.com、Bundlr和Tumblr可用于内容管理，以帮助组织在社交媒体中分享的信息链。

纽约城市大学教授和BuzzMachine博客杰夫·贾维斯一直倡导网络记者"做你最擅长的事并链接到其他"，本质上，这意味着成为新闻信息策展人将是新闻工作的一部分。虽然贾维斯认为，新闻和内容管理共同起作用，马修·艾尔博瑞汉姆(Matthew Elbringham)写到，"它们执行不同的角色：管理编制和整理；新闻增加额外一层的叙事、背景和分析(Eltringham，2011)"。就像记者在新闻业内容管理中接纳新方法一样，可能出现一个更加稳定的画面，但是恰如当下新闻有很多层面，策展属于"一项正在进展中的工作"。

业已出现的策展的两个方面，应该视作是融合新闻实践的一个部分：

(1) 如何策展支持和补充性信息，以帮助受众理解报道，帮助增强报道的实用性；

(2) 如何通过社交媒体增加来源、专家信息和受众，以打造更好、更强的报道。

推特和YouTube上报道的2009年伊朗反政府骚乱活动以及2011年8月用手机拍摄的叙利亚政府平息骚乱活动的视频，都提供了范例：收录了人们在街头的报道，然后被半岛电视台、CNN和CBS这些主流新闻机构策展(整理、审核和验证)。

前BBC资深编辑理查德·萨姆布鲁克(Richard Sambrook)，在一份关于外国记者的未来的报告中指出，20世纪成本高昂的新闻分社概念已经让位于种种新的报道模式。社交媒体已经允许各国政府、非政府机构和企业在有关国家的信息中加入它们的声音，这样记者就需要建立一种专门技术对信息源进行分类整理，并帮助受众了解信息来源的动机(agendas)。

> 在聚合、验证和分析洪流般的新信息以及媒介行业以外的声音，而媒介行业影响到公众辩论的时候，新闻机构应该提供专家意见。这将日益成为一个核心的角色且需要新的技能。新的种种声音既是新闻机构素材的来源，又是公众注意力的竞争对手。新闻编辑部必须认识到自己可以代表读者、观众和听众，对这些信息进行策划和过滤，然后提供有价值的服务。
>
> (Sambrook，2010)

经由社交媒体策划和过滤信息，国际新闻可能不是唯一有用武之地的领域。在第1章中，关于波士顿主要水管破裂以及饮用水禁令的新闻报道，就可能的报道策展而言，这个事件提供了一个极好的例子。有关疯狂购买瓶装水、企业关门、客户处理(dealing with customers)，出现在脸谱网和推特上的各种突发新闻片段，可以将这些内容策划成一个有凝聚力报道，看看主要水管关闭对普通民众的影响。

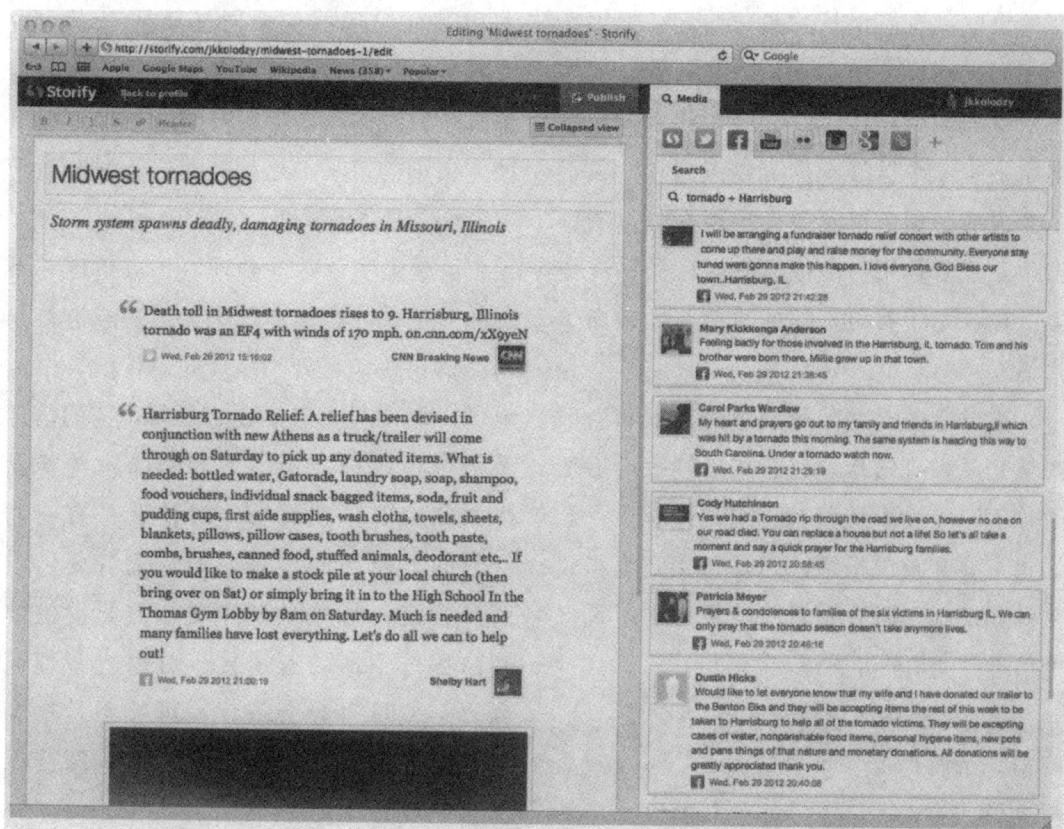

图9.3 帮助收集社交媒体帖子的Storify.com，让记者能够找到报道和评论

事实上，Bundlr背后努力组织和策展社交媒体报道的一位葡萄牙人，认为在以下情况下寻找正在发生的事情，Bundlr和Storify这类"内容管理平台"要比搜索引擎效果更好：

- 最近的或正在进展中的事件(传统渠道太慢而赶不及)；
- 有多种观点；
- 偏好种种具体的例子甚于定义。

记者可能会考虑采纳他们的种种建议，并应用到某些类型的新闻事件中。埃及的"阿拉伯之春"的抗议活动提供一个很好的例子：以多个视角看待正在进行中的新闻事件，需要具体的例子帮助新闻受众去感受正在发生的事件。日本地震和海啸之后，首次对所发生的事情的报道也符合这一模式。

一次性的报道、一个地方的新闻事件可能无法保证社交媒体的内容管理，就像一则报道中有太过分散的人员和场所。然而，另一种类型的管理可以增加一则新闻报道的价值：提供背景、历史、额外的来源和专门知识的链接。超链接和简单的定义文本框，在保持受众参与新闻方面发挥的价值，有着很长的路要探索。想想当你在网上阅读一篇文章，以及遇到一个你不了解的人或公司时，你会做什么。如果名字上有一个链接，你可以点击它，关于那个人或公司的信息就会出现在分页浏览器中。或者你用谷歌或微软必应做一次搜索，也许由于有更好的信息而将你带离了报道。

对报道中提到各种引用的文献和引证的信息源设立链接，融合记者给报道增加了价值，而没有让读者、用户或观众完全远离主要文章或报道。通过链接到组织、来源和文献，融合记者就给报道中所包含的信息提供了验证渠道。

以下信息构成一个好的链接：

- 信息来源；
- 文件或报告；
- 其他资源，诸如公共机构或社会机构或数据库。

给文件和报告提供链接，记者不仅让观众深入了解信息，如果观众如是选择的话，而且显示了记者对所选择的相关信息的撷取和总结。这表明记者没有试图隐瞒信息或他/她得到信息的方式。这也代表着所谓的"透明度"，即记者所做的事情确实为受众可见，没有不可告人的动机或意图。

链接来源：在新闻报道中提供见识和信息的人员和组织，作为报道的基础，这些人员和组织也给了新闻受众以有效和可靠的感觉。通过链接而组织一份来源列表，融合记者就让新闻受众拥有了一份"最佳的"各种代表和专家群体。这些信息都是公开的，能够提升记者就报道做出最佳决策的水平。这种类型的策展会在新闻受众中建立忠诚度。

策展确实意味着整理，不过整理并不意味着把每一个术语、来源或文献链接起来。请记住，记者不是新闻事件的一个速记员，他/她要对什么是有新闻价值的信息做出种种选择。策展方面的诸种选择同样如此。对受众而言，对什么是有新闻价值的、有用的和有益的，记者要做出选择决定：哪些来源和文献需要提供链接，哪些不需要有链接。就内容管理而言，学校董事会会议议程可能不是一个文献，但是学校委员会关于改善阅读课程的报告很可能是。

虽然内容管理的许多讨论涉及对新闻网站信息的组织和整理，记者可以帮助管理链接的规划、对能够丰富和吸引受众参与的文献和资源加以组织。内容管理是增值的。如果内容管理增加的知识和讨论很少，那么所包含的内容管理可能就没有什么用处。

地点、地点、地点

有助于受众找到你的报道的最后一个提示是：使用地理标签和使用类似于四方网(Foursquare)这种地方社交媒体。图片是最常用地理标记的，用全球定位系统(GPS)

标记出纬度和经度。这些图片可以上传到一幅地图中，而地图本身有助于讲述故事。地图适合显示行为发生的场所，特别适合于新闻事件发生在多个地点的情况。

2012年伦敦奥运会有可能成为一个很好的话题，可以在一幅地图或多幅地图中将之分解，并使用地理标记图片和视频，以便说明和解释活动和事件。2011年8月初在伦敦和英国其他城市爆发的骚乱，也可以作为一个例子。地理标记的视频和照片，给特定行动发生的场所提供了一个精确的位置。通过使用地理标记，新闻机构可以向受众提供新闻以及仍可能发生骚乱的地方的信息。地理标记还可用于洞察

2011年8月19日至21日周末，叛军和政府军在利比亚首都黎波里的鏖战情况。大多数智能手机和数码相机现在都有地理标记功能，可以轻松地上传数字地图。

像四方网和狗哇啦网站(Gowalla)这样的社交媒体位置应用程序，也为记者开辟了找到人们谈论特定场所的机会，比如居住在遭受火灾的一家夜总会附近的人们，或者站在警方帮助接生小孩的公共汽车站附近的某个人。记者还可以使用它收集有关特定位置的信息，以及帮助记者获取发生在某个特定地方的所有新闻信息，然后传达给新闻受众。

安迪·卡尔文(Andy Carvin)与新闻策展

全国公共广播电台的安迪·卡尔文在报道"阿拉伯之春"反政府骚乱中，赢得了一流记者这样的美誉。在中东冲突高峰期间，他制作了近1 000条微博，有时候甚至更多，而他并不在中东。不过，这并不重要，多亏推特，因为他在中东地区有成千上万个信息来源。他联系、核实、评估和重新发布的各种信息，或许最强有力地说明了社交媒体的影响以及新闻中内容管理的力量。

卡文说，当有很多目击者或需要大量的专家讲述这则报道时，社交媒体和内容管理效果最好。那些目击者和专家

可以对所发生的事情提供更为广阔的视野。2011年2月，开罗解放广场抗议活动期间，卡文面临了严峻的报道挑战，因为记者们受到了攻击，而且攻击行动发生在大面积的区域内。卡文说，"在地面上，就你耳闻目睹的内容，可以做出伟大的报道，但是很难做一个全局的报道。"卡文将他用社交媒体所做的工作称之为"远程新闻业的一种形式"，这种形式可以提供对新闻事件角度多样的深入见解，就单一记者报道而言，即便不是不可能的，也可能是困难的。然而这样混合众包的报道和推特信息的策展，可能是一种新的新闻实践，卡文

说，在自己的新闻工作中，遵循了质疑、信息源的培养以及核实信息这些新闻工作传统的基本知识。当他转发一则有可能不真实的信息博客时，卡文说，他表示需要别人来确认或揭穿它。"我使用推特不是制作新闻产品，而是将新闻产品向人们开放的过程。"卡文说。为了做到这点，他向专家或目击证人恳求信息。卡文在《卫报》的一则新闻报道中说，"我承认我不知道事情的答案，而我将用户视为潜在的专家和目击者。""在某些方面我做的和一位广播主持人报道突发现场新闻一样：一只耳朵听制片人的，与权威人士交谈，同时主持报道，但是我不是制片人的追随者(Katz，2011)。"

卡文还指出，他的社交媒体和现场博客的混合满足了新闻消费者某种特殊类型的需要。"并不是每个人都会等待新闻播报或成熟的文章。有时他们只是想了解发生了什么事。"因此，卡文称他的作品为"实时口述历史"，而他的推特关注者是其"编辑部"。

卡文说，他的社交媒体和新闻策展在调查性报道工作中效果并不好，因为它依靠的是开放性。它也不适合更多草根新闻事件的基本报道，如市议会会议，因为在这些类型的事件中往往有很

图9.4 全国公共广播电台的安迪·卡尔文，策展了数以千计的来自2011年"阿拉伯之春"骚乱的推特文章

多目击者和专家。他还指出，"推特是信息的主要流通物，并且很丰富。"这意味着记者不能仅仅在推特上注册账户，然后就开始寻求帮助。信息来源，无论是在社交媒体中的，还是面对面的，都需要培养。"你认识的人越多，越信任你(在推特上)发展的关系，他们影响你报道的可能性越强。"他说(Ross，2011)。

小结

网上搜索和分享信息的能力，为融合记者开辟了种种新的机遇，使用链接、社交网络和其他数字媒体技术，给新闻受众提供更多有价值、更有趣的新闻报道。

第10章

特稿或创造性的报道

由于数字技术的影响，新闻受众的需求从短小、快速和直接的新闻延伸到了深入、广泛和互动的新闻。每日综合性报道依然能满足部分的新闻需求，但不是全部。微博、智能手机的提醒和YouTube上传的数据流，都挑战了记者尽快地传递现场新闻并通过社交媒体将之分享出去的能力。简讯、快速现场博客和推特报道，提供了什么是新的以及当下人们希望用哪种方式传递的新闻。新的和即刻的报道可能包括照片、文字和视频。到目前为止，本书已经讨论了这些类型的新闻制作和报道。

不过，人们也期望记者传递新的信息和报道，而这些信息和报道是记者搜寻出的未知的或者是被隐藏的。这种报道不是由公共行动或现场新闻或者说突发新闻驱动的。其源自公众需要知道是怎么回事，即使这些事情不很明显。之所以成为新闻，并非是因为此刻事情正在发生，只是因为刚刚了解和接触到而已。

这种类型的新闻被称为特稿或创造性的报道，还有其他多种称呼。可能是一篇具有人情味的特稿、一种趋势报道、一篇概述性报道(a profile)或者一则调查性报道。在报纸和电视中，其经常作为一种特殊的系列报道，比正常的报道更长一些。在印刷媒体中，可能达1 500字甚至数千字；而在电视和电台中，可达几分钟到一个小时甚至更多。可能是杂志上的一篇几千字的长文章，绵延好几页；也可能是一种多媒体呈现，结合了图形、动画、视觉效果以及相辅相成、相互完善的文字，出现在报纸或新闻节目中。亚伯拉罕·埃弥道(Abraham Aamidor)在其《真正的特稿写作》(*Real Feature Writing*)一书的前言中，将这种类型的写作和报道定义为"表面之下的新闻……我们总是不承认但影响着我们所有人的阴影下的事实……是我们尚不知道而我们需要知道的所有神奇的人、地方和事情"(Aamidor, 2006)。

如果说现场新闻报道要求快速、简洁和直接的话，那么这些形式的新闻报道——即特稿、调查和解释性报道——在报道和呈现两方面，都要求有深度。就像数字工具彻底改变了现场新闻的报道和制作一样，数字技术正在改变新闻受众在深度和细节方面的期望和需求。

已发现多种类型的特稿和创造性的报道，在不同的媒体中，可以作为超越现场新闻、实践融合新闻的良好的路径。下面这些已经运用于印刷媒体和广播节目中的报道类型，如今在网上焕发出了新的活力。包括：

- 发展趋势报道；
- 人情味的/形象报道(人物、地点或事物)；
- 聚焦或微观/宏观的报道(Aamidor，2006)；
- 解释性报道或服务性报道；
- 调查报道。

这些类型的报道扩大了撰稿人/制作人对于报道元素的风格和组织方式的选择。导语不一定关注最新的信息或最具影响的行动。可以运用轶事和其他叙述形式的导语，获得新闻受众深入探究这则报道的兴趣。这些报道背后的每一个点，都可能向受众展示其不知道，但是应该知道或可能想知道的内容。

有时候，这些类型的特稿或创造性的报道可能与某个新闻事件或行为有关，如报告和调查的发布、政府听证会或演讲、周年纪念日、灾难、政府的或商业的项目。这些报道有一个"新闻挂钩"，及时锚定一个事件或行为。高中足球赛季的开始可能就作为新闻挂钩，用于努力减少青年运动脑震荡的特稿报道的引子。社区农贸市场隆重开幕或许可以作为一个新闻由头，引出关于城市农耕或有机食品运动兴起的报道。

电视记者在做有关报告或调查(该调查作为现场新闻发布)的节目时，常常聚焦于微观/宏观新闻的特稿报道方法，以便让统计数据"人性化"。例如，如果新的经济数据显示，越来越多的55岁以上男性正处于长期失业状态，那么要做有关那些数字报道，比较好的一种做法是，把重点放在某位已经失业两年或两年以上，年龄超过55岁的男人身上。该报道把新的经济数据与支持性的及专家的意见(如一位经济学家，一位就业辅导员)等语境编织在一起。因为电视的视觉效果需要，要关注统计数据的个体代表，所以要拍摄这个人各种活动的视频：在电脑上找工作、参加工作咨询、开车去面试，这里仅仅列举了报道中所需的一些视觉形象。

记者经常在恶劣天气介绍一些常识或者担任讲解员解释报道，比如暴风雪或飓风。此类报道，或许是关于如何最好地做好停电的准备，或许是关于必须撤离家园时应该采取的措施方面的建议。2011年8月23日美国东海岸遭受了罕见的5.7级地震的袭击，第二天东海岸多家报纸的报道都是建议人们在地面开始晃动时应该怎么做。在纽约和华盛顿特区，有许多人逃离建筑物站在大街上。第二天新闻报道指出，人们外出躲避是一种糟糕的举动，正确的做法是倒下同时寻求掩护。另一篇新闻特稿解释了地震发生时，为什么有些人有感觉而其他人没有。这些报道都有视觉影像，比如用地图显示受到地震影响的区域，用动画或图形显示地震源等。

解释性报道也会要求筛选大量的数据和努力采访数百名专家及目击者。新奥尔良记者探究了卡特里娜飓风后，由于人为的工程质量问题，部分城市是如何被洪水摧毁的。《普罗维登斯日报》(*Providence Journal*)的记者，将某个摇滚乐队烟火的使用和违章建筑的片段性信息联系起来，解释了2003年夜总会火灾是如何导致100多位狂欢者死亡的。这些报道运用了文字、视频、动画和照片，解释了火势如何通过存在问题的俱乐部出口处，还有俱乐部使用的建筑材料加剧了这些危险。

有了每一种类型的新闻特稿或创造性报道，记者可以选择深度、细节、叙事风格以及用于报道讲述的媒体。所给予的时间常常会对报道的制作产生限制。在"非现场新闻"报道中，因为来源和信息的分散、隐藏或难以发现与获得，所以筹划和组织发挥的作用更大。

本章将着眼于多种类型的特稿或创造性报道，以及如何制作出多媒体报道。对报告的讨论可能会引出一则报道，而这则报道既可能出现在印刷媒体、广播中，也可能出现在网络中。即使一篇特稿或创造性的报道只出现在一种媒体上，比如报纸或电视新闻报道中，不过有些人可能只希望在网络上看到这则报道，那么就需要用多媒体元素改善报道的讲述效果。无论是一篇趋势性报道、一篇聚集报道(a focus story)、一篇人物报道还是一篇调查报道，这些创造性的报道类型扩展了报道的八大要素(见第2章)，并要求对报道中的多媒体的元素进行规划。这些报道给融合记者以机会去延展其报告，以更大的深度和更多的细节撰写、制作新闻故事。

聚焦或微观/宏观世界的报道

聚焦或微观/宏观新闻特稿，可以为一个简单而严肃的统计数据，提供非常有人情味的故事。某些主题特别适合运用数据和数字，如金融或经济、卫生和医学或教育和科学。聚焦于能够代表更大的议题、问题或情况的单个人或一组人，不仅能简化问题还能澄清问题。这样的处理可以使问题给人留下的印象不那么抽象和冰冷。把问题与一个人的面貌和姓名相联系，会让人们对主题投入更多的情感。因此，任何焦点新闻特稿的目标是确保联系到个人或人的面孔处于报道的核心，并且最终呈现出来。焦点报道有助于将人们与问题或关心的解决方式相联系。

新闻背景的挖掘与研究，仍然是报告和制作焦点性报道的至关重要的部分。记者需要能够理解焦点报道中心的议题或问题，也清楚其影响。焦点新闻特稿应包括以下几点：

(1) 准确理解议题所表征的内容(背景)；

(2) 帮助回答有关问题并更好地界定议题的专家；

(3) 代表或体现问题的个体；

(4) 个体的联系，即被选为代表的、能够提供更大的洞察力信息来源之人。

背景。设想长期失业报告中有关55岁以上的男性。在寻找能够代表这些数字的人之前，需要回答一些问题。在经济发展中，对于年长的男性而言，什么样的工作岗位消失了？是白领和商务或行政岗位消失了，还是更多的制造业岗位消失了？在长期失业状态中，是否有种族或民族的差异？之前是不是没有见过这种情形，还是让人想起了过去的失业模式？这些问题可以帮助找到报道的焦点，通过思考可能会发现这个报道具有吸引力的人而确定如何报道。如果对失业报告做出更深入的挖掘后，你发现了让你吃惊的一些信息或者改变了你有关失业的观念问题，那么关于报道的不寻常的转折，可以作为一个帮助你搞清楚特稿焦点的起点。

专家。聚焦报道还可以从该话题领域的专家那里获益匪浅，他们可以对报道核心的议题进行检查、澄清和评论。你可能会发现很多对失业进行评论的人，但是记者得确定在55岁以上男性失业方面最相关的和最有用的评论专家。

就该份报告的报道而言，将报告整合到一起的人员可能是一个有用的来源，但是这种来源又具有局限性。报告的撰稿人也可以作为一种有用的专家来源，但不应该是唯一的专家。找到其他也在研究失业的专家(经济、劳动力、工会和创造就业领域方面的专家)，他们可以提供不同的见解和观点。这些人可能会帮助他们更多地了解报告，也可能解释报告的局限性。

在一篇聚焦报道中，专家解释大局，或"宏观世界"关注的信息，如果受众发现在某种程度上，信息传递的方式是他们可以消化的，他们就会发现信息是有趣的。那就是微观世界或个体聚焦进入的地方：个体的故事有助于人们与更大的议题联系起来。焦点报道需要两个层面：所解释的大问题以及能够在个人层面上代表这种问题的普通人。

如第3章所述，可以在背景研究中发现专家，背景研究包括其他报告、新闻报道和博客文章。人际关系网(LinkedIn)和脸谱网这样的社交网络，可以帮助查找深谙焦点报道中要解决的问题的人士。不过，在采访这些专家之前，应该对他们的背景和资料进行验证。查看网上的简历和参考，以确定其是否确实是一位名副其实的专家。例如，如果有人说某人是一位神秘犯罪方面的专家，那么至少做一次网络搜索(最好是使用几个不同的数据库和搜索引擎)，以确定此人是否参与过司法案件。如果此人负责女巫博客的管理，那么这个人的专业知识将非常有限，对于邪恶的犯罪仪式方面所需的知识可能不是很擅长。

个体。专家通常会将你引导到可以代表焦点报道中要解决的问题的人们那里。当焦点报道与健康问题有关的时候，尤其如此。专业医疗人员可以作为专家，但是这些人员也可以帮助你找到一些有着报道中提到的健康或医疗状况问题的人。

支持和社会团体，无论是在网上的还

是与教堂和社区团体相联系的群体，也可以提供一种方式，来寻找作为焦点报道中的核心个体。关于乳房X线透视新建议的一篇焦点报道，可以运用乳腺癌支持团体，以及患者倡导建立的社交网络，而找到乳腺癌幸存者或者由于家族病史而担心患乳腺癌的女性。这些人可能有助于让这些新建议的影响富有人情味。关于失业现象的焦点报道，教堂和就业中心以及在线社交网络中，可能有个体愿意介绍自己的经验，以说明更大的问题。

个体的联系。虽然焦点报道突出个人的情况来阐明更大的问题，重要的是要确保个人的故事是真实的。就像你需要验证专家的资格，通过朋友和家人以及背景研究来核实个人的故事或情况。因为个人的经验处于焦点报道中提到的个性化更大问题的核心，如果个体的故事是不准确的或不真实的话，那么这个报道就毫无意义了。

在某些情况下，这种报告可能从不会被编织到一篇报道之中，不过有必要确保报道的有效性。骗子会毫不犹豫地欺骗记者，尤其是当他们看到可以将一则新闻用于获得公众的同情和善款手段的时候。

2011年6月11日，《CBS晚间新闻》中报道了美国老年人失业情况的新闻专题。该报道从记者对一位失业4年之久的51岁妇女的关注开始。报道包括了对其他年过半百失业人员的评论，有一个新闻由头：洛杉矶的招聘会。不过，不是与一场招聘会的现场新闻报道放在一起，这个报道集中

在美国年长人士的中长期失业问题上，个体的故事让问题有了人性化色彩，也让报道具有了更广泛的吸引力。

虽然一篇焦点特稿，可能有一个新闻由头，但是并非总是需要一个由头。在趋势性的或者那种包罗万象的报道中，有个新闻由头效果比较好。焦点特稿并不总是局限于单个人。例如，《波士顿环球报》(Boston Globe)决定将乘坐19路公交车穿过城市的人，作为查看"公交网需求"报道的焦点(Baker, 2011)。在这些"文章集锦"(occasional articles)中的第一篇，焦点是乘坐19路巴士到食品分发处的艾丽斯·苏亚雷斯(Iris Soares)。

文字报道以描述苏亚雷斯开始，以及她一天如何乘坐公交车开始其公交车之旅。然后，报道转向"核心段落"，即概述文字报道要点的一个段落，让受众推理以及将个人化的故事与更大的议题相联系：经济困难时期的都市贫困问题。

> 19路线讲述了这个城市的故事。这条线路会经过很多地区，这些地区的居民，几乎占全部居民的三分之一，而且生活在贫困之中。接着巴士穿行过世界一流的医院和博物馆。对苦苦挣扎的多尔切斯特和罗克斯伯社区居民而言，19路巴士是一条生命线。人们依靠19路巴士来获得第二份和第三份工作，乘坐19路巴士去医院、去兑现支票或者去康复中心。

(Baker, 2011)

在报纸的印刷版，文字报道配发了5张照片，分别记录了苏亚雷斯在食品储藏室各个部分步履蹒跚地行进。在线版本的报道中，照片不见了，但是3分半的视频位于报道的顶部。视频也记录了苏亚雷斯的日常生活，在视频中，她讲述了奔波之苦，但仅是苏亚雷斯一个人的声音，以及与其需求相关的内容。没有使用标题，"详细的网络需求"，标题标签包括"站"和"19路线"有助于搜索找到它。该报道可以在www.boston.com/yourtown/boston/dorchester/articles/2 0 1 1107117/pantries_bus_19_help_give_woman_a_lifeline/找到。

多媒体元素增值。注意，《波士顿环球报》对19路巴士的报道运用了大量的文字和静态图片，但是网络版本用了视频。在谋划一则焦点报道的多媒体元素时，要考虑哪些媒体会增强对"宏观的"问题的了解，以及什么元素有益于对焦点中的"微观世界"或者说个人问题的深入了解。

以下是一些大问题/宏观世界元素。

- 链接提供背景、更多的信息。链接到一个组织、一项研究、用于获取背景的一份经济报告，这对他人也有用。
- 图形。如果大的议题涉及数字，如失业长达6个月甚至更长时间的人员比例，那么图形可以让这些数字直观化。一幅地图可以说明问题的严重程度或表明受影响最严重的地区。
- 同期声。能够谈论宏大问题背后如何及

专家和分析人员的见解，这些非常有益于加深对问题的理解。

以下是一些个体或微观世界各种元素。

- 一小段话。这些内容揭示了个人的、人为的影响以及与大的议题相关的情感。
- 静止画面。这些可以用来描述人及此时与更大问题相关这个人的处境。照片可以展示某个人的生活如何受到了影响。
- 视频。可以展示一个人正在采取什么行动以处理问题或者由于这个问题令他/她如何以不同的方式做事。
- 通过评论或社交媒体互动来帮助那些可能涉及更大议题或正在应对更大问题的其他人，与面临同样问题的他人相联系并向他人学习。

并非每一篇焦点报道都需要全部多媒体增值元素，不过多媒体增值元素是这种报道需要规划和执行的一部分。并不是每一篇焦点报道都适合运用视频或地图。正如记者要考虑跟谁交谈以及所需要的支持性信息是什么，他/她必须考虑用视觉效果和链接手段吸引观众。

类似于艾丽斯·苏亚雷斯和19路公交的焦点特稿，似乎是一篇人物形象性的报道，这篇报道也类似于一篇趋势性报道，因为这篇报道确实暴露了种种行为或情境的一种相关性。然而，人物形象和趋势性报道往往涉及报告的其他层面，还有一些捕捉观众注意力的制作部分：这些内容就将它们与焦点报道区分开了。

趋势报道

趋势报道的念头可能来自许多地方。可以在一份报告、调查、数据或预算中产生想法。可以与某个新闻事件有关。可能产生于社区中发生的某些事情。可以来自于模式中的变化或行为模式的发展。趋势报道所需要的只是一种趋势。任何适用于新闻报道的元素同样适用于趋势报道。

你曾听说过蒸汽朋克吗？(蒸汽朋克，英文为Steampunk，是一种科幻题材，偏重于展示20世纪80年代至90年代初那些产业化的对象——译者注)。2011年5月，马萨诸塞州沃尔瑟姆的波士顿郊区举办国际蒸汽朋克音乐节的时候，很多在波士顿地区的人可能从来都没有听说过在特稿中发现的这个关于趋势方面的术语，这种趋势将维多利亚时代的风格与现代技术相混合。关于蒸汽朋克运动的报道有一个"新闻由头"，与周末节日有关。但是不寻常的术语本身可能会吸引人们，希望了解更多一些，而对于那些生活在沃尔瑟姆的来说，维多利亚时代人们着装观念穿越到了城镇，可能会让对此感兴趣人们希望了解正在发生什么事。对蒸汽朋克感兴趣的这种趋势，为报道提供了动力。

如果记者对某个社区了解很透彻，或者能够断定什么主题是典型的，什么主题不是典型的，那么他就可以在任何地方发现一种趋势。负责一个特定的社区或主题的记者，即专线记者，应该对所报道领域出现的趋势和变化很敏锐。例如，学校的记者可能会注意到有些学校的零食自动售货机少了，就有可能促成一篇不断努力让孩子们吃得健康的趋势报道。

新闻聚合器和社交媒体网络，比如推特、谷歌、雅虎和脸谱，向所有用户提供关于"什么是趋势"，无论是某个名人、一则新闻，还是一场讨论。调查组织和智库也会试图找出趋势是什么。例如，每年皮尤研究中心会有关于媒体使用趋势的互联网报告。其他新闻机构可能是趋势的一个来源，因为某个社区中的趋势有可能成为你所在社区的一个趋势，但是你的社区如何符合这一趋势则是独特的，需要新鲜的报道。因此，一篇趋势报道的想法的核心可以来自千万个地方。不过，通常在决定是否将一种趋势做成一篇趋势报道之前，需要做一些报告和背景方面的研究工作。

例如，某个研究生在寻找多媒体项目想法时，周末回了一趟家，发现自己好几个高中同学都搬回家与父母同住了。最近一对新婚夫妇与岳父母同住，因为他们想攒钱买一栋自己的房子。另一个人住在家里是因为在其大学所学的研究领域，让他很难找到一份工作。这位研究生认为，这可能是二十几岁读完大学后，回家居住这种趋势的某些迹象。这是一种趋势吗？她已经发现了某些人的故事可能表明一种趋势，但随后她需要做一些研究，看看是否有人或某个组织已经着手探究相关信息，以证实她的"趋势"判断。人口和住房信息也可能有助于支持或反驳这一趋势。

有时参与某个活动或某项运动的人数更少了，也能代表一种趋势，尽管这是下降的趋势，不过可能是一篇有价值的报道。记者或许已经注意到12月通过邮局寄来的贺卡越来越少。圣诞节寄送节日贺卡的传统要凋零了吗？为了证实或反驳这一趋势，记者可能要调查报纸或文具店，以确认圣诞贺卡销售量的降低，或者他/她应该看看目前邮政服务部门提供的12月交递邮件变化类型的相关信息。这篇趋势报道需要以下信息：

(1) 确认或定义趋势或模式；

(2) 代表或体现这一趋势(提供轶事)的人员以及可能提供有利的信息(favorable information)(从这种趋势中受益的人)；

(3) 可能会被这种趋势忽视或贬低的人(受害者)；

(4) 对趋势进行评论和解释的专家(以提供统计数据，可信度)。

在大学毕业后回家与父母同住人员的增加的趋势报道中，确认这成为了一种趋势(20多岁回家的年轻人)。报道需要解释为什么这一趋势正在发生，与身处这一趋势中的人(就业市场有限，住房成本高企)，并与受这种趋势影响的人交谈(那些搬回家居住的人，成年子女搬回家与家人同居的父母，房地产经纪人)。记者应广泛撒网获取信息来源和观点，以确保其认定的某种行为模式，具有广泛的兴趣和吸引力。

趋势报道旨在回答如何以及为什么的问题。一旦记者发现了一种模式或趋势，下一步则是判断该趋势为什么能够获得或失去声望或利益。身处趋势之中的人，可以提供一些解释。然而，在这些趋势影响之外的人们的观点同身处趋势之中的人们的观点同等重要。从不同角度观察趋势，可以为报道的受众提供语境。此时，社交媒体可以作为一种伟大的方式来了解某种趋势，并向人们做出解释。

例如，有个学生试图追踪有关波士顿在线旅游社区的发展趋势。她运用脸谱网发现其中几个社区，有人大赞这些社区的优点，而有的人则表示担忧。几个在线旅游社区具有社交功能，她加入到这些社区，以便找到更多的资源，研究关于在线旅游社区这一趋势能够发展到何种程度。

趋势报道应该提供增值的多媒体元素。再次提醒，并不需要包括一切多媒体元素，但是记者需要提前谋划，什么是最佳的、可用来提高故事讲述的手段。下面是一些需要考虑的指导方针。

- 链接。提供更多的场所和人员，让人们了解这种趋势。这些人员和团体可以作为信息来源，所以你必须对链接到的话题及有用性进行验证。链接要与读者、观看者和浏览者共享这些信息。
- 引语/同期声。文字中的引语或视频和广播节目中的同期声有可能非常少。
- 视频。如果这一趋势涉及人们正在做的一些事情，那么视频就是展示这些人在做的事情的最好的方法。关于最热门的运动趋势的报道，可以用文字描述这项运动，但是视频则可以显示这些运动走向意味着什么。关于家庭烹饪聚会的报道，最好有视频向受众展示这些聚会看起来是什么样子。

- 照片和幻灯片。照片捕捉某个瞬间的效果最好，刻画小规模且安静的活动，照片的效果也比较出色。编织活动的兴起可能适合用照片展示，包括作品完成后的各种图片或幻灯片。

- 图形。涉及向上或向下变化的趋势，图形可以直观地显示那种变化。几乎每一种类型的趋势报道，都可能用一幅图形来描绘增长或下降的走向。

形象：人物、地方或事物

形象报道可以简单地向人们介绍一些个人或组织，人们会发现这些内容不仅有趣，而且与自己相关。形象报道可以有一个新闻由头(想想在奥运会期间，对美国运动员"亲密和私人"的报道)，或者也可以与一个地方有联系(考虑2011年马丁·路德·金纪念馆开馆的报道)。不过最重要的是，报道需要与观众建立起联系。

大部分人物形象报道旨在探索某个人的生活方式，从而可以丰富受众的生活经验。在做一篇形象报道时，记者要作为报道对象与受众之间的桥梁。形象报道可以让受众更亲密地了解所报道的人物。为了让报道与受众建立起那种联系，记者首先应该形成那种联系。在撰写和制作人物形象报道时，需要时间、毅力、奉献精神和创造性。关于某个人的人物形象报道需要以下信息：

(1) 人们会发现其有趣的一个对象；

(2) 证明这个人为什么会被认为是有趣的种种例子和轶事；

(3) 揭示这个人是谁以及他/她是如何行为和思考的背景和信息；

(4) 支持性信息(来自朋友、同事和家人)。

如果你要做一个组织或地方的形象报道，这些要求同样适用。举个例子，对面包店雇用无家可归的人作为工作人员的形象报道，需要展示为什么人们会发现报道是有趣的，以及该面包店是如何运作的这些背景信息。这篇报道还需要来自在面包店工作和消费人员的观点。在面包店工作人员的故事，可能使这篇报道的角度或焦点对受众更有吸引力。

设想一篇关于某个表演者机构的形象报道，该机构的表演者参访儿童医院且表演了戏剧和音乐。这篇形象报道得突出该结构的吸引力方面的信息，以及来自于该机构内的人员和为该机构服务的人员方面的信息，诸如医院工作人员、儿童、有孩子在这家医院的那些家长们的信息。

无论是面包店还是医院剧团的形象实例，给人的印象是报道"感觉很好"，看完报道后观众会觉得很好。人们喜欢"感觉良好"的报道，这是记者为报道做功课的责任所在，以确保她提供的是准确的，从而达到这一"感觉良好"的结论。来源单一的形象报道有所失责。当一篇形象报道的主题给人的印象是好得令人难以置信的时候，记者需要小心并遵守纪律，确保自己看起来漫长且足够艰难地证明，没有忽视和无视相关的信息。

发 现 对 象

名人和高级公职人员似乎是形象性报道特别常见的选择对象。《人物》(People)、《我们》(Us)等杂志和如《今夜娱乐》(Entertainment Tonight)等电视节目，甚至《60分钟》(60 Minutes)，人物形象报道都是为了满足受众了解名人的需求。人们喜欢看到生活在公众视线中的个体私生活的一面。

然而，一些最令人满意的新闻可能来自在流行文化"监察"之下刻画的个体。有着不寻常的工作或爱好的某个人，或许是形象报道的一个非常好的对象。为社区提供独特服务的、已经度过困难时期，或经历不寻常的事件的某个人，可能有着引人入胜的故事，可以将其人物形象展示给其他人。

在报道一位杰出人物时，最困难的报道任务可能是在发现无意识的和启示性的时刻。知名报道对象可能只允许在有限的时间内接受一次采访。与之相反的是，有时被报道人对聚光灯不习惯。你可能有很多的采访与材料，而难度在于需要找到一个焦点，还要避免偏离焦点。

报道对象不跟你交流是一大困难，迫使你依赖其他人的观点和印象，不过这种情形很常见，主要的公众人物既不想被剖析，又想要完全控制这篇形象报道。这个时候，扎实的新闻背景和研究以及社交媒体会有所帮助。在了解报道对象的时候，查看那个人的脸谱网页面是一个很好的起点。脸谱网还可以提供信息来源。再一次强调，在确定所提供的信息的有效性时，持适度的怀疑态度效果较好。

> **形成一篇比较好的人物形象报道的元素**(Sumner, 2009)：
>
> - 卓越；
> - 毅力；
> - 古怪；
> - 成就；
> - 经验；
> - 职业/爱好。

逐 渐 了 解 报 道 对 象

在做形象报道时，为了了解报道对象，记者经常将采访作为首要的依赖工具。过硬的新闻背景和研究可以增加很多出色的采访机会。过硬的新闻背景及研究，应该得出一个好的想法：为什么这个人的故事值得向他人讲述。这就是人物形象报道的目的或重点。你的问题应该引起对重点或目的的启发式反应。

如果你发现当地两个青少年启动了收集旧手机的计划，为的是送给驻扎在海外的美国军队，你可能确定这两个人值得做形象报道。曾有两篇文章描述过这两个人的努力，但是你要确定这两个青少年因为所做的不同寻常的事情以及产生的影响而更加引人注目。为了这篇人物形象报道，你希望采访他们，找出促使他们启动这个计划的真正动机以及对于他们这个简单想法导致的过度热烈反应，他们是如何应对的。

下面是一些提示，可以帮助你专注于采访。

(1) 考虑目标、障碍、成就、物流。询问的问题要与这些领域有关，还要找出信息和趣闻轶事。

(2) 思索趣闻轶事。让被报道者给你讲述一个故事，询问由目标引出的掌故。

(3) 跟进或改述问题，以便让报道对象回答问题时更为舒适。广播采访者知道摄像场面会让人紧张，所以有时候会给报道对象第二次机会，这样可以让报道对象更舒适一些，从而展示出一种洞察力。

(4) 谈论(记录)关于这个人的历史、思考以及对她所做的或发生在她身上的一些事情的反应方面的细节信息。

这些要点可以应用于某个组织的形象性报道的采访。这些建议旨在引起对所采

取的行动以及可能具有广泛吸引力的反应的评论。诸多个体组成一个组织，所以要问他们在凸显组织的影响力和吸引力过程中所经历的障碍、挑战或成功经验。

在筹划采访形象性报道的对象的时候，要永远对采访过程进行录像，这样你可以将采访片段经编辑后放到网上。在你的主要报道中，可能需要略去一个有趣的故事，但是网上可以为那些希望有机会接触更多采访内容的人提供可能。

展示和讲述/多媒体元素

每一篇形象性报道应该向受众展示报道对象的故事，以及介绍一些有关报道对象的话题。展示包括描述、背景、行动和轶事。然而，形象性报道的网络版本，现在允许记者使用各种媒体对人物、组织和场所细致入微的洞察。即便所写的形象报道是印刷版的，这篇报道也很可能出现在网络上。因此，记者不仅期望精心编写出文字版本，而且期望有图片(可能出现在幻灯片中)、视频(作为一个节目包或简短的采访片段)以及来自于文字稿中的图形和动画等。

考虑一篇形象报道中这些多媒体元素的价值：
● 链接到这篇形象报道对象的工作、其传记或简历，关于报道对象的其他帖子或者文章；
● 展示形象报道对象如何生活和工作的

视频；

- 捕捉了报道对象瞬间的照片，而这个瞬间揭示了被报道者的个性和兴趣；
- 摘自访谈的声音片段，这些声音考虑到主要呈现方式(印刷或广播)，从而做出限制。

一旦你对报道对象做了一些研究，确定是什么使这个人具有独特性，足以保证一篇形象报道，其次确定讲述和展示这种独特性的最佳方法是什么。然后你想要描述最能说明那个人的环境以及所做的事情。让报道对象在采访期间展示他的所作所为，有了这些材料可以满足两个目标：

(1) 将受访对象置于一种舒适的、熟悉的场所，从而受访者很放松；

(2) 考虑到了视觉的材料和积极活动(active movement)。

举个例子，前CNN记者布莱恩·卡贝尔和现场制片人韦德·里克斯扼要报道了被称为"马路厨师"(The Road Kill Chef)这么一个人。这个男人住在北卡罗来纳州的一个小镇，为一家报纸撰写专栏，内容是关于在马路上准备菜肴及日常可作为食材的花草树木。刻画这个厨师的最好的环境是在厨房中和餐桌上。视频报道显示，很多厨师展示了他是如何准备和烹制松鼠和蛇的。该视频强调了准备一顿饭菜的声音，如锅中油炸的声音。

这篇报道视频用得很好，但在多媒体时代，想想还可以提供什么内容。如果马路厨师在网络上公布一些食谱，想象会有多少具有更高价值的报道，以及报道文本框中的信息是否会用一些要点突出提示找到可食用的植物。如今在策划关于马路厨师的多媒体报道时，记者可以提供视觉影像、描述、详细资料一览表等。这段视频显示了厨师所处的环境，但是增加的菜谱以及其专栏文章的链接，可以让受众数量更大。运用社交媒体，这篇报道可能会探索出其他人的食谱以及靠着土地吃饭的想法。

有些人物形象报道对象给多媒体运用提供了简单且明显的机会。对一位音乐家的传记性报道，资料应包括视频以及其练习的音频、练习和演奏的音乐。对一位艺术家的形象报道应该描绘艺术家从事的艺术。对赛车手的报道，应该显示赛车手在跑道上、在坑里。所有这些报道，视频是捕获行为的最佳媒介。

报道某位公众人物形象，在他家采访具有类似的效应：报道对象能更自在地谈论自己。2007年2月11日，《60分钟》史蒂夫·克罗夫特(Steve Kroft)对美国总统巴拉克·奥巴马做了一次全面报道，报道展示了奥巴马在芝加哥附近邻里与当时的总统候选人交谈，在家里为女儿们做金枪鱼三明治。但是这份报道的重点意图是，向公众展示未来总统的另一面。通常情况下，会将编辑过后播出的电视形象报道节目中的同期声片段及采访上传到网上。新闻网站中有额外的采访材料，这种情况现在很常见。

最后，社论性讣告和问题与回答这两种变体的形象报道，仍然是流行的形式。

社论性讣告(不是由殡仪馆和家属支付并提交的死亡通知书)讲述这个人如何生活，是特稿当中关注度最高的。基本信息要精确，比如姓名拼写正确，年龄及死亡时间的准确尤其至关重要。错误的信息会给家人和朋友带来更多的痛苦与悲伤。

在印刷版和网络中，问题与回答(Q-and-A)成为最受欢迎的简短人物形象报道类型。这种报道可能包括一小部分的问题与回应。因此，问题要求高度集中，而回答则要字斟句酌、简明扼要且富有见地。一般而言，问题与回答不能依靠事后编辑来获得一篇简洁的形象报道，因此有必要精炼采访中所做的工作。

调查

调查报道旨在纠正错误或使人们关注一直没有进入公众监督视野的议题或问题。很多顶尖的获奖新闻报道都与调查有关。调查报道在付印或播出之前，需要漫长而费力地审阅成千上万份文件，数以百计次的采访和普遍的双重和三方核查，包括由律师审核。不过更经常的情况是，记者所做的具有公共服务性质的独家报道，是在大大小小的社区工作中完成的。调查性报道会涉及核查政府官员旅游支出情况，社区游泳池的安全检查，纽约城市街道上防空法律执行情况，职业体育比赛的门票转售业务或公立大专院校如何应对性侵案件。这些主题只是调查报道中曾探究过的几个而已。

所有的调查报道都需要有坚忍不拔的毅力、出色而深刻的资源收集能力和值得公众监督的对象。许多调查部分源自以下信息：

(1) 关注金钱；

(2) 关注数字。

"关注金钱"，《华盛顿邮报》的鲍勃·伍德沃德和卡尔·伯恩斯坦在1973—1975年水门事件中的调查就此成名，记者通过关注公共机构和政府官员如何花费公共资金，通常可以发现一个好的调查报道。在水门事件案例中，对金钱的关注导致邮报记者揭露了总统理查德·尼克松的竞选连任基金与闯入华盛顿特区民主党总部水门综合大厦之间的联系。

规模较小的调查，2011年9月，《信使邮报》(Post and Courier)记者蕾妮·达德利注意到南卡罗来纳州州长等政府官员欧洲之旅花费了127 000美元，发表了质疑是否值得花费这笔钱的文章。2008年《波士顿环球报》(Boston Globe)调查一家软件公司与州及州前高层议员之间的合同关系，最终让前马萨诸塞州众议院议长萨尔瓦多·迪马斯(Salvatore DiMasi)在2011年被判处8年有期徒刑。

"关注数字"指仔细查看公共机构所提供的数字是否有增加。2009年10月，《亚特兰大宪法报》(Atlanta Journal-

Constitution)开始查看标准化考试中学生分数提高的情况，发现教师和管理人员改变学生分数的全州性丑闻。2011年，普林斯顿大学高中项目的学生检查了数家纽约的药店，发现一些过期的药品和食品仍在货架上。《拉斯维加斯太阳报》记者审查了当地医院记录的290万份账单护理图表，或者更准确地说在这些机构中护理水平的缺乏。丹佛电视台KMGH报道了救护车多次对丹佛国际机场反应缓慢，让人们的安全隐忧上升。无论规模大小如何，所有这些调查报道旨在使公众关注到问题或错误，以引发行动的改变或改善。所有新闻报道都可能涉及一些调查。

例如，警察殴打记者，而这位记者的报道可能曾经揭露了一些校车事故，包括司机们多次违反州酒驾的法律，然而这些司机仍然有驾驶许可证。通过关注数字，记者可以调查并揭示这些人是如何得到批准驾驶公交车的。这篇报道可能会促使更严格地检查雇佣的公交司机。或者，学校记者可能在查看职员薪金和托管人的加班工资后，发现几个托管人赚的钱比所在学校的校长还多。

调查报道要求：

(1) 识别和界定一个问题或一种错误(考虑其对安全与保障，以及个体、群体和社区的危害，想想欺骗和冲突)；

(2) 发现能够提供问题证据的文献国；

(3) 找到那些受到伤害以及可以提供相关问题的支持性信息的个体；

(4) 找到可能对问题或情况负有责任的个体，同时获得他们那一方的问题；

(5) 专家对这个问题的评论解释以及提供的种种补救措施。

新闻机构经常收到来自人们的提醒和问题，这些人寻求他人来调查企业、承包商、学校、政府机构、服务提供者或商店的问题。这些提醒为调查某种情况提供了一个起点，而所做的调查结果可以强调关注一个问题必要性的报道。如果声称某种行为或产品是有害的，那么出色的调查报道需要找到实质性的和重要的支持材料。同时还需要一种坚强和持久的努力，来应对那些被指控对问题负有责任的一方，就报道而做的辩解。

调查性报道往往需要时间和金钱，以及非营利性的公共调查方案，有些与大学新闻教育方案相捆绑，已经开始让新闻媒体参与对社区的议题和关注的问题的核查。至少有两个组织，调查记者和编辑以及调查新闻网，努力给予记者以培训和支持，为的是确保"监督人"功能依然强劲。波因特学院的新闻大学提供有关调查技能方面的培训讲座，如阅读普查数据和使用Excel电子表格做数据分析。

不过，调查项目可以依靠基本的报道技巧运用多媒体元素。在调查报道中，应考虑将下列因素组合到一起。

- 链接和文献。对收集到的多种文献提供链接，目的是对报道的内容做出通透的分析。向公众展示这些文献，让受众清楚作为记者的你是在查看了什么信息后而得出的结论。

- 图形。可以用图形表明一个问题或解释该问题是如何发展的。
- 照片和/或视频。用可视化材料展示受到问题影响或伤害的人们。这些画面让受众直面这个问题。
- 互动性和社交媒体。有相似经历的人们可以将自己的评论和故事添加到报道之中，从而扩大和延展这项调查。

2010年《拉斯维加斯太阳报》(the Las Vegas Sun)对医院护理的调查报道《不要伤害》，运用了各种多媒体元素，包括链接到文献、互动式图形，以及数以百计的读者发来的有关他们在医院护理中遇到的麻烦方面的信息，拓展了这篇调查报道。虽然很多新闻调查可能会涉及关注金钱或和数字，但是访问这些公共信息需要时间、毅力以及对文化和心理方面的些许了解。大卫·屈耶(David Cuillier)与查尔斯N. 戴维斯(Charles N. Davis)合著了《访问的艺术：访问公共记录的策略》，这本书中探讨了获取公开文献方面的技巧。屈耶建议调查文献的时候，在发送一份更正式的书面请求之前，先做一个口头请求。他还建议要清楚该文件的名称以及文件可能位于何处。"就系统工作而言，这需要韧性和策略，"屈耶对波因特学院的史蒂夫·迈尔斯说，"你不能破门而入，你必须以自己的方式努力穿过迷宫(Myers, 2010)。"调查报道一般要求记者"努力穿过迷宫"以帮助新闻公众了解更多影响其生活的隐藏的危险、各种问题以及违法行为。

解释性报道或服务性报道

社区记者角色的一个关键部分，是理解那里正在发生的事情。2011年9月初，在得克萨斯州奥斯汀之外的大规模野火，当地的新闻机构，如奥斯汀美国政治家(Austin American-Statesman)不仅提供了突发火灾蔓延到巴斯特罗普县的新闻报道，给那些无家可归的人提供联系人列表以寻求帮助，滚动播出失踪人员的名单。在报道美国推动越来越多地开采地下天然气资源时，《纽约时报》用多个故事与图形，解释了有争议的提取天然气的方法——"水力压裂法"(fracking)，这种方式引出了种种安全和健康问题。

解释性报道或服务性报道的目的是，为行为和活动提供背景和清晰性，这些行为和活动是新闻或社区中至关重要的部分。它们可以提供如何以及为什么事情会发生，以及到何处去、该做些什么这些问题的答案。例如，2011年夏季亚利桑那州凤凰城，遭受了多场沙尘暴。现场新闻会报道风暴及其影响。然而，一篇解释性报道可能包括与气象学家的交流，用图形来展示这些风暴(也称为哈布沙暴)的发展。相关的报道可以介绍在沙尘暴期间，如何保护自己和财产。

解释性报道和服务性报道也可以整合

到趋势性报道或调查性报道的项目之中。2010年海湾石油泄漏，让记者和新闻机构有机会在墨西哥湾沿岸，探索石油泄漏对环境造成的影响，以及发生了什么导致漏油事件发生，何以证明水下密封油井是困难的。2010年全国公共广播电台和青年电台的获奖节目，暗访了加利福尼亚州奥克兰贩卖年轻女孩卖淫的情况，一些"侧边栏"的附加说明，为主要的调查报道提供了背景方面的解释(Trafficked, 2010)。

解释性报道或服务性报道适合运用各种多媒体元素：

- 提供列表和要点的文本框；
- 能够提供一步一步再现灾难或情况发生的图形和动画；
- 提供清晰的例子和解释的声音片段和专家采访；
- 可以进一步提供信息和帮助的人员与机构的链接；
- 能够扩展人们在这方面知识的互动问答；

几乎每一篇优秀的新闻报道，都会涉及一些解释性或服务性报道。这些报道可能花费漫长而细致的工作，需要几个月的时间才能形成，也可能只是简单、直接的报道，是一篇信息紧凑又容易获得的报道。

2011年，母公司是《拉斯维加斯太阳报》的格林斯潘媒体公司数字媒体主管罗伯·科里(Rob Curley)发现，lasvegassun.com网站上最受欢迎的产品是服务性报道。他最近指出，关于同一主题的报道，在重新分区中有要点提示的图形文本框，成为网站中最能吸引注意力的部分，浏览者对其兴趣要高于文字报道。服务性报道帮助人们生活得更好，对读者、听众、观众和浏览者一直具有吸引力。服务性报道代表了一种高需求，不过通过网络和社交媒体获得新闻重点和生活，让新闻缺少了部分"迷人"的层面。

《基督教科学箴言报》

亚历山大·贝尔雷斯

在任何月份，都有260万独立访问用户转向《基督教科学箴言报》(Christian Science Monitor)的网站csmonitor.com，寻求最新的国内和国际头条新闻。总体而言，根据谷歌的广告规划师(Google's AdPlanner)的显示，访客点击监视器的网站大约为每月2800万次(Google, 2012)。如今，《基督教科学箴言报》这份日报以网页为首要的运作心态。对于屡获殊荣的《基督教科学箴言报》而言，从印刷版转向网页是一次激发兴趣的旅程，但是历程也颇为坎坷，作为一份传统报纸，其运营了一个多世纪，在发行量暴跌和收入下滑的局面下，曾扬言要停办。

读者转向网络寻求即时信息，箴言报的编辑意识到，如果报纸想生存下去，就需要找到其读者。因此，在2009年，第一份在全国范围内发行的日报《基督教科学箴言报》停止出版，通过网络发布每日新闻。

箴言报主编约翰·耶马(John Yemma)说，"我们的理念是，我们只是希望到达人们所在的地方，这样我们用人们希望的以21世纪的新闻体验方式来办箴言报。"他估计，箴言报员工约60%～70%的工作量投入在网络内容制作上。"我们已经在网上了，只是我们比以前在网络上更加投入。"耶马说。

箴言报网络的首要策略是利用搜索引擎优化。搜索引擎优化是使用关键词的过程——读者在搜索新闻或其他感兴趣的话题时更可能运用的词汇——精巧地深入头条，以便让箴言报的报道以更大的可能性出现在聚合器上，比如谷歌搜索结果的显著位置。读者点击头条，并最终来到报道中的csmonitor.com的超链接，引导读者深入到出版物的网站。"如果我们没有使用关键词，那么我们基本上是搬起石头砸自己的脚。"箴言报的在线新闻编辑大卫·克

图10.1　《基督教科学箴言报》的编辑和记者已经做出调整，以数字新闻产品为重，作为一种方式以保持其独特的新闻类型活着
照片：亚历山大·贝尔雷斯。

拉克·斯科特(David Clark Scott)说。"我们的目标是,不仅仅做出优质的报道,而且要让这些报道出现在尽可能多的人面前。"

尽管《基督教科学箴言报》对于如何最佳地使用网络给予了很多的关注,耶马说其采取了多平台发布模式,箴言报还出产每周杂志和电子邮件的每日新闻简报。订阅户也能收到摘要性的新闻简报。箴言报还为巴诺书店的Nook、亚马逊的Kindle和iPad应用提供内容。"我们处在所有我们认为人们接收、访问消息的渠道中。"耶马说。

印刷向网络过渡,需要报纸的编辑和记者改变他们看待新闻的生产和发布的方式。随着网络上的读者越来越多,继续用运输卡车和美国邮政,通过报纸

发布新闻的想法,似乎不可行了。"我们的想法是,我们只是希望到达人们所在的地方,这样我们用人们希望的以21世纪新闻体验的方式办箴言报。"耶马说。箴言报新闻总是包括新闻特稿或创造性报道,这些报道提供更多的背景、分析和细节。如今,这意味着更加重视在网络上到达受众。

现在,出版积极地监控谷歌趋势,并将超链接用做为跟踪读者指向箴言报网站内部更深层次报道的一种信息。"成为原创的报道是不够的。你必须让人们发现报道。为了做到这一点,你还要有头脑,以一种由头与新闻理想紧密联系。"斯科特说。记者要写得短而快。编辑执行内容管理系统,这种系统对记者进行了网络的民主化,为的是让

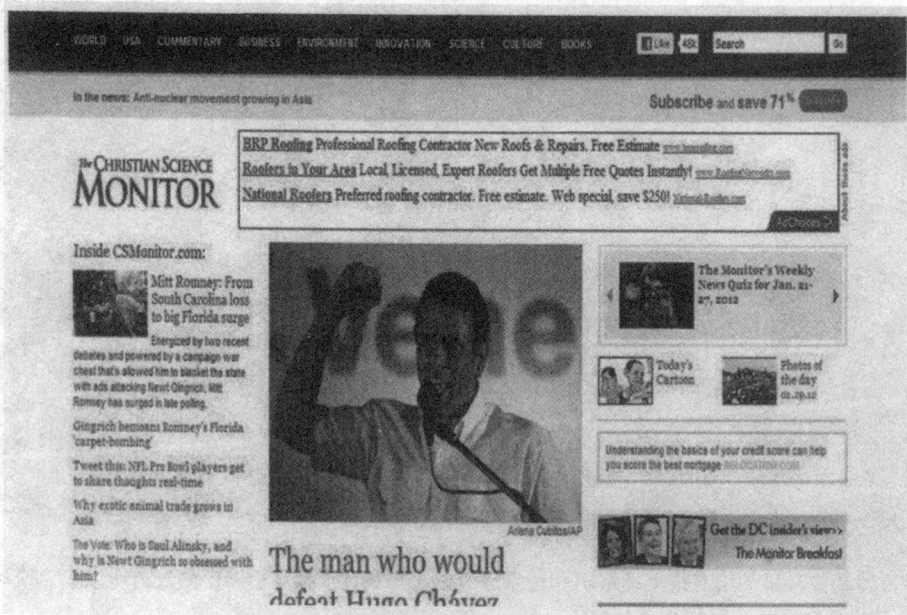

图10.2　《基督教科学箴言报》截图

记者们更容易地公布内容。"我们发布这个报道，因为我们认为，人们正在寻找这方面的信息，或者我们认为我们得到了独家的新闻或只是及时地得到了新闻，然后我们可以在主页上，为它安排一个显著位置。"他说。

我们的目标是确保消息到达习惯性地浏览标题且在网站之间跳来跳去的读者。"作为一家新闻机构，必须要做的是为人们提供信息，满足他们那一刻的好奇心，如果他们愿意，还可以让他们深入了解。"耶马说。

小结

多媒体元素为特稿或创造性报道形式提供有价值的和丰富的故事讲述机遇。这些类型的报道，是报纸和新闻广播长期的主要产物，具有告知、娱乐公众或向公众提供服务的功能。这些元素拓展了记者的报道和讲述故事的机会。

第11章

数字报道讲述：设计与数据

玩过视频游戏的人们都明白，仅仅是技术和图案的升级而已。由于没有故事情节或没有最佳地利用那些新的技术工具和图案进行叙事，在付费升级之后，玩家可能会觉得有点被骗的感觉。事实上，故事依然对玩家有强烈的拉动作用。

这同样适用于网络和其他数字设备，如智能手机或平板电脑上的报道或新闻叙事。新技术扩展了记者在网上进行组织、说明和呈现新闻报道的方式。视频、动画、规划链接(curating links)、游戏、文字云(word clouds)和时间表都只是扩展新闻报道叙事的一小部分，这些工具既可以用来呈现新闻，又可以运用于各种互动方式中。

一旦决定应该运用哪些工具来呈现报道，记者务必注意工具的组织，使它们能够建立连接，从而帮助人们获得最大的新闻体验。记者在舞台上作为圣人的概念——"要么接受，要么离开"的方式——已经让位给了记者作为路边的向导——呈现新闻和信息，让人们能够以各种方式来看待它和使用它。当制作新闻和信息超越了快速点击最新的新闻事件的时候，记者必须避免在一个网站倾倒信息和媒体，并期待读者和网友整理这一切。在

过滤复杂信息时，如今的多媒体受众似乎在寻求一些指导和协助。

提供新闻和信息时，虽然日常报道的包装提供的是一种线性模式，但是呈现更详细的特稿或创造性的报道(enterprise story)，不能陷入另一个极端：只是向受众提供其自己必须搞清楚的一系列元素。为了帮助人们浏览所呈现的数字化的报道，需要对一些元素进行设计。教育和心理学研究以及可视化的设计工具，给纸媒新闻业如何充分利用新的数字格式的优势，提供了深刻见解。

此外，数据新闻和数据的可视化是处理数字的方式，以帮助记者发现并呈现报道，目前正在向新闻中的故事讲述领域扩展。有些记者认为这是更加激进的一步，超出了第7章中概述的信息图形化和视觉效果。

设计与数据可视化正在改变并作为人们在新设备或平台上查看新闻和信息的一种实验手段。智能手机等小型移动设备的利用，正迫使记者更深入地了解多种不同形式的文本，如何将视觉效果和声音放在一起。本章将考察可以指导融合新闻实践的一些设计和数据新闻可视化的基本内容。

设 计

在准备一个多媒体项目时思考设计，会有助于报道融合新闻的记者将注意力集中于需要制作的一堆材料上，这将是以受众为中心、报道驱动的内容。没有这两个标准，采集或制作选择而来的元素会出现杂乱无章或不连贯的情形。好的设计有助于把伟大的多媒体元素联系起来，但优秀的设计绝少能挽救薄弱的报道和平庸的视觉形象。反过来也是如此：出色的报道和优秀的视觉形象也可能被糟糕的设计削弱。

一谈及网络媒体，设计往往与可用性联系在一起。可用性是由雅各布·尼尔森(Jakob Nielsen)这位杰出的网络使用研究人员创造出来的一个名词，最初指网站的易用性，但是现在已经延伸到各种数字技术和设备中了。现在，在设计方面的可用性往往包括技术如何响应一般用户，而设备的设计则超出了大多数记者的眼界。不过，可用性还指一个网站或平板电脑的应用程序的外观如何、个人如何能够浏览(navigate)所呈现的信息。这方面的可用性对于任何记者都是很重要的，不仅能够让受众发现其报道或新的程序，而且让受众关注这些内容。

印刷页面上的一些相关信息设计，已经转移到网上内容的设计。任何设计的目标都是吸引并帮助人们浏览材料。一个页面上的文字、图形大小或尺寸、颜色以及位置的选择，既适用于印刷的页面，也适用于网页的布局，为的是吸引、帮助读者浏览报道提供的信息。

特稿报道运用的一些组织方式，也可以应用于多媒体的报道讲述。正如特稿在撰写文字稿时，强调保持相关材料在一起的重要性，同样的"设计"也适用于多媒体报道的各种元素安排。例如，威廉·F. 布伦德尔(William F. Blundell)在其《特稿写作的艺术与技巧》(*The Art and Craft of Feature Writing*)中指出，引用必须服务于报道的一个目的，如提供权威性、情感或多样性。这同样适用于多媒体特稿或创造性报道中的音频、视频、动画或者示意图(map)。每个媒体元素都服务于受众理解报道的目的：语境、深度、情感或错综复杂性。

一些基本的图形设计规则可以帮助我们思考如何把多媒体元素组合到一起。页面上的主导位置，以及在颜色和大小方面的对比，可以把视线吸引到你想强调的内容上。一幅大的图片比一堆较小的图片更加引人注目。如果你想让用户点击视频，那么放大它并将之放在位置较高的地方。将类似项目因素分组并组合到一起，比如能够向用户发送信息的条形图和饼图。

色彩可以强调对比度。对比度能吸引到视线。想想以蓝、红和黄作为主要颜色的色轮(color wheel)。如果你想显示对比度，就色彩而言，应考虑与色轮相对的颜色，或者浅色的和深色的色彩。可以用色彩给页面增加符号，比如用红色、黄色和橙色这些暖色调突出页面上的元素，而用蓝色和绿色这些冷色调，减弱网页上元素的效果。

　　运用的排印工艺、字体也可以把视线引向所连接的和强调的讯息。它可以为标题、文字和可能被认为是"配件"的内容，如事实框或引语提供声音，采用拉出并且用更大的字号突出呈现这些内容。我们都知道，使用粗体字型会提醒注意所强调的词汇，而选择宽大的字形似乎会对读者产生一种视觉冲击。不过，字体也务必简单、干净，这样就可以轻松、快速地阅读。

图11.1　无论字体是无衬线的，没有装饰，还是有衬线的，都有信息设计的成分，字形的宽度或分量及其主导性，或字母的间距，也都影响人们如何观看和阅读标题和文字

　　这些只是一些平面设计经验，可以应用到结构和呈现在一个跨媒体报道包(reporting package)中。然而，观众与印刷信息的互动不同于网上的信息互动。关于计算机用户如何读取或浏览页面上的信息的眼球追踪研究，得出的见解表明，人们阅读屏幕上信息的方式，与阅读纸上的信息方式，并不完全相同。布局问题处理的是连续性，或者媒体元素如何安排在附近或彼此相邻，已成为新闻报道讲述过程的一部分。其他研究显示，可以使用音频来强化受众所看的内容，从而提高视觉效果的解释性(explanatory visuals)。因此，实践融合新闻不仅包括了解我们在报道中如何一

起使用不同的工具，而且包括运用这些工具如何把制作的内容连接起来，以帮助受众更好地了解新闻。理解设计，并理解设计以何种方式帮助那些应用多种媒体终端寻找新闻的人们。

眼球追踪研究对吸引和留住读者的设计，提供了一些深入的见解。眼球追踪研究还指出印刷页面和在线页面设计为什么会有所不同。一项研究发现，在线读者可以分为扫描型和有条不紊型。扫描型的读者会扫描标题，观看视觉形象或检查在线节目(the online package)的其他元素。有条不紊的读者往往会从顶部看到底部，并使用下拉式菜单或导航栏找到他们所找的内容。虽然印刷页面的读者会查看标题，但是"在线读者的第一站是导航"(Quinn, Stark and Edmonds, 2008)。给在线文字报道添加副标题以及其他图形、照片或冲击性的引语，在导航方面提升在线用户并保持他们的参与性，经证据证明这些方式是有用的。

在智能手机和平板电脑等移动设备中，读者如何使用和浏览新闻，可能带来新的挑战。无论设备是什么，共同的主题设计是把信息"打包"成让读者或用户可以浏览的东西。因此，2012年开展的研究考察：平板电脑和智能手机的导航是如何不同于网上的和纸上的方式，目的是为这些设备确定将元素更好地组合到一起的报道讲述方式。

马里兰大学的教授罗兰·雅罗(Roland Yaros)，曾努力设计一个他称为P-I-C-K的系统，如今往往是网上预料之中的突出个性化(personalization)和参与性(involvement)的系统。个性化旨在为在线读者提供信息的选择。参与性同互动有关，向读者或用户提供可以实现信息选择的手段。

他还强调接近性(contiguity)，或者说新闻或报道的包装元素如何在网上组合起来，以便在线读者找到其想要的东西及使用这些东西。太过常见的现象是，网页上报道讲述的元素及其所处的位置，并没有建立起与用户之间的关系。就像日常综合性(wrap-up)报道把信息组合到一起，指导读者从一个点到下一个点，引导读者读完整篇报道。网上的元素之间的联系或者说接近性，同样需要倾注心思。"接近性要求多媒体记者和设计师思考：图形和动画在多大程度上富有意义地补足了网页或移动屏幕的超文本"(Yaros, 2009)。

恰如眼球追踪研究指出的，在线读者是扫描性地阅读。也恰如亚罗表示的，"因为用户从词语跳转到词语，从词语到图形，从文字跳到视频然后又回来，最有效的多媒体报道是快速地提供文字、视频、投票以及诸如此类的材料之间关键的连接(Yaros, 2009)。"雅罗的研究发现，如果一篇在线报道的元素之间有非常大的接近性，在线读者会对报道兴趣更强烈，他们也会从中了解到更多。如果不是这样，他们会"拒绝"，离开这篇报道并转向新的东西。

下面是一些常见的设计和组织多媒体报道的要点。

简明。平面设计、眼球追踪研究和雅罗的研究都指出，组合多媒体元素的第一个选项是简明。关键是要给用户选择，但不是给出太多的选择，太多的选择会让他们觉得不知所措。各种选择的决定应该是整个故事规划和报道过程的一个部分。许多新闻网站将其主页变成了报道列表，用户可以浏览标题，点击标题，然后读取最新的标题。不过，新闻网站也纷纷设置左侧和顶部导航栏，列出7～10个话题(如世界、政治、美国、娱乐等)，给用户提供了选择，但是又不至于太多。

在组建一个多媒体报告包时运用大量的声音，或一个小时完整的访谈或大量视频、动画，虽然吸引用户，但是会对用户构成了干扰。对于用户而言，试图吸引他们浏览多媒体报道的，数量并不一定等于质量。这时候，你必须确定把最佳的元素增加到用户对报道的体验之中。你会坐下来听一个小时的音频采访，还是会从采访中挑选出打算听的主题？你会把50幅图片的幻灯片都翻完，还是大约到10个幻灯片时就失去了兴趣？如果你有3个或4个项目服务于同样的目的的话，在呈现的时候，永远要考虑视觉元素的目的，最好缩减到既能实现内容的呈现，简单而又不失联系。

联系或连接。色彩、大小和字体设计(文稿选择的字体和字号)可以帮助用户看到报道元素之间的联系或链接。在这里，字号和字体相同的小标题可以帮助用户导航到报道中其最感兴趣的点。或者，如果你决定创建一个更大的、拉出式(pull-out)的引语，那么要确保将之放在靠近报道文稿中其所处的位置。这样，如果一个用户去拉出引语，他/她可以在附近找到与之相关的材料。考虑为文本中提出的主题创建一个链接列表，而不是把其他的报道链接放到这个文本之中。这么处理可以作为一个很好的方式帮助用户参与报道和导航。

把可视化的内容与文本中提到的话题联系起来。如果要创建一幅关于对壶铃锻炼兴趣与日俱增的报道的示意图，那么报道中要有与示意图链接的部分，表明现在有多少健身中心正在提供这种类型的运动，这些健身中心位于何处。将图形连接到文稿。如果你有别人用壶铃锻炼的视频短片，那么将之同阐述如何使用壶铃的文字稿配合起来。你可能还希望该视频片段中有讲解这项运动的音频，甚至视频中有字幕或文字，以帮助用户跟着练习。我们经常通过听觉和视觉材料进行学习，所以可以在多媒体中考虑这些联系。而这些联系就是接近性方面的内容。

块和组块。建立联系也似乎是早期一些在线可用性设计思路的扩展，这种思路就是按照块或组块组织材料。通过定位把报道中的元素连接成块，网络扫描者可以快速、轻松地找到其感兴趣的主题或信息。然后，其可以深入研究与特定组块或块的焦点内容有关的文稿的小标题和其他视觉元素。

举个例子,如果你正在写一篇关于天然气"水力压裂法"(fracking)的报道,这是提取天然气方式中辩论非常激烈的一个话题,可以用块或组块方式呈现术语词汇表或常见问题列表(常见问题解答)等信息。将之与涉及争论过程的文字稿联系起来,就为用户增加了价值。

在思考设计多媒体报道呈现方式的时候,前面介绍的只是一些提示。这些方式只能算作是起点。通过新闻机构和专业设计团体,许多资源可以在网上得到。这里有两个有用的网站链接:www.snd.org/——新闻媒体视觉设计协会(Society of News Design)的主页,对博客、设计竞赛获奖者、各种有用的工具还有出色的设计案例,列出了一个清单;www.newsu.org/——波因特学院的在线培训网站,包括自我导向的修读课程,涉及新闻报道设计的很多方面,比如颜色和字体的使用。

数据新闻和数据可视化

使用数据来发现和讲述报道并不是一个新概念,但是现在可以从公共机构得到的数据量给记者提供报道讲述的新机会。记者也有大量的在线工具可用(来自 Wordle,这个工具能够创建文字云,显示一次演讲中最常用术语的;或者来自 Tableau Public,从可访问的信息中创建图表和示意图),有助于信息可视化或向记者自己以及那些阅读、可能还希望与这些信息互动的人们展示数据。数据新闻,就像其前身——计算机辅助报道一样,都是在报道讲述时,把数字作为报道的主要来源。

"如果说数据新闻有什么意义,就是寻找报道讲述新方法的灵活性。"英国卫报(Guardian newspaper)西蒙·罗杰斯(Simon Rogers)在其数据新闻的电子书《事实是神圣的》(*Facts are Sacred*)中写到。罗杰斯提到的《卫报》的几个项目,鼓励记者不要把数据新闻仅仅看作是冗长的数据。"有新的、短小精悍的数据新闻,这种数据新闻是关于迅速地找到关键数据,分析数据并指导读者读完数据,而这样的报道依然属于新闻"(Rogers, 2011)。

像所有的报道一样,数据新闻从某个问题开始,然后提出一份计划,推断可能会在哪里找到这个问题的答案。对2011年8月英国几个城市骚乱原因的追问,引发《卫报》做了一系列的采访以及逮捕信息的广泛的数据挖掘,该报的系列报道标题是《读懂暴乱》,在www.guardian.co.uk/uk/series/reading-the-riots上可以看到。罗杰斯写到,最初查看那些被控与骚乱有关的犯罪量刑数据发现,25%被判刑的骚乱者量刑时长超过了正常水平(Rogers, 2011)。

由于在线工具如Tableau Public,数据新闻可采用各种多媒体元素。融合新闻记者可以从电子制表软件中提取信息,并

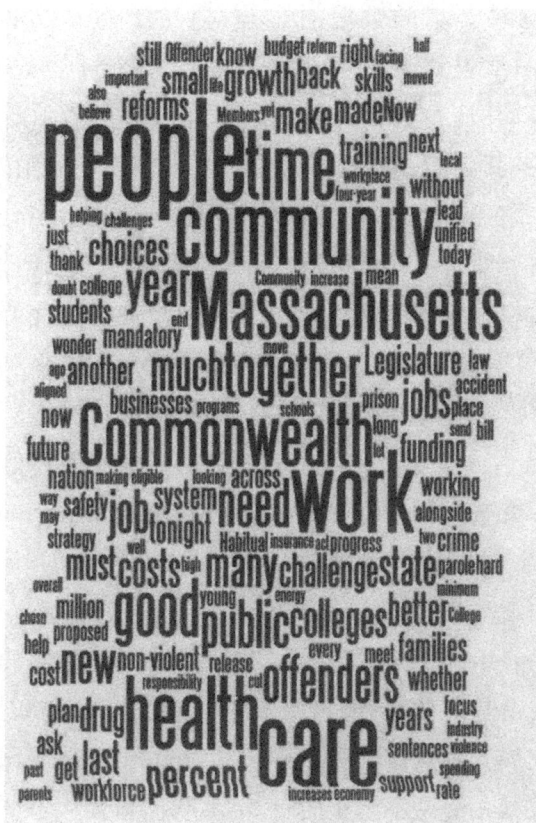

图11.2 这个词云来自2012年马萨诸塞州州长德瓦尔·帕特里克在州的演讲，(由wordle.net创建)，表明他对特定词语(如马萨诸塞州和人们)的使用如何超过了其他词语(如过去和摆脱)

使用Tableau Public创建饼图、示意图。不过，多纳·M.黄(Dona M. Wong)在《华尔街日报信息图形指南》(*The Wall Street journal Guide to Information Graphics*)中指出，在制作数据图形时应避免一些误区。她强调了简明性："使用尽可能少的图形元素以保持画面干净和清晰。"最后，她强烈建议是："在决定图表形式时，要过滤信息，让要点清晰而直接。给每个图表添加必要的信息层以传达关键信息，而不是在一个图标中添加太多的信息(Wong, 2010)。"她的建议回应了对于全部新闻报道的建议：清楚报道以便讲述报道，同时选择最好的、最清晰的方式呈现报道。

融合新闻记者也可以利用新兴研究关于数据图形运用方面的洞见，这些研究正在探索运用不同形式的数据、如何使用效果才最佳。通过各种探究数据可视化的案例，包括《纽约时报》和英国《卫报》，斯坦福大学的研究人员爱德华·谢格尔和杰弗里·希尔确定了数据可视化的三种"模式"或结构方式，这些可视化允许有一些互动性，与此同时又关注了由记者设定的一个模式。

马提尼杯结构。这种类型的数据的可视化会从记者建立的数据背景展示开始，然后为读者或用户开放与数据互动的多个路径。想象立在其旁边的一个马提尼酒杯。

互动幻灯片。这种类型的可视化可以从记者列出的多张幻灯片开始，但是，让观众在前往下一个幻灯片或主题区域之前，有机会探究某些重点。一份互动时间表适合这种"模式"。

挖掘式报道。这种类型的数据可视化给数据提出一个总的主题，然后为用户提供机会去探究具体的细节或背景(Segel, 2010)。

谢格尔和希尔的结论是，最有效的数据报道是顺着某种叙述展开要点，这种叙述让用户有机会探究数据，而又不至于与主要报道偏离太远(Segel, 2010)。记者还要引导着报道，只不过给人们以机会：选择在何处停下，更深入地追寻信息。

所以，如果记者希望用新的工具向人们展示信息，那么这么做的最好的方式是弄清楚这个报道的要点，然后为要阅读这些信息的人们找到最佳地接触信息并与之互动的方式。再次，记者应该清楚这个报道，还得确定讲述其正确的、最好的工具。

有几个在线资源提供了更为广泛的解释，以及把数据做成新闻与数据可视化操作的例子。具体可查看下面的网站。

http://datajournalism.standford.edu/，可以到这个网站看看杰夫·麦吉写的《数据时代的新闻》(*Journalism in the Age of Data*)。这个54分钟的视频报告，采访了那些实践和学习数据新闻的人士，解释数据可视化作为一种报道媒介的做法。

www.visualisingdata.com/index.php/resources/，可以通过这个网站获得与数据可视化有关的种种工具和技术信息。这个网站连接到了安迪·柯克(Andy Kirk)撰写的数据可视化博客，安迪·柯克是英国一位数据可视化设计师和顾问。

http://multimedia/journalism/berkeley.edu/tutorials/data_visualhation_basics/，这个网站是奈特数字媒体中心(Knight Digital Media Center)资源的一部分，为数据可视化项目提供学习指南和帮助。

datadrivenjournalism.net/，这个网站由欧洲新闻中心(European Journalism Centre)创建，包括事件、工具、学习指南、访谈和案例研究等资源。该网站也链接到了《数据新闻手册》(*Data journalism Handbook*)，这份手册由欧洲新闻中心和开放知识基金会(Open Knowledge Foundation)共同编撰的。

小结

设计可以帮助记者练习融合报道，将不同的媒体元素组合到一则报道中，目的是让阅读和浏览报道的方式更容易。挖掘数据库可以帮助记者发现报道思路，并开发让数据更容易理解的多种方法。

第12章

法律与道德：制作和发布新闻

新闻的制作和呈现具有自身的道德和法律挑战，超出了新闻收集和报道所关注的层面(见第5章)。其中有些挑战有着悠久的历史，其他一些挑战则是随着互联网的兴起，使其近年来成为一种突出的新闻工作媒介。

秉持互联网构思和设计是自由的这种理念的人们认为，互联网不应受到陈旧的传播管制的条条框框约束。认为完全的自由将带来混乱和困惑的人则坚持印刷和广播传播应用的规则，同样适用于互联网。正如旧即是新，新亦是旧的概念，作为我们思考报告、写作和制作新闻的一种模板(a template)，它与我们在呈现和传播新闻时对法律和道德行为的理解相符合。

实践融合新闻时，诽谤、剽窃、版权和评论继续处于法律和道德界限的前沿位置。新闻一旦被传播，这些问题就出现了。但是现在，新闻的传播是如此地迅捷和便利，加上平台和形式种类的多样性，法律和道德规则已经很难跟上发展步伐了。即使颁布了涉及数字媒体的新法律，有待解决的依然是法律的应用和执行问题。

虽然法律限制仍在不断变化，但是它让发现和抓住不道德的新闻工作的行为更加容易。简单用谷歌搜索一次，就可以发现剪切和粘贴来自别人原创作品的材料。然而，对一些"借鉴"的材料是否是不道德的辩论十分激烈。记者常常借鉴报道的想法。记者可能会在《纽约时报》中看到一篇关于配有自动弹出装置(pop-up)的商店的报道后，决定做一篇自己所在小镇有自动弹出装置的商店的报道。只不过这篇借用了《纽约时报》报道中的某些部分，比如某位专家的一些引语，那么该报道就构成了剽窃。如果你需要创建一个图表，显示国情咨文演讲(State of the Union address)中提到的特定词语的次数，该如何认定呢？如果你的图形和《华盛顿邮报》的图形看起来一样，你是抄袭的吗？在这种情况下，你可能不会被指责为抄袭。然而，对记者而言，持有网上所有东西都是免费的心态，是极其危险的，因为这会导致剽窃的指责和侵犯版权的法律指控。

尽管剽窃是个道德术语，采用别人的材料并谎称是自己的，则与侵犯版权具有同等的法律效应。一再修订的美国版权法在过去的20年中又有了更新，不过其在数字媒体中的适用性还在不断发展。1988年颁布的《数字千年著作权法案》(*Digital*

Millennium Copyright Act)，在处理疑似侵犯版权和赔偿责任中，创建了一些新的程序。如果你运营一个网站，就像任何有博客的人一样，多亏《数字千年著作权法案》，让某些"通知与移除"规则在发挥作用。努力遏制网络盗版和保护版权的新的立法业已调动人们生产内容的积极性，如电影行业，在线网站运营商则与此不一致。

虽然版权规则在适用于数字媒体方面已取得种种进步，允许通过知识共享等进行材料和信息的共享。记者在处理受版权保护的材料时，合理使用原则为其提供了一种有用的同时也很有限的工具。

最后，已经证明互联网是互动性的沃土，特别是凭借注释和评论。然而，这一互动新途径也给记者开辟了新的陷阱。评论鼓励言论自由，不过，不适当的语言也会侵蚀言论自由而违反公众或社会道德标准。记者在网上必须确定：他们是否应该过滤和控制意见，他们应该怎么做，在这个竞技场所中他们应该负有什么道德责任与法律责任。本章将探讨这些关键的伦理和法律热点问题，并给出一些提示，提醒记者如何及时了解影响到他们传播新闻的各种变化。

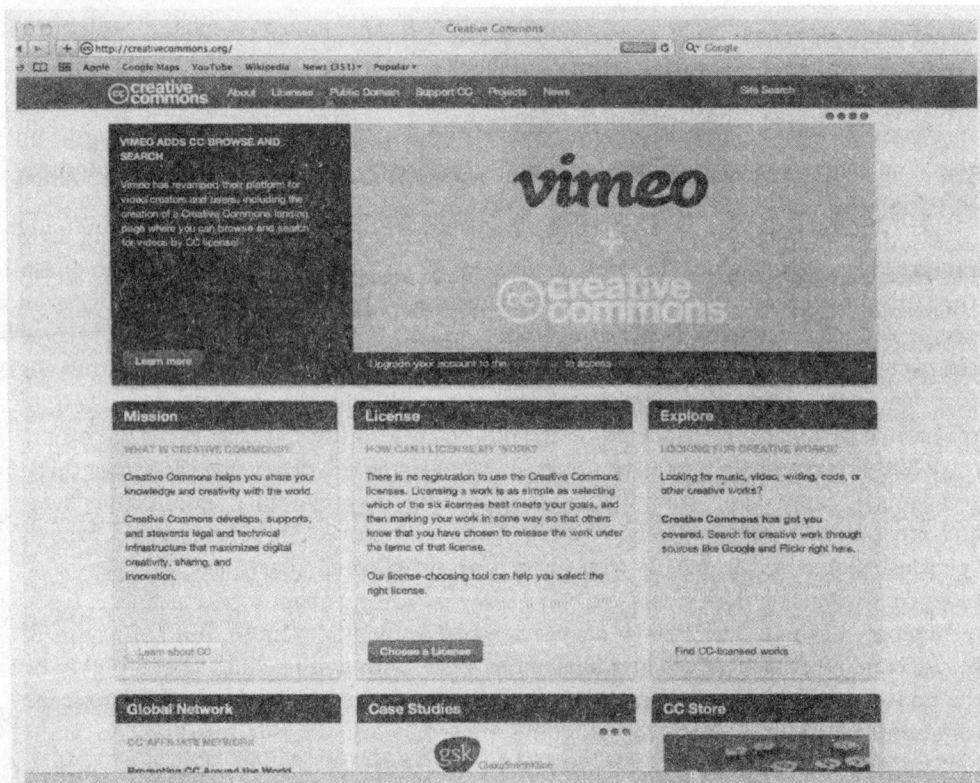

图12.1　知识共享(非营利性组织——译者注)提供了有限的、共享或广泛重新发布运用的多种选择方式

剽窃

剽窃的概念很简单：如果你使用别人的材料又不予承认、没有将之归属于那个人，那么你就剽窃了独特的引语、段落、照片、视频、音频、图形或一个标题，这些材料不应该出现在你的新闻作品之中，除非你交代了其来源归属。当然，记者报道相同的事件，可能采集和使用相同的引语或同期声。他们甚至可能在新闻报道中使用相似的导语。新闻就是新闻，无论记者是谁。但是，如果一个记者拿到了市长在劳资谈判中，沮丧地用拳头敲击讲台的照片，其他人则不能从网站下载"借用"后再将之重新发布出去。

博客的兴起和24/7新闻报道的快速需求，使得对于新的剽窃方式的束手无策。随着博客的兴盛，记者担心，被业内所接受的职业道德将会被数以百万计的通过博客发布新闻和信息的人们抛弃。过去几年来，新闻快节奏已经成为陷入剽窃漩涡的记者大肆宣扬的借口。然而，强调新闻业中持续的抄袭的危险，侵蚀了公众的信誉以及对该行业的信任，这些担忧错位了。2009年对博客广泛调查后的一份报告发现，博客们与记者一样重视道德标准。这些道德标准涉及告知实情、责任感、减少伤害和交代信息归属(Cenite, Detenber, Koh, Kim, & Soon, 2009)。该调查区分了"个人博客"，即使用博客作为一种网络日记的人，和"非个人"博客，即博客使用超过了日记的范围，所写的话题延伸到了政治、科技、商务、娱乐和新闻等方面(Cenite等, 2009)。参与调查的这两种类型的博客最为重视信息归属，非个人的博客高度重视讲述真相。调查报告撰稿人指出，在此次调查中，读者反馈和写博客的种种社区建设发挥了作用。因此，尽管专业记者遵守了业已建立的道德守则，比如由专业新闻工作者协会和广播电视数字新闻协会提出来的各种规定，但是，通过博客转向在网络上发布新闻和信息，并没有导致网络上完全抛弃伦理道德的现象。

这些天关于新闻节奏可能增加了剽窃的争论，在仔细审查下也立不住脚了。在互联网之前，就有剽窃的记者，且他们把试图快节奏地完成其工作作为不遵守道德守则的一个借口。具有讽刺意味的是，搜索引擎使得找到可供剽窃的材料更容易了。2010年2月，其他记者暴露了抄袭版本的两个案例。记者们承认了他们所犯的过错并道歉了，印证了杰克·沙佛(Jack Shafer)说出然后被石板网(Slate)编辑概括的"剽窃者提供的十多个糟糕的借口"。沙佛提到的种种借口中，包括工作过度或高生产率、没有必要或无理由去复制、不是有意地进行剽窃、个人问题(比如药物或酗酒)、记者只是忘了交代来源(Shafer, 2010)。

沙佛等人指出，借口往往是为了试图掩盖材料没有恰当地交代来源这个事实。"如果你找到了，得说明是怎么找到的。"这是波因特学院凯利·麦克布赖德的建议(McBride, 2010)。对自己的报道下足工夫，且在笔记中表达自己的欣赏，而不是依靠纯粹的剪切和粘贴。这一过程可以帮助你避开剽窃的陷阱。

有些人认为，互联网具有足够开放的文化，允许以新的方式变革性地呈现业已存在的作品，谢巴德·费尔雷(Shepard-Fairey)拍摄的标志性的奥巴马"希望"的海报，被作为这种借用引述的一个例子，不过也发现这个海报违反了版权法，因为该海报太过酷似美联社(AP)奥巴马的照片。费尔雷和美联社之间侵犯版权的法律战争以费尔雷承认有问题而得以解决。

新闻业对剽窃的"惩罚"包括中止工作和解雇。然而，更大的反应包括公众失去对你的工作以及总体上对专业的信任。无论是匆忙凌乱或傲慢导致了剽窃的指责，剽窃总是会导致失去公众的信任。

聚合的或策划的材料的来源，也引起了对剽窃指责范围的质疑，特别是在长期的新闻行业中新闻博客者吉姆·罗梅奈斯科(Jim Romenesko)备受瞩目之时。罗梅奈斯科在Poynter.org网站上的博客专栏是许多记者的"必读"物，2011年11月10日在指责其信息来源交代不完整或草率之后，他离开了波因特学院和新闻博客。"虽然信息来源一直在吉姆的博客中处于突出位置，并且总是至少提供一次链接(通常是很多次)，但是也有太多的博客具有与原作者一字不差的语言却没有用引号标出来。"

波因特网站主任朱莉·穆斯(Julie Moos)写到(Moos, 2011)。罗梅奈斯科的博客包括从一些消息来源中逐字引用(标识为超链接)，但有时逐字引用却没有用引号注明。事实上，穆斯指出的是"过度聚集"或从作品中引述过多这个问题(Moos, 2011)。多位媒体评论家赞同罗梅奈斯科的说法，认为这些属于不道德地借用或剽窃。然而，关于罗梅奈斯科说法的辩论，还提出了一个尚未解决的问题：聚合材料来源归属的标准是什么以及什么是剽窃。

版权

虽然剽窃可能使你失去工作，但是侵犯版权会让你花费很多钱。版权既有助于维护信誉，又有助于维护新闻受众的信任。或许很简单，不过当涉及信息的时候，如果有些内容不是你写的或说出来的，那就不要声称是自己的。了解关于版权的限制和责任，而交代归属会为你省去法律和道德方面的难题。

固定在有形介质(Dudas 2010)的任何一种"作者的原创作品"都可以有版权，所以在一个网站、一篇博客、一个智能手机应用程序、一首歌、一幅画、一个视频、一件艺术品、一份印刷文字中的任何东西，都可能是具有原创作品版权的种种例子。受版权保护的作品，在任何未经授权的情况下使用它，都可能受到拥有者/创建者的控制。因此，复制或重新使用原创材料，可以被视为一种侵犯版权。原创作品的所有者有合法权利起诉个人或组织对相关材料的复制或再次使用。

原创作品不一定在美国版权局注册才受到版权保护。作品一旦出现在"固定介质"(录制一首歌，发布一条博客，出版的一份报纸，播出的一则新闻)中，就认为是受版权保护的。当然，美国版权局登记，并加盖版权标记"©"的最佳图标，简化了保护创造者拥有的权利。版权管理着原创作品的复制、展示、表演、分发和改编(Dudas, 2010)。

把受版权保护的材料应用在网站、视频或报道中就意味着侵权。对这些材料拥有版权的人会要求你从网站撤下、从报道或视频中消除掉，还会要求你支付使用的费用。法院对每次违法版权的罚款裁定，可能从750美元到15万美元不等，这取决于你如何公然无视版权的情况。

如果某物是有版权的，在使用受版权保护的作品时，最容易的避免麻烦的方法就是获得许可使用。版权交流中心就是这样一种获得许可使用权的地方。例如，如果你的教授使用毕博(Blackboard：一种集声音、图像和文字于一体，专门用于加强虚拟学习环境、补充课堂教学并提供互动、交流的网络教学平台——译者注)或WebCT(由加拿大British Columbia计算机科学系为高校开发的异步课程传递及管理系统，包括一系列可以自动与课程内容紧密集成的学习工具，可以用于开发完全联机的课程，也可以用于将现有的课程内容在网上发布——译者注)作为一门课程管理系统，而她也提供了你可以在线阅读某本著作章节的PDF副本，该教授可能与学校的图书馆员进行了工作协调，通过交流中心获得了版权使用许可。有时，费用可能包括获得再生产的许可费。

什么受版权保护或者不受版权保护

《版权法》有些规定给予记者足够的回旋余地。首先，事实和观点不受版权保护。多名记者可以收集相同的事实而无须担心任何人会声称是独家的。也不能有任何一个人声称形成一则报道的想法或图形是独家的、受版权保护的。记者可以报道相同的事件，从相似现场和角度拍照无须担心任何侵犯版权问题，只要使用的是他们自己的材料而不是他人的。

联邦法律规定，事实属于5种不受版权保护的类型。其他4种是：

- 由美国政府创作的作品，www.citmedialaw.org/legal-guide/works-not-covered-copyright-governmentWorks；
- 作品的表达不是固定在有形的介质中；
- 想法、概念、原则或发现，www.citmedialaw.org/legal-guide/works-not-covered-copyright-ideas；
- 词汇、短语或耳熟能详的符号。

任何立法、联邦法院的文件，联邦政府报告或新闻稿，以及联邦官员的演讲不受版权保护。

如果你参加了抗议游行,有人做了即席演讲,这个演讲可能是没有版权的,因为该演讲"表达的形式不是固定的",但最好将其来源交代为即兴演讲,以避免抄袭的指责。如果有人录下了即兴演讲,这个人录制的内容可能受版权保护。

想法、标题、简短的耳熟能详的短语或口号是没有版权的。例如,2011年9月占领华尔街的示威者高呼的"1%的人拥有99%的钱"。可以重复运用这个口号,而不用担心侵犯版权。然而,最好的做法就是在可能的情况下交代短语的来源,以避免任何盗用的色彩。

许多歌曲、著作和原始艺术和照片没有版权,因为版权过期了或创建之时不存在版权问题。这些作品在公共领域之中,每个人都可以使用。1923年之前创建的任何原创作品都处于公共领域之中。如果引用狄更斯或者马克·吐温的话,你不必担心版权,如果你使用贝多芬或斯蒂芬·福斯特的音乐,也不必担心这个问题。如果有人在1923年和1977年之间,创作了一件艺术品、一首音乐、一部著作而没有寻求版权通告,那么这些创造性的作品也将处于公共领域。然而,你应该重视1977年之后任何原创作品的版权问题,除非某些指定的许可复制权限,就像可以通过知识共享的那种案例。知识共享创造了一些其他类别,允许网上材料的共享,比如以版权所有者规定了的方式进行使用。如果博主已表示可以引用知识共享的素材,那么记者在稿件中交代材料来自于知识共享的话,就是可行的,但是如果你把发表在《滚石》(Rolling Stone)杂志上的关于嘎嘎小姐(Lady Gaga)的文章上传到你的博客当中,那么你就使用了受版权保护的材料。

美国版权局指出,"当一件作品在创作之时,一件作品在'创建'的时候也就是它第一次被固定在复印件或唱片(phonorecord)中的时候,就自动受著作权保护了(Copyright Basics, 2000)。"如果你通过其他设备(互联网、iPhone、平板电脑、MP3播放器等)可以看到它或者听到它,那么它就是有版权的。为了避免版权问题,最简单的办法是向作品所有者获得使用其作品的许可。

著作权人的权利

版权法律旨在允许原创作品的所有者有权从作品中获益。版权所有者可以限制其作品的再生产、公开展示、副本的散布以及他们的影片、视频、音乐、著作、艺术、照片或其他有形的原创作品的呈现。很多版权所有者在允许作品的复制和重新运用方面没有问题,不过,通常他们不能容忍非法地征用。

2006年案件涉及儿童选美皇后琼贝尼·拉姆齐(JonBenet Ramsay)照片的太多使用,发生了版权所有者限制性地使用以及要求付费使用版权方面的警示性故事,1996年发现这个孩子在家中被杀。在原始报道中,这张照片由美联社发布后,被许多新闻机构广泛使用。多年来仍然没有解决这个案子。接着，2006年8月，居住在泰国的一名男子声称杀害了这个女孩，并且这张照片再次出现在新闻报道中，没有交代该照片的版权方。祖马(ZUMA)出版社是该照片版权所有者的代表。因此，2006年祖马出版社宣称版权，这导致美联社、路透社和法新社向其客户发送通知，不要使用这张照片，但是许多新闻机构已经发布出去了。然而，有些新闻机构确实联系了祖马出版社且获准使用这张照片(Thompkins, 2006)。

图12.2 2006年没有寻求许可和没有交代祖马是版权方而使用了琼贝尼·拉姆齐这张照片时，多家新闻机构陷入了版权纠纷之中
照片：Zuma Press at ZUMA24.com。

合理使用

如果在一个固定媒体上的每一种原创作品都受版权保护的话，那么记者是不是一直在侵犯版权？既是又不是。版权法还是给记者提供了一些余地。针对侵权指控的一种关键辩护是合理使用原则或理念，虽然其应用性在法院的认定中可能性很低。

版权法规定了新闻报道、评论、批评、教育/教学和学术/科研合理使用的免责情形(Dudas, 2010)。如果合理使用原则被主张的话，这意味着可能违反了版权法却不需负责。这是一个很大的未知数。例如，在对戏剧的剧本和对话进行评论的博客中，展示戏剧中的对话，就可以视为是对原戏剧作品的合理使用。或者，在第45届橄榄球超级杯开赛时，关于人们抱怨克里斯蒂娜·阿奎莱拉失误的报道当中，如果你播出了其糟糕的有关国歌演讲的同期声，那么你可以认为这是对原作品的合理使用。然而，福克斯广播公司体育台拥有演讲的版权，因为它拥有播出第45届超级杯的权利，因此福克斯体育台可以声称回放侵犯了版权。不过，合理使用论据可以允许回放视频片段而不受惩罚。在声称合理使用时，在评估复制、再利用，重新发布受版权保护的作品是否是可以接受，法院已明确了四项标准。它们是：

(1) 使用的目的；

(2) 使用/复制原作品的材料数量；

(3) 使用或复制的商业影响；

(4) 受版权保护的材料的性质。

使用目的涉及是否是报道、评论、研究或教育。使用别人的材料，是因为它听起来更好，写作更巧妙或更简洁，或者使你的作品更有趣，这不是抄袭他人原创作品的有价值的目的。例如，对冬天糟糕的天气预报做一个视频，视频中使用了U2的歌曲"美好的一天"来表示讽刺，就让这个报道更有趣，因此不属于对受版权保护的材料的合理使用。在采访报道中，谈论U2的主唱波诺有关他的这首歌的灵感来源，使用那首歌的片段则会被视为合理使用。

如果你在个人视频或你家后院冬天天气情况幻灯片的照片中，使用的音乐非常

短，只有三秒，情况如何呢？还适用于合理使用原则吗？这可能有两个理由：使用的量很少，以及使用的东西不会对原作品的著作权人的赚钱能力产生任何的影响。

因为侵犯版权的判决可能涉及巨额的经济处罚，媒体组织咨询律师会专门从事这一领域的法律研究。记者个人应该与主管协商，而不是单方面地认定适用于合理使用的原则。关于合理使用的不正确的假设可能会花费数千美元。

一段时间以来，在广播新闻工作的人知道城市的一个传说：使用一首歌的时长在10秒以下，合理使用的说法是可以接受的。这的确只是一个传说，法院已裁定即使是被说唱艺术家用于对此类作品抽样的不足两秒钟的片段，也有可能被视为侵犯版权(Bridgeport Music和Dimension Films, 2004)。

许多歌曲、戏剧和作品现在处于公共领域，这意味着公众中的任何人都可以重新使用、回放并重新发布这些作品。一件原创作品的年限可以确定它是否仍受版权保护。例如，莎士比亚的作品属于公共领域。然而，马丁·路德·金的"我有一个梦想"的演讲的版权属于他的家庭。他的家人试图主张新闻机构播放该机构在金演讲活动中录制的演讲视频，侵犯了版权。法院裁定的结果是：新闻机构可以回放新闻事件的档案，没有侵犯版权。

一位记者记录新闻事件，即使该新闻事件中包括了受版权保护的表演材料，也

可以被认为是合理使用。如果一个乐队在一次活动中演奏音乐而记者记录演奏的音乐，那么新闻报道的是该活动的自然声音，可以主张符合免责的合理使用。但是，如果一名记者记录了乐队在酒吧的演奏，要重播并在博客或网站重新发布所演奏的音乐，那么获得酒吧老板和乐队的许可，会是最佳的步骤。在这种情况下要讨论的问题是，乐队可能拿走了属于音乐创作者的资金收益。

版权和链接

链接到其他材料而不是直接将之复制到你的网站或博客中，也是避免侵犯版权的一种合法安全的方式，这只是一定程度上安全而已。2009年，Boston.com的母公司《纽约时报》公司被竞争对手波士顿郊区报纸所有者《门楼媒体》(GateHouse Media)起诉，因为boston.com网使用的程序自动汇总了由门楼本地新闻网制作的当地新闻报道的标题和导语，然后链接到原始的报道。当然，许多网络用户浏览标题，从不关注链接。这两家公司后来达成和解，仍然允许链接到彼此的报道，不过限制了自动聚合的标题和导语(Weisman, 2009)。

另一个古老法律概念在涉及"热点新闻"时获得了新生。当一些新闻整合者复制数十条头条新闻和报道发布之后，旋即被道琼斯新闻服务社(DOW Jones News Service)发布了，他们发现自己惹上了法律方面的麻烦。1918年首次引入热点新闻说

法时，最高法院决定，没有人拥有这则新闻，但是也规定，像美联社以及现在的道琼斯这些机构，可以防止竞争对手采用它们的原创内容，虽然只是商业上的"热"点(International News Service vs. Associated Press, 1918)。

然而，运用链接到达提供历史语境和背景细节的旧新闻报道，认为这种做法可以使现在的报道增值，给新闻的消费者提供了深度和背景方面更多的选择。为了避免麻烦，记者最好的做法是展示他们在哪里获得了信息，并适当地交代信息来源。未能这样做的话，记者就把自己置于侵犯版权的法律和道德争议的问题之中，特别是被指控剽窃及"窃取"别人作品这样一种声誉。

为了处理数字媒体涉及的版权问题，1998年国会通过了《数字千年著作权法案》。该法案创建的实践和程序被称为"安全港"，为网络服务提供商提供了很多选项，这样网络服务商就不至于因为用户创建的内容的版权问题而无法运作。正是这些规定，让YouTube、维基百科和其他网站撤下了被怀疑可能违反版权的材料。服务提供商可以与版权持有人联系，也可以自动撤下材料而免掉挑战。服务提供者撤下材料的时候无须通知版权持有人。不过，你可以发起挑战行动，主张合理使用，在14个工作日后，如果版权方没有发布声明，那么材料可以重新发布到网上。然而，在新闻报道情况中，这像是一个永

恒的问题。

如果有人声称剽窃且侵犯版权了，新闻机构要按要求撤下材料。许多新闻机构的网站自己规定，如果被指控侵犯了版权，它们会撤下相关材料。如果有人复制它们的报道并发布到网上后，新闻机构也会追究这些人的责任。康泰纳仕出版社，是现在已停刊的《美食》(Gourmet)杂志的所有人，该出版社曾要求一位记者把其为《美食》杂志撰写的报道，然后又以PDF版的形式发布在其个人网站上的文章撤下来，允许记者提供这篇报道的链接(Estabrook, B., 2010)。虽然一直以来人们接受复制报纸和杂志对某个人职业情况的综合报道的片段，但是新闻机构面临的挑战是网上的电子副本。如果你想发布自由投稿的稿件或实习期间的作品，那么还得明了所在公司的政策规定。

因此，如果某人侥幸成功获得一段录制音乐后进行混音，然后改编一首流行歌曲的歌词，并发布一首模仿歌曲，那么该怎么办呢？合理使用原则允许对材料和模仿进行"变革"吗，但是改变多少以及可以采用多少原创的材料，能够确定对你有利还是对原创作品所有人有利的法律尺度呢？如果新的作品(你的博客或网站)对内容注入了"新的表达、意义或讯息"，那么很可能合理使用的说法对你更有利。但是法院裁定合理使用的领域并不一致(Isbell, 2010)。虽然像赫芬顿邮报的网站可能会认为，其通过对受版权保护的材料进行的重

新分类和组织，增加了原有材料的价值，法院还是对可以接受的摘录和非法拷贝之间划出一道细线。最好的办法是寻求许可，如果权限被拒绝了，则可以再考虑合理使用的论据。再次提醒，合理使用是一种法律辩护，所以总是会带来一些风险。

诽谤

诽谤罪的定义可以凝练为三个词：中伤、识别和出版。不过，这三个词的解释包含了诽谤法的复杂性，而记者理应对此有所了解。并非所有的诽谤都是"可控告的"，这意味着诽谤有可能会导致法律案件。针对诽谤指控，最好的辩护就是事实，但那只是结束诽谤的种种简单答案之所在。

诽谤蕴含出版、播出或发布的虚假信息伤害了某个人、团体或组织的声誉。有一则报道说，约翰·P.斯迈思被指控抢劫了美国第一银行，而警方实际上指控的是约翰·P.史密斯，则对约翰·P.斯迈思构成了诽谤，因为他是一位守法的公民，从未参与过犯罪活动。虽然这是一种张冠李戴的情况，但是倘若被指责虚假和有害，则影响相当于诽谤。

你可能诽谤了一家公司。如果你报道XYZ汽车公司生产的汽车在急转弯时的翻滚，导致XYZ汽车销售量直线下降的话，那么该公司可以告你诽谤。

评论和批评有时会给诽谤和中伤之间

留有一点回旋余地。然而，如果弥漫在网络上针对私人或者企业的严酷辱骂性的评论，是事实而不是意见的话，似乎有可能迅速变成为诽谤。如果有一则报道，其中有内容指责咖啡零售商的衬塑纸杯在充满无咖啡因的咖啡时会释放砒霜是诽谤的话，那么零售商可以提起诽谤诉讼。这是诽谤，当一则报道引用一位顾客的话说，在快餐店用餐时，辣椒是用塑料片代替的。如果这种说法是真的，那么就有一种辩护，但是记者必须小心因不知情而成为共犯，陷入虚假的宣传之中。这就是为什么要在播出、发布或出版简单的单一来源的说法之前，必须进行再核查的原因。

与公众人物，如政府官员、名人，著名音乐家或艺术家等相对的私人个体，在导致"可控告的"诽谤方面，所给予诽谤的规则是不同的。诽谤诉讼中，中伤元素涉及公众人物时有一个规定，这种规定使得政治人物、名人或政府官员在起诉或行使"可操作"的诽谤索赔时，有点困难。法院裁决已经确立公众人物需要证明"实际恶意"，即记者发布错误的信息和诽谤性信息的意图。这意味着被诽谤的人必须证明记者或新闻机构故意发布虚假信息，或根本不在乎信息是否是假的。公众人物必须表明，新闻机构和记者明知信息被指责为是虚假的，或者收集到的信息是错误的之后，依然予以发表或播出，那么这就构成了诽谤。实际恶意这一规定使得公众人物要证明诽谤很困难，不过正如在第1章

中提到的，参与公共行动的人有些并不是公众人物。

确认诽谤可能涉及出版或公布某人的姓名或足够的关于某人的信息，以至于任何人都会知道你谈论的是谁。因此，尽管你在一则报道中可能不会给出某个人的名字(如不使用特里·弗兰克这个名字)，但是鉴于你提供的信息足够，人们知道你指的是谁(例如说明或写出领导车队获得两届世界大赛冠军的前红袜队经理)，那么你已经提供了可以确认的信息。

出版物意味着发帖、微博、出版或播出的材料，这些材料诽谤了一位可确认的人物。出版仅仅意味着向第三方提供诽谤信息。因此，在脸谱网上向你的一些朋友发送诋毁或侮辱某人或某公司的电子邮件，有可能构成诽谤罪。诽谤法就像著作权法一样，面临着新的通信手段带来的新挑战。记者需要明了诽谤法的变化，不过，就像在版权方面，合理使用为记者提供了一些回旋余地，声称有限特免权(qualified privilege)也让对诽谤的指控，留有一些回旋空间。

有限特免权。记者报道案件、警方报告、公开演讲或政府听证会，其中的一些指控或涉及辱骂人的部分，可以认为拥有有限特免权，也不会面临诽谤诉讼的可能性。例如，如果案件的检察官声称医生康纳德·默里(Conrad Murray)给流行歌星迈克尔·杰克逊注射了太多的镇静剂药物而致杰克逊死亡，记者可以报道这种说法。如

果警方提供的对约翰·P.斯迈思指控的信息不正确，事实上是约翰·P.史密斯，在这种情况下也适用有限特免权。在有关城市预算的听证会期间，有位议员称市长是一个骗子和一个笨蛋，记者及其新闻机构发布的报道，引用了这位市议会成员的言论，也可以主张有限特免权。

有限特免权可以作为对个人、公司以及组织诽谤诉讼的一种辩护。不过，要主张特权，记者应该准确、忠实地反映在公共事务过程中，说了什么以及是谁说的。

意见和评论

互联网也已经开放了辩论和评论的机会。报纸和网站可能公布记者的电子邮件，允许人们就相关新闻报道中的种种疑问或问题而联系记者。许多新闻网站有征求意见的模板，从而使新闻受众可以对报道的主题添加额外的信息或发表意见。然而，爆炸性的观点，引发了滔天般的攻击性的、不适当的、憎恨性、破坏性的网络言论。处理种种评论意见已经成为新闻机构的伦理和法律的问题。无论你运行的是自己的新闻网站还是为主要新闻机构工作，处理评论意见已经成为新闻传播工作的重要组成部分。

报纸总是将发给编辑的信件和评论刊登在社论的对页版上。报纸将那些信件和评论过滤后，首先确定出版哪些信件和评论性文章，然后常常对那些文字进行再加工(copy-edit)。

如前所述，在诽谤法中给评论提供了一些回旋余地，而这在网络新闻评论领域得到了实现。不过，记者必须警惕诽谤法方面的问题，尤其在法律规定与个人有关的时候，网上的评论可能适用于诽谤法。在新闻网站中，如果对并非公众人物的邻居进行无耻谩骂的网络帖子仍然可以打开的话，那么可能就构成诽谤了。

然而，即使记者、作家和编辑在网络指南范围内工作，许多新闻机构都会发现，自己被来自匿名身份的人们洪水般的、粗野的和侮辱性的评论淹没了。这些匿名的帖子可以对交谈中其他人进行控制，甚至淹没了其他人的观点。其结果是，一些新闻机构，如《水牛城新闻》(Buffalo News)，已经关闭了网络上所有的新闻报道的匿名评论功能。《水牛城新闻》要求评论人把姓名和电话号码填写到在线表格中，以便报纸对评论者的身份进行验证。

允许评论的目的是让公民就重要问题进行对话，但是社区对话必须与社区可接受的行为标准相联系。前美国国家公共电台(NPR)申诉专员艾丽西娅·谢泼德写到，很多评论部分代表着"虚假民主的练习"。她指出，通常约1%观看报道的人，最终会主导关于报道的意见。"他们的评论往往是粗鲁的和具有指责性的，他们对参与一场对话的兴趣不大，但是他们的言论吓跑了那些有可能想真正开展对话的人

(Shepard, 2011)。"

为了限制某些敏感话题，如关于性侵犯、堕胎或移民的报道的评论，一些新闻网站只是组织了对这些报道主题的评论。其他做法是在一定程度上缓和评论，无论是在公布之前做事前审查，还是撤下那些被视为冒犯性的帖子，都是如此。有些新闻网站，如NPR.org，已经采用外部多个公司来调和种种意见并控制尖刻性话语的伤害，其他一些网站则寻求让网站自己的用户帮助缓和该网站上的评论语气。

对于那些屡次冒犯人的人，通过对其冒犯性的帖子建立历史记录，一些竭力缓和评论的网站会禁止他们发帖。然而，有一些评论者为了张贴评论，会尝试使用不同的假名以规避禁令。这种做法导致新闻网站要求注册或提供一个脸谱网账号，其中地址、姓名和照片要求消除了很多匿名性。

新闻机构努力坚持职业记者协会的道德信条，为了让包含有攻击性的评论无害化，促使网站采取了监控、注册和其他方面的工作。有些新闻网站工作人员努力审查意见并缓和评论，虽然由于资源原因，常常会限制缓和评论的努力。

当新闻机构举起匿名的面具的时候，允许匿名评论可能导致法律问题，就如美国俄亥俄州克里夫兰《老实人报》(The Plain Dealer)案件那样。在审理一桩诉讼案中，确定了某个人对一位当地法官发布了大量的评论，这位法官以隐私被侵犯，

从而对报社提起了5 000万美元的诉讼。被确认的这个人认为，张贴匿名批评的是她的女儿而不是她。由于评论者在《新奥尔良时代花絮报》(New Orleans Times-Picayune)的NOLA.com网站评论部分发布了针对当地一位政客的攻击性意见及对该政客的错误指控，这位政客竭尽全力确认了这位评论者的身份，这位政客对NOLA.com提起了诉讼。

律师凯文·戈德堡(Kevin Goldberg)给美国报纸编辑协会(American Society of Newspaper Editors)提供了建议，指出《联邦通信规范法》网站的一个部分，对网站运营评论者的帖子的责任具有保护作用。他补充道，"对读者论坛保留和执行广泛的编辑权，也可以让网站远离法庭(Goldberg, 2009)。"

小结

网络法律或有关互联网的法律，在法庭得以确定且在立法机构中有案可查，恰如你在本章中读到的那样。多家新闻机构必须关注这些问题，以及这些问题将会如何影响你在社区中呈现与发布新闻，无论是通过博客、脸谱网，还是网站。法律和新闻伦理为数字平台提供了不断发展的空间，而无论记者任职的新闻机构规模如何，都应该跟上发展的步伐。